中等职业教育"十四五"规划教材

企业财务会计

杨文才　祁志华　主编

中国农业大学出版社
·北京·

内容简介

会计专业是经济管理类专业中最具有实践性的专业之一，企业财务会计是会计专业的核心课程。本教材依据“易教易学”的原则，满足中等职业教育改革与发展对教材的需要，从企业财务会计基本理论入手，循序渐进地介绍了包括资产、负债、所有者权益、收入、费用和利润以及财务报表等内容，详细讲解了各部分的核算方法和应具备的职业技能，符合中等职业教育学生的认知规律，可以作为中等职业学校会计专业的教材。

图书在版编目(CIP)数据

企业财务会计 / 杨文才，祁志华主编. -- 北京：中国农业大学出版社，2023.7

ISBN 978-7-5655-2989-4

Ⅰ.①企… Ⅱ.①杨… ②祁… Ⅲ.①企业管理－财务会计－中等专业学校－教材 Ⅳ.①F275.2

中国国家版本馆 CIP 数据核字(2023)第 099561 号

书　名 企业财务会计

作　者 杨文才　祁志华　主编

策划编辑 张　玉　　**责任编辑** 张　玉　贺晓丽

封面设计 郑　川　李尘工作室

出版发行 中国农业大学出版社

社　址 北京市海淀区圆明园西路 2 号　　**邮政编码** 100193

电　话 发行部 010-62733489，1190　　读者服务部 010-62732336

编辑部 010-62732617，2618　　出　版　部 010-62733440

网　址 http://www.caupress.cn　　**E-mail** cbsszs@cau.edu.cn

经　销 新华书店

印　刷 河北朗祥印刷有限公司

版　次 2023 年 12 月第 1 版　2023 年 12 月第 1 次印刷

规　格 185 mm×260 mm　16 开本　12.25 印张　305 千字

定　价 39.00 元

前　言

会计专业是经济管理类专业中最具有实践性的专业之一,企业财务会计是会计专业的核心专业课程。党的二十大报告指出,“深化教育领域综合改革,加强教材建设与管理”。为了更好地适应中国特色社会主义市场经济发展的要求,满足中等职业教育改革与发展对教材的需要,本着“易教易学”的原则,根据最新《中华人民共和国会计法》和《企业会计准则》的要求,本教材从企业财务会计基本理论入手,详细讲解了核算方法和应具备的职业技能,符合中等职业教育学生的认知规律,可以作为中等职业学校会计专业的教材。

本教材主要特点包括:

(1)教学目标明确　本教材除了知识目标、技能目标外,注重思政目标的实现,充分体现了“立德树人”的教育理念。

(2)内容新颖　以最新的《中华人民共和国会计法》和《企业会计准则》为依据,强调会计人员应具备的知识和技能。

(3)实用性强　针对最新的会计法律法规的要求,重视实务操作训练,强化会计理论知识的掌握与运用,实现“工学结合”。

本教材的内容共分为六章,由杨文才和祁志华担任主编,其中,杨文才负责编写第一章、第二章和第三章;祁志华负责编写第四章、第五章和第六章;杨文才负责统稿。

由于编写时间仓促,加之编者水平和能力有限,书中疏漏与不当之处在所难免,敬请广大读者批评指正。

编　者

2023 年 2 月

目　录

第一章　总　　论

【知识目标】通过本章的学习，了解财务会计的概念和特点，熟悉财务会计的目标；熟练掌握财务会计的对象；掌握会计核算的基本假设、会计基础和会计信息质量要求。

【技能目标】能够依据会计基本理论，正确判断会计事项；能将会计核算基本前提和一般原则准确运用于会计实践中。

【思政目标】在教学中介绍中国闪耀着智慧光芒的会计发展史，弘扬中国优秀传统文化，激发学生的爱国主义情怀和岗位热情。

第一节　企业财务会计概述

一、企业财务会计的概念及特点

（一）企业财务会计概念

现代会计按其报告的对象不同，有财务会计与管理会计之分。财务会计一般又称为“对外报告会计”，是现代会计的一个分支。财务会计主要向企业外部关系人提供有关企业财务状况、经营成果和资金变动情况等有关信息；管理会计主要向企业经营者和内部管理者提供进行经营规划、经营管理、预测决策所需要的相关信息。财务会计侧重于向有关各方会计信息使用者提供所需的信息，侧重于过去的信息；管理会计为内部管理部门提供数据，侧重于未来的信息。因此，财务会计可以表述为以《中华人民共和国会计法》为准绳，对企业经济活动进行核算和监督，并向有关各方提供企业财务信息，促使企业提高经济效益的一种管理活动。

（二）财务会计的特点

1. 财务会计核算的特点

财务会计核算与其他提供信息的活动相比，有以下特点：

（1）财务会计主要以货币为计量单位，从价值量方面反映各单位的经济活动情况。财务会计在反映经济活动时主要使用货币计量单位，其他指标和文字说明只是附带的部分。会计有时也使用其他度量，如实物数量、劳动工时等，目的是改善货币计量的效果和扩大会计信息输出的范围。

（2）财务会计核算已经发生的事实，具有可验证性。财务会计主要反映过去发生的经济事实，为此，在每项经济业务发生或完成后，都应编制书面凭证，并经审核，以保证其真实性，并按照会计准则和会计制度以及惯例对其进行加工，以保证提供的信息符合规范。因此，财务会计提供的信息具有可验证性。正是财务会计的这一特点，使以后的审计成为可能，并且使会计数据的可靠性得到社会公认。

(3)财务会计核算提供的信息具有完整性、连续性和综合性。会计反映整个企业的全部经济业务，并对经济业务进行连续记录，使用货币计量把大量的、分散的、不易理解的数据，加以分类、汇总、排序，使之成为便于理解、能说明全面情况的信息。

财务会计核算的主要内容有：款项和有价证券的收付；财物的收发、增减和使用；债权债务的发生和结算；资本、基金的增减；收入、支出、费用、成本的计算；财务成果的计算和处理；需要办理会计手续、进行会计核算的其他事项。

2. 财务会计监督的特点

会计监督与其他形式的经济监督相比，其特点主要表现在：

(1)会计监督伴随会计核算同时进行，具有完整性和连续性。企业发生的各项经济业务，会计都要如实记录反映，同时还要审查它们是否符合有关财经法规，从而全面、完整地监督每一项经济活动。

(2)会计监督主要利用各种价值指标，以财务活动为主，具有综合性。会计主要使用货币量度，利用资产、负债、所有者权益、收入、费用和利润等指标综合反映经济活动的进程和结果，从总体上监督企业的经济活动。

(3)会计监督以国家财经法规和财经纪律为准绳，具有强制性和严肃性。会计监督必须依据国家的财经法规和财经纪律进行。会计法不仅赋予会计机构和会计人员实行会计监督的权力，而且规定了监督者的法律责任。会计机构和会计人员如果放弃监督，对不真实、不合法的原始凭证予以受理，情节严重的给予行政处分；给公共财产造成重大损失、构成犯罪的，依法追究刑事责任。

二、财务会计的目标

财务会计的目标是开展会计工作所要达到的目的，是指财务会计信息如何来满足社会各方面的需要，它应与我国社会主义市场经济体制相适应。2006 年 2 月，财政部发布的《企业会计准则——基本准则》，强调企业财务报告的目标是必须为报告使用者做出科学决策提供相关真实、可靠、公允的会计信息，强化了为投资者和社会公众决策提供有用会计信息的新理念，实现了与国际惯例的趋同，首次构建了比较完整的有机统一体系，并为改进国际财务报告准则提供了有益借鉴，实现了我国企业会计准则新的跨越和突破。财务会计信息使用者需要了解有助于国家进行宏观调控、有助于投资人和债权人进行投资决策和信贷决策、有助于企业内部管理层进行各种决策和加强内部控制的信息。因此，现阶段财务会计的目标应该是：

①财务会计要为国家宏观经济管理提供信息；

②财务会计要为存在于企业外部的、与企业有经济利益关系的集团、单位和个人等有关方面了解企业经营业绩提供信息；

③财务会计要为企业内部经营管理提供信息。

三、财务会计的对象

财务会计的对象是指财务会计所要反映和监督的内容，也就是说，凡是特定对象能够以货币表现的经济活动，都是会计核算和监督的内容。以货币表现的经济活动，通常又称为价值运动或资金运动。财务会计侧重于从价值角度反映和监督企业的生产经营活动。企业的生产经营活动包括资金筹集、资金使用、资金循环与周转和财务成果分配，在日常生产经营活动中，财务会计反映监督的内容具体表现为为数众多的经济业务。因此，在实际工作中，一般把各种经济活动或资金运动视为会计核算和监督的内容，即财务会计的对象。

资金运动包括各特定对象的资金投入、资金运用和资金退出等过程，而具体到企业、事业、行政单位又有较大差异。同样是企业，工业、农业、商业、交通运输业、建筑业及金融业等均有各自资金运动的特点。现以工业企业为例，说明财务会计的具体对象。

工业企业是从事工业产品生产和销售的营利性的经济组织。为了从事产品的生产与销售活动，企业必须拥有一定数量的资金，用于建造厂房、购买机器设备、购买原材料、支付职工工资、支付经营管理中必要的开支等。生产出的产品经过销售后，收回的货款还要补偿生产中垫付的资金、偿还有关债务、缴纳有关税费等。由此可见，工业企业的资金运动包括资金的投入、资金的循环与周转(包括供应过程、生产过程、销售过程三个阶段)和资金的退出三部分，既有一定时期内的显著运动状态(表现为收入、费用、利润等)，又有一定日期的相对静止状态(表现为资产同负债及所有者权益的衡等关系)。

资金的投入，包括企业所有者投入的资金和债权人投入的资金两部分，前者属于企业所有者权益，后者属于企业债权人权益。投入企业的资金一部分构成流动资产，另一部分构成非流动资产。

资金的循环和周转，分为供应过程、生产过程、销售过程三个阶段。在供应过程中，企业要购买原材料等劳动对象，发生材料买价、运输费、装卸费等材料采购成本，与供应单位发生货款的结算关系。在生产过程中，劳动者借助于劳动手段将劳动对象加工成特定的产品，发生原材料消耗的材料费、固定资产磨损的折旧费、生产工人劳动耗费的人工费等，构成产品使用价值与价值的统一体。同时，还将发生企业与工人之间的工资结算关系、与有关单位之间的劳务结算关系等。在销售过程中，将生产的产品销售出去，发生有关支付销售费用、收回货款、交纳税金等业务活动，并同购货单位发生货款结算关系、同税务机关发生税务结算关系等。企业获得的销售收入，扣除各项成本费用后的利润，还要提取盈余公积并向所有者分配利润。

资金的退出，包括偿还各项债务、缴纳各项税费、向所有者分配利润等，使得这部分资金离开本企业，退出本企业的资金循环与周转。

上述资金运动的三个阶段，是相互支撑、相互制约的统一体。没有资金的投入，就不会有资金的循环与周转；没有资金的循环与周转就不会有债务的偿还、税费的缴纳和利润的分配等；而从理论上讲，没有这类资金的退出，就不会有新一轮的资金投入，就不会有企业的进一步发展。

第二节　会计基本假设、会计基础和会计信息质量要求

一、会计基本假设

资金运动作为一般会计对象仍然是比较空泛的，具体落实到会计核算上，必须对会计核算的时间和空间范围等进行合理假定，明确其反映和监督的范围；明确各项资产、负债、所有者权益及收入、费用、利润应采用的计价基础；明确结算损益、算账、报账的时间等。这些是企业会

计确认、计量、记录和报告的前提。

会计基本假设包括会计主体、持续经营、会计分期和货币计量。

(一)会计主体

会计主体是指会计工作服务的特定对象,是企业会计确认、计量和报告的空间范围。在会计主体假设下,企业应对其本身发生的交易或事项进行确认、计量和报告,反映企业本身所从事的各项生产经营活动和其他相关活动,即要求会计人员只能核算和监督所在主体的经济业务。这一基本前提的主要意义在于:①将特定主体的经济活动与该主体所有者及职工个人的经济活动区别开来;②将该主体的经济活动与其他单位的经济活动区别开来,从而界定了从事会计工作和提供会计信息的空间范围,同时说明某会计主体的会计信息仅与该会计主体的整体活动和成果相关。

需要注意的是,会计主体与法律主体(法人)并非是对等的概念,法律主体必然是会计主体,但会计主体不一定是法律主体(法人)。任何企业,无论是独资、合资还是合伙,都是一个会计主体。在企业规模较大的情况下,为了便于掌握其分支机构的生产经营活动和收支情况,可以将分支机构作为一个会计主体,要求其定期编制会计报表。也就是说,会计主体可以是独立法人,也可以是非法人;可以是一个企业,也可以是企业内部某一单位或企业中的一个特定的部分;可以是单一企业,也可以是由几个企业组成的企业集团。

(二)持续经营

持续经营是指在可以预见的未来,企业将会按当前的规模和状态继续经营下去,不会破产清算,也不会大规模削减业务。在持续经营假设下,会计确认、计量和报告应当以企业持续、正常的生产经营活动为前提。

持续经营要求会计人员以企业持续、正常的生产经营活动为前提进行会计核算。例如,在持续经营的前提下,企业才能运用历史成本原则,使用它所拥有的各种经济资源和依照原来的偿还条件来偿还它所负担的各种债务。在资产和负债的分类方面,由于假定企业持续经营,才有流动资产、非流动资产以及流动负债、非流动负债之分。若企业即将清理,则持续经营的前提就不成立,编制财务报告就应根据资产的清算价值,负债则根据立即清偿的金额报告,一些公认的会计处理方法也将缺乏存在的基础。

(三)会计分期

会计分期是指将一个企业持续经营的生产经营活动划分为一个个连续的、长短相同的期间,以便分期结算账目和编制财务会计报告。我国会计准则将会计期间划分为年度、半年度、季度和月度。会计期间的起讫日期都采用公历日期。半年度、季度和月度称为会计中期。

会计分期的意义在于界定了会计信息的时间段落,为权责发生制、可比性原则、一贯性原则、相关性原则、配比原则、及时性原则、划分收益性支出与资本性支出原则及谨慎原则等奠定了理论与实务的基础。同时它是建立在持续经营基础上的会计假设,是对持续经营假设的必要补充。

(四)货币计量

货币计量是指会计主体在会计确认、计量和报告时以货币计量,来反映会计主体的生产经营活动。货币是商品的一般等价物,是衡量一般商品价值的共同尺度,具有价值尺度、流通手段、贮藏手段和支付手段等特点。选择货币作为共同尺度进行计量,具有全面、综合反映企业生产经营情况的作用。我国会计制度规定，会计核算以人民币作为记账本位币。业务收支以人民币以外的货币为主体的，如外商投资企业，可以选用某种外币作为记账本位币，但向国内编制会计报表时应折算为人民币加以反映。

上述会计核算的四大基本假设，具有相互依存、相互补充的关系。会计主体是核心，确立了会计核算的空间范围，持续经营与会计分期确立了会计核算的时间长度，而货币计量则为会计核算提供了必要手段。没有会计主体，就不会有持续经营；没有持续经营，就不会有会计分期；没有货币计量，就不会有现代会计。

二、会计基础

会计基础是指会计确认、计量和报告的基础，是单位在会计确认、计量和报告的过程中所采用的基础，是确认一定会计期间的收入和费用，从而确认损益的标准，具体包括权责发生制和收付实现制。

(一)权责发生制

权责发生制，也称应计制，是指以取得款项的权利或支付款项的义务为标准来确认本期收入和费用的会计核算基础。

在会计实务中，企业的交易或事项的发生时间与款项的收付时间有时并不一致。例如，本期款项已经收到，但销售并未实现而不能确认为本期的收入；或者款项已经支付，但与本期的生产经营活动无关而不能确认为本期的费用。为了真实、公允地反映企业财务状况和经营成果，《企业会计准则—基本准则》第九条规定："企业应当以权责发生制为基础进行会计确认、计量和报告。"

根据权责发生制的要求，凡是当期已经实现的收入和已经发生或应负担的费用，无论款项是否收付，都应当作为当期的收入和费用，计入利润表；凡是不属于当期的收入和费用，即使款项已在当期收付，也不应当作为当期的收入和费用。

(二)收付实现制

收付实现制，也称现金制，是指以现金的实际收付为标准来确认本期收入和支出的会计核算基础。

在我国，政府会计由预算会计和财务会计构成。其中，预算会计采用收付实现制，国务院另有规定的，依照其规定；财务会计采用权责发生制。

三、会计信息质量要求

会计信息质量要求是对企业财务报告中所提供的会计信息质量的基本要求，是使财务报告所提供的会计信息对投资者等信息使用者决策有用应具备的基本特征，主要包括可靠性、相关性、可理解性、可比性、实质重于形式、重要性、谨慎性和及时性等。

(一)可靠性

可靠性要求企业应当以实际发生的交易或者事项为依据进行确认、计量和报告，如实反映符合确认和计量要求的各项会计要素及其他相关信息。保证会计信息真实可靠、内容完整。

会计信息要有用，必须以可靠为基础。如果财务报告所提供的会计信息是不可靠的，就会给投资者等使用者的决策产生误导甚至造成损失。为了贯彻可靠性要求，企业应当做到：

(1)以实际发生的交易或者事项为依据进行确认、计量,将符合会计要素定义及其确认条件的资产、负债、所有者权益、收入、费用和利润等如实反映在财务报表中,不得根据虚构的、没有发生的或者尚未发生的交易或者事项进行确认、计量和报告。

(2)在符合重要性和成本效益原则的前提下,保证会计信息的完整性,其中包括编报的报表及其附注内容等应当保持完整,不能随意遗漏或者减少应予以披露的信息,与使用者决策相关的有用信息都应当充分披露。

(3)包括在财务报告中的会计信息应当是中立的、无偏差的。如果企业在财务报告中为了达到事先设定的结果或效果,通过选择或列示有关会计信息以影响决策和判断的,这样的财务报告信息就不是中立的。

(二)相关性

相关性要求企业提供的会计信息应当与财务会计报告使用者的经济决策需要相关,有助于财务会计报告使用者对企业过去和现在的情况进行评价,对未来的情况进行预测。

会计信息质量的相关性要求,需要企业在确认、计量和报告会计信息的过程中,充分考虑使用者的决策模式和信息需要。但是,相关性是以可靠性为基础的,两者之间并不矛盾,不应将两者对立起来。也就是说,会计信息在可靠性前提下,要尽可能做到相关性,以满足投资者等财务报告使用者的决策需要。

(三)可理解性

可理解性(清晰性)要求企业提供的会计信息应当清晰明了,便于财务会计报告使用者理解和使用。

企业编制财务报告、提供会计信息的目的在于使用,而要让使用者有效使用会计信息,就应当能让其了解会计信息的内涵,弄懂会计信息的内容。这就要求财务报告所提供的会计信息应当清晰明了,易于理解。只有这样,才能提高会计信息的有用性,实现财务报告的目标,满足向投资者等财务报告使用者提供决策有用信息的要求。

(四)可比性

可比性要求企业提供的会计信息应当相互可比,保证同一企业不同时期可比、不同企业相同会计期间可比。

1. 同一企业不同时期可比

为了便于投资者等财务报告使用者了解企业财务状况、经营成果和现金流量的变化趋势,比较企业在不同时期的财务报告信息,全面、客观地评价过去、预测未来,从而做出决策。会计信息质量的可比性要求同一企业不同时期发生的相同或者相似的交易或者事项,应当采用一致的会计政策,不得随意变更。但是,满足会计信息可比性要求,并非表明企业不得变更会计政策,如果按照规定或者在会计政策变更后可以提供更可靠、更相关的会计信息,可以变更会计政策。有关会计政策变更的情况,应当在附注中予以说明。

2. 不同企业相同会计期间可比

为了便于投资者等财务报告使用者评价不同企业的财务状况、经营成果和现金流量及其变动情况,会计信息质量的可比性要求不同企业同一会计期间发生的相同或者相似的交易或者事项,应当采用规定的会计政策,确保会计信息口径一致、相互可比,以使不同企业按照一致的确认、计量和报告要求提供有关会计信息。

（五）实质重于形式

实质重于形式要求企业应当按照交易或者事项的经济实质进行会计确认、计量和报告，不应仅以交易或者事项的法律形式为依据。

企业发生的交易或事项在多数情况下，其经济实质和法律形式是一致的。但在有些情况下，会出现不一致。例如，以融资租赁方式租入的资产虽然从法律形式来讲企业并不拥有其所有权，但是由于租赁合同中规定的租赁期相当长，接近于该资产的使用寿命；租赁期结束时承租企业有优先购买该资产的选择权；在租赁期内承租企业有权支配资产并从中受益等。因此，从其经济实质来看，企业能够控制融资租入资产所创造的未来经济利益，在会计确认、计量和报告上就应当将以融资租赁方式租入的资产视为企业的资产，列入企业的资产负债表。

同时，如果企业按照销售合同销售商品但又签订了售后回购协议，虽然从法律形式上实现了收入，但如果企业没有将商品所有权上的主要风险和报酬转移给购货方，没有满足收入确认的各项条件，即使签订了商品销售合同或者已将商品交付给购货方，也不应当确认销售收入。

（六）重要性

重要性要求企业提供的会计信息应当反映与企业财务状况、经营成果和现金流量有关的所有重要交易或者事项。重要性的应用依赖于职业判断，从项目的性质（质）和金额大小（量）两方面判断。

在实务中，如果会计信息的省略或者错报会影响投资者等财务报告使用者据此进行决策的，该信息就具有重要性。重要性的应用需要依赖职业判断，企业应当根据其所处的环境和实际情况，从项目的性质和金额大小两方面加以判断。

例如，我国上市公司要求对外提供季度财务报告，考虑到季度财务报告披露的时间较短，从成本效益原则的考虑，季度财务报告没有必要像年度财务报告那样披露详细的附注信息。因此，中期财务报告准则规定，公司季度财务报告附注应当以年初至本中期末为基础编制，披露自上年度资产负债表日之后发生的、有助于理解企业财务状况、经营成果和现金流量变化情况的重要交易或者事项。这种附注披露，就体现了会计信息质量的重要性要求。

（七）谨慎性

谨慎性要求企业对交易或者事项进行会计确认、计量和报告时保持应有的谨慎，不应高估资产或者收益、不应低估负债或者费用。例如：要求企业对可能发生的资产减值损失计提资产减值准备（对应收账款计提坏账准备）、对售出商品可能发生的保修义务确认预计负债等。

在市场经济环境下，企业的生产经营活动面临着许多风险和不确定性，如应收款项的可收回性、固定资产的使用寿命、无形资产的使用寿命、售出存货可能发生的退货或者返修等。会计信息质量的谨慎性要求，需要企业在面临不确定性因素的情况下进行职业判断时，应当保持应有的谨慎，充分估计到各种风险和损失，既不高估资产或者收益，也不低估负债或者费用。例如，要求企业对可能发生的资产减值损失计提资产减值准备、对售出商品可能发生的保修义务等确认预计负债等，就体现了会计信息质量的谨慎性要求。

谨慎性的应用也不允许企业设置秘密准备。如果企业故意低估资产或者收益，或者故意高估负债或者费用，将不符合会计信息的可靠性和相关性要求，损害会计信息质量，扭曲企业实际的财务状况和经营成果，从而对使用者的决策产生误导，这是会计准则所不允许的。

（八）及时性

及时性要求企业对于已经发生的交易或者事项，应当及时进行确认、计量和报告，不得提前或者延后。

会计信息的价值在于帮助所有者或者其他方面做出经济决策，具有时效性。即使是可靠、相关的会计信息，如果不及时提供，就失去了时效性，对于使用者的效用就大大降低甚至不再具有实际意义。在会计确认、计量和报告过程中贯彻及时性，一是要求及时收集会计信息，即在经济交易或者事项发生后，及时收集整理各种原始单据或者凭证；二是要求及时处理会计信息，即按照会计准则的规定，及时对经济交易或者事项进行确认或者计量，并编制出财务报告；三是要求及时传递会计信息，即按照国家规定的有关时限，及时地将编制的财务报告传递给财务报告使用者，便于其及时使用和决策。

在实务中，为了及时提供会计信息，可能需要在有关交易或者事项的信息全部获得之前即进行会计处理，这样就满足了会计信息的及时性要求，但可能会影响会计信息的可靠性；反之，如果企业等到与交易或者事项有关的全部信息获得之后再进行会计处理，这样的信息披露可能会由于时效性问题，对于投资者等财务报告使用者决策的有用性将大大降低。这就需要在及时性和可靠性之间作相应权衡，以最好地满足投资者等财务报告使用者的经济决策需要为判断标准。

第二章　资　　产

【知识目标】通过本章的学习，明确企业各项资产的概念、特征及确认条件；熟悉企业各项资产会计核算的原理和方法。

【技能目标】在实现知识目标的基础上，掌握企业各项资产取得成本的计量及后续的计量，并能熟练地对各项资产进行具体的账务管理。

【思政目标】培养学生客观公正、诚实守信、承担社会责任等积极向上的价值观，引导学生以积极、诚信和客观公正的职业态度对待会计工作；培养学生法制意识，明确会计工作中的违法行为。

资产是指企业过去的交易或者事项形成的、由企业拥有或者控制的、预期会给企业带来经济利益的资源，包括流动资产和非流动资产两大类。本章将根据资产的流动性分别对相关资产内容和具体的账务处理进行介绍。

第一节　货币资金

货币资金是指企业生产经营过程中处于货币形态的那部分资产。它是企业资产的重要组成部分，是交换的媒介物，是衡量企业偿债能力和支付能力的重要指标。货币资金包括库存现金、银行存款和其他货币资金。

一、库存现金

库存现金是指存放在企业财会部门并由出纳员保管的货币，包括库存的人民币和外币。可以随时用其购买企业所需要的物资，偿还债务，支付费用，也可以随时存入银行。库存现金是企业流动性最强的资产，企业应当严格遵守国家和企业有关现金管理制度，正确进行现金收支的核算，监督现金使用的合法性与合理性。

(一)现金的管理

企业库存现金的日常管理包括现金收入和现金支出两部分。现金收入的管理主要包括以现金收取的货款，以现金形式收取的其他营业收入等。现金支出的管理，主要是按照国家规定使用现金，并对现金的支出内容进行审核，检查其是否符合国家有关的财经纪律和财经政策，是否符合企业的财务收支计划等。中国人民银行总行是现金管理的主要部门，各级人民银行负责对开户银行的现金管理进行监督和稽核，开户银行负责现金管理的具体执行，对开户单位的现金收支、使用进行监督管理；在银行和其他金融机构开户的企业，必须按照国务院发布的

《现金管理暂行条例》及其实施细则的规定进行管理，并接受开户银行的监督。

1. 钱账分管，会计、出纳分开

实行管钱的不管账，管账的不管钱。出纳员和会计员互相牵制，互相配合，互相监督，这样可以保证少出差错，堵塞漏洞。收取现金与签发收据应分别由专人负责。企业收取现金，应由专人签发收据，由出纳人员收款，并将应存银行的现金送存银行。如果企业取得的收入有付款单位开给的凭证，仍应由专人开出收据交给交款人，以分清经办人员与收款人员的职责。

2. 建立现金交接手续，坚持查库制度

凡是涉及现金收付的，必须坚持复核。在款项转移或出纳人员调换时，必须办理交接手续，做到责任清楚。要经常检查库存现金和账面记录是否一致，以保证钱款安全。

3. 遵守库存现金限额

为了控制现金使用，有计划地组织货币流通，企业的库存现金的数额，应由开户银行根据企业规模的大小，每日现金收付金额的多少，以及企业距离银行的远近，同各企业协商确定。一般以 3～5 天零星开支的正常需要为限额，距离银行较远或交通不便的企业可以多于 5 天，但不得超过 15 天零星开支的正常需要。核定的限额必须遵守，超过库存限额的现金，出纳员应及时送存银行。需要增减库存现金限额的，应当向开户银行提出申请，由开户银行核定。

4. 遵守规定的现金使用范围

(1)职工工资、津贴；

(2)个人劳务报酬；

(3)根据国家规定颁发给个人的科学技术、文化艺术、体育等各种奖金；

(4)各种劳保、福利费用以及国家规定的对个人的其他支出；

(5)向个人收购农副产品和其他物资的现款；

(6)出差人员必须随身携带的差旅费；

(7)结算起点(1 000 元)以下的小额支出；

(8)中国人民银行确定需要支付现金的其他支出。

除了(5)、(6)两项外，超过使用现金限额的部分，应以结算票据支付，因采购地点不固定、交通不便、生产或者市场急需、抢险救灾以及其他特殊情况确实需要使用现金的，企业应当向开户银行提出申请，由本单位财务部门负责人签字盖章，经开户银行审核后，予以支付现金。

5. 严格现金的存取手续

(1)企业现金收入应当于当日缴存开户银行。当日缴存确有困难的，由开户银行确定送存时间；

(2)企业从开户银行提取现金，应当写明用途，由本单位财会部门负责人签字盖章，经开户银行审核后，予以支付现金(即不得套现)；

(3)不准保留账外公款(即不得设置小金库)；

(4)不准用不符合会计制度的凭证顶替库存现金(即不得白条抵库)；

(5)不准用银行账户代其他单位和个人存入或支取现金(即不得出租出借账号)；

(6)不准用单位收入的现金以个人名义存储(即不得公款私存)；

(7)企业支付现金,可以从本单位库存限额中支付或者从开户银行提取,一般不得从本单位的现金收入中直接支付(即不得坐支)。因特殊情况需要坐支现金的,应当事先报经开户银行审查批准,由开户银行核定坐支范围和限额。坐支单位应当定期向开户银行报送坐支金额和使用情况。

(二)现金的账务处理

为了反映和监督企业库存现金的收入、支出和结存情况,企业应当设置"库存现金"科目,该科目借方登记企业库存现金的增加,贷方登记企业库存现金的减少,期末借方余额反映企业期末实际持有的库存现金的金额。企业内部各部门周转使用的备用金,可以单独通过"其他应收款"或"备用金"科目进行核算。为全面、连续反映库存现金的收支和结存情况,企业应设置库存现金总账和日记账,分别进行库存现金的总分类核算和明细分类核算。

【例 2-1】 2×20 年 5 月 2 日,天胜公司开出现金支票 5 000 元,提取现金以备零用。公司账务处理如下:

借:库存现金　　5 000
　贷:银行存款　　5 000

【例 2-2】 2×20 年 5 月 18 日,天胜公司出纳收到职工李飞的赔款 100 元。公司账务处理如下:

借:库存现金　　100
　贷:其他应收款——李飞　　100

(三)现金支出的核算

【例 2-3】 2×20 年 5 月 20 日,天胜公司的采购员张君预借差旅费 1 000 元,以现金付讫。公司账务处理如下:

借:其他应收款——张君　　1 000
　贷:库存现金　　1 000

(四)现金的清查

为了保证现金的安全完整,企业一般采用实地盘点法对库存现金进行定期和不定期的清查,对于清查结果应当编制现金盘点报告单。如有白条顶库、挪用现金的情况,应及时予以纠正;对于超限额留存的现金应及时送存银行。如果账款不符,发现有待查明原因的现金溢余或短缺,应该先通过"待处理财产损溢"科目核算。按管理权限报经批准后,分两种情况处理:如为现金短缺,属于应由责任人赔偿的部分,计入其他应收款;属于无法查明原因的,计入管理费用。如为现金溢余,属于应支付给有关人员或单位的,计入其他应付款;属于无法查明原因的,计入营业外收入。

【例 2-4】 2×20 年 4 月 30 日,天胜公司清查出纳苏晓雪保管的现金时,发现短款 200 元。公司账务处理如下:

借:待处理财产损溢——待处理流动资产损溢　　200
　贷:库存现金　　200

【例 2-5】 承【例 2-4】其中短缺 200 元中有 180 元属于出纳员责任,应由出纳员苏晓雪赔偿;20 元属于无法查明的其他原因,经批准转为管理费用。公司账务处理如下:

借：其他应收款——应收现金短款（苏晓雪）　　180

　　管理费用——现金短缺　　20

　　贷：待处理财产损溢——待处理流动资产损溢　　200

【例 2-6】2×20 年 5 月 30 日，天胜公司清查出纳保管的现金时，发现长款 200 元。公司账务处理如下：

借：库存现金　　200

　　贷：待处理财产损溢——待处理流动资产损溢　　200

【例 2-7】承【例 2-6】经查，溢余的 200 元中有 120 元是应付职工林平的款项，另 80 元属于无法查明的原因，经批准转为营业外收入。公司账务处理如下：

借：待处理财产损溢——待处理流动资产损溢　　200

　　贷：其他应付款——应付现金溢余（林平）　　120

　　　　营业外收入——现金溢余　　80

二、银行存款

银行存款是指企业存放在银行或其他金融机构的货币资金。按照中国人民银行发布并实施的《支付结算办法》的规定，凡是独立核算的企业应在所在地银行申请开立存款结算账户，企业货币资金的收入和付出，除了规定可用现金收付的以外，在经营过程中所发生的一切货币收支业务，都必须通过银行存款账户办理转账结算。

（一）银行存款的管理

银行存款的收付应严格执行银行结算制度的有关规定。《支付结算办法》是银行结算制度的主要依据。支付结算是指单位、个人在社会经济活动中使用票据、信用卡、汇兑、托收承付和委托收款等结算方式进行货币给付及资金清算的行为。按照《支付结算办法》的规定，企业在银行开立人民币存款账户，必须遵守《人民币结算账户管理办法》的各项规定。

1. 银行存款账户的开设

企业在当地银行开设银行存款账户时，要按照工商、税务和银行等部门的有关规定办理开户手续。银行存款账户分为基本存款户、一般存款户、临时存款户和专用存款户。

（1）基本存款户是存款人办理日常转账结算和现金收付的账户。存款人只能在银行开立一个基本存款户。存款人的工资、奖金等现金的支取，只能通过本账户办理。

（2）一般存款户是存款人在基本存款账户以外的银行借款转存、与基本存款账户的存款人不在同一地点的附属非独立核算单位开立的账户，存款人可以通过本账户办理转账结算和现金缴存，但不能办理现金支取。

（3）临时存款户是存款人因临时经营活动需要和外地临时机构开立的账户，办理转账结算和根据国家现金管理的规定办理现金收付。

（4）专用存款户是存款人因特定用途需要开立的账户，办理基本建设、更新改造和其他特定用途的需要专户管理的资金。

国家对企业使用银行存款账户有严格规定，主要有以下要求：①银行账户只供本单位用于款项收付，不得供企业以外的其他单位或个人使用；②企业不得利用银行账户进行非法活动；③企业不得向银行透支；④银行支票要专人保管和签发，企业不得出借支票或将支票转让给其他企业或个人使用；⑤企业要及时、正确地登记银行存款账户的收支业务，并定期与银行核对账目。

2. 银行结算纪律和原则

(1)银行结算纪律　不准签发没有资金保证的票据或远期支票，套取银行信用；不准签发、取得和转让没有真实交易和债权债务的票据，套取银行和他人资金；不准无理由拒绝付款，任意占用他人资金；不准违反规定开立和使用账户。

(2)银行结算原则　恪守信用，履约付款；谁的钱进谁的账，由谁支配；银行不垫款。

(二)银行存款的账务处理

为了反映和监督银行结算户存款的收入、付出和结存的情况，企业应当设置“银行存款”科目，借方登记企业银行存款的增加，贷方登记企业银行存款的减少，期末借方余额反映企业期末实际持有的银行存款的金额。

企业应设置银行存款总账进行银行存款的总分类核算，每日终了，应结出余额。

企业将款项存入银行和其他金融机构时，应借记“银行存款”科目，贷记“库存现金”等科目；提取或支付已存入银行和其他金融机构存款时，借记“库存现金”等科目，贷记“银行存款”科目。

【例 2-8】 20×20 年 5 月 2 日，天胜公司收到 A 公司所欠货款 200 000 元，存入银行。公司账务处理如下：

借：银行存款	200 000	
贷：应收账款——A 公司		200 000

【例 2-9】 20×20 年 5 月 20 日，天胜公司销售产品取得收入 100 000 元，销项税 13 000 元，销货款及增值税款已存入银行。公司账务处理如下：

借：银行存款	113 000	
贷：主营业务收入		100 000
应交税费——应交增值税(销项税额)		13 000

【例 2-10】 20×20 年 5 月 22 日，天胜公司开出转账支票 300 000 元，偿还前欠 B 公司货款。公司账务处理如下：

借：应付账款——B 公司	300 000	
贷：银行存款		300 000

【例 2-11】 20×20 年 5 月 25 日，天胜公司开出现金支票 5 000 元，以备零用。公司账务处理如下：

借：库存现金	5 000	
贷：银行存款		5 000

(三)银行存款的清查

为了防止记账发生差错，保证银行存款收支业务记录的正确性，查明银行存款的实际数额，企业应定期核对银行存款日记账的账目。

1. 银行存款日记账的清查内容

企业银行存款日记账的清查包括三个环节，清查时如发现不一致，要及时查找原因，及时解决问题。

(1)企业银行存款日记账与银行存款收、付款凭证要互相核对，做到账证相符；

(2)企业银行存款日记账与银行存款总账要互相核对，做到账账相符；

(3)企业银行存款日记账与银行开来的对账单要互相核对，以便准确地掌握企业可以使用的银行存款实有数，避免银行存款账目发生差错。

2. 银行存款余额调节表

前两个环节的清查核对工作应在发现账证、账账不符时，及时地使用错账更正法进行改正；但是在企业的银行存款日记账与银行对账单进行清查核对时，首先要剔除未达账项的影响。所谓未达账项，是指由于凭证传递过程中双方入账时间不一致，而发生的一方已入账，而另一方尚未入账的事项。企业与银行之间的未达账项一般有以下四种情况：

(1)企业送存银行的款项，企业已作为银行存款的增加入账，而银行尚未入账(企业已收，银行未收)。

(2)企业开出的付款凭证，企业已经入账，减少银行存款，而银行尚未收到通知，且未办理支付手续(企业已付，银行未付)。

(3)银行代企业收进的款项，银行已登记入账，作为企业银行存款的增加，但企业尚未收到通知，因而尚未入账(银行已收，企业未收)。

(4)银行代企业付出的款项，银行已作为企业存款的减少入账，企业尚未入账(银行已付，企业未付)。

为了排除未达账项的影响，通常企业会计人员需要通过编制“银行存款余额调节表”的方法来核对企业与银行之间的往来账目是否有差错。其调节公式为：

银行存款日记账余额＋银行已收企业未入账的款项－银行已付企业未入账的款项＝银行对账单余额＋企业已收银行未入账的款项－企业已付银行未入账的款项

下面举例说明银行存款余额调节表的编制方法。

【例 2-12】天胜公司 2×20 年 7 月 31 日的银行存款日记账账面余额为 785 000 元，而银行对账单上企业存款余额为 780 000 元，经逐笔核对，发现有以下未达账项：

(1)7 月 30 日，委托银行代收款项 5 000 元，银行已收妥入账，公司尚未接到银行的收款通知，所以公司未登账；

(2)7 月 30 日，开出支票 3 000 元偿付前欠货款，持票人尚未到银行办理转账，银行尚未登账；

(3)7 月 30 日，银行代公司支付电话费 4 000 元，公司尚未接到银行的付款通知，所以公司尚未登账；

(4)7 月 31 日，公司送存支票 9 000 元，银行尚未登入公司存款账户。

根据以上资料，编制银行存款余额调节表(表 2-1)：

表 2-1 天胜公司银行存款余额调节表

2×20 年 7 月 31 日　　元

项目	金额	项目	金额
公司银行存款日记账余额	785 000	银行对账单余额	780 000
加:银行已收款入账		加:公司已收款入账	
公司未收款入账	5 000	银行未收款入账	9 000
减:银行已付款入账		减:公司已付款入账	
公司未付款入账	4 000	银行未付款入账	3 000
调节后余额	786 000	调节后余额	786 000

经过调整,调节表的双方余额平衡,说明所列未达账项确属正常,双方记账完全相符。如果调整后,双方余额不等,应及时查明原因,进行更正。企业对未达账项要及时清理,对长期未达账项应及时查明原因并加以解决。需要注意的是:经过调整后的银行存款余额,表示企业可运用的银行存款数额,银行存款余额调节表只是为了核对账目,不能作为调整银行存款账面余额的原始凭证。对于因未达账项的存在而使双方账面余额出现的差异,不需要进行账面调整,应待结算凭证到达后再进行账务处理,并登记入账。但是未达账项数额巨大时,必须在资产负债表附注中加以揭示。

(四)转账结算方式

银行转账结算是指不直接采用现金而通过银行转账进行货币资金收付的结算方式。根据中国人民银行有关结算制度的规定,各单位之间的一切经济往来,包括产品销售、劳务供应和资金缴拨等货币资金结算,除结算金额起点以下的零星支付可以使用现金外,都必须进行转账结算。目前在企业发生的货币资金收付业务中,常用的结算工具有:银行汇票、银行本票、商业汇票和支票四种票据及信用卡;常用的结算方式主要有汇兑、委托收款、托收承付和信用证四种。转账结算又分为同城结算方式和异地结算方式两种。

1. 支票

使用支票进行结算称为支票结算方式。支票由银行统一印制,分为现金支票、转账支票和普通支票。现金支票只能用于支取现金;转账支票只能用于转账;普通支票可以用于支取现金,也可用于转账,但是在普通支票左上角划两条平行线的划线支票就只能用于转账。存款人购买支票时,应填写“票据和结算凭证领用单”,经银行核对填写正确,签章相符,收取支票工本费和手续费后,在空白重要凭证登记簿上注明领用日期、存款人名称、支票号码以备核查。存款账户结清时,必须将剩余的空白支票全部交回银行注销。支票申领经办人在领取支票时应同时在支票存根和支票登记簿上签字。经办人领取支票一周之内,必须持有效发票和收据到财务部门报账。支票遗失或在交换中发生问题,经办人应立即报告财务部门负责人和单位主管领导,以便尽快采取措施(如挂失、报案等)避免损失。如已经造成经济损失的应追究经办人的责任。

(1)支票的内容　支票是单位或个人签发的,委托办理支票存款业务的银行在见票时无条件支付确定的金额给收款人或者持票人的票据(图 2-1、图 2-2)。

(2)支票的适用范围　单位和个人在同城的、在现金结算范围以外的各种款项结算,均可使用支票。依据《中华人民共和国票据法》和中国人民银行的《支付结算办法》可以按规定使用现金支票和转账支票。

(3)支票的特点

①支票一律记名，转账支票可以背书转让；

②支票提示付款期为 10 天(从签发支票的当日起，到期日遇节假日向后顺延)；

③应按有关规定规范、完整地填写支票，但支票的金额、收款人名称可以由出纳授权经办人补记，而且支票金额必须封位以限定最高金额；

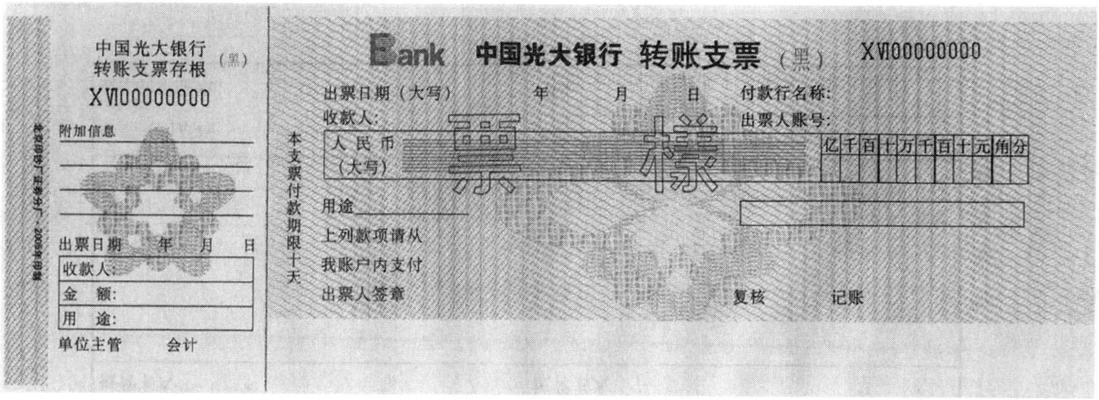

图 2-1 转账支票

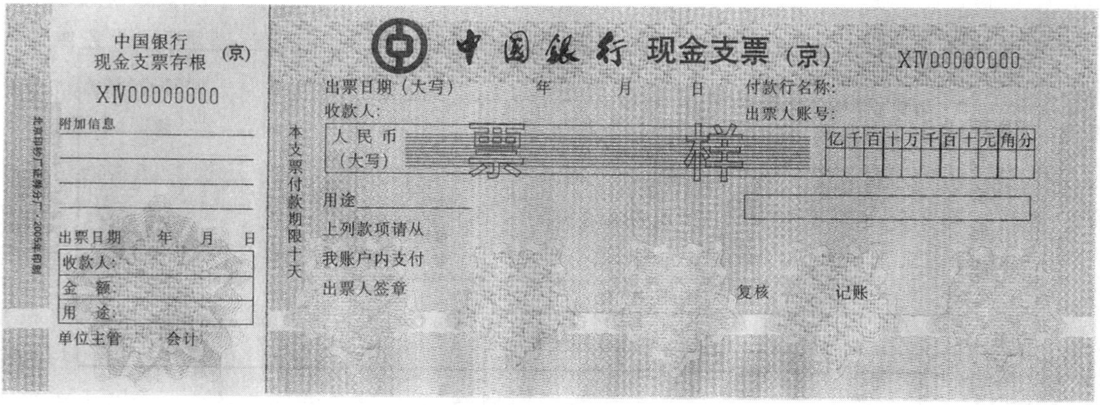

图 2-2 现金支票

④支票发生遗失，可以向付款银行申请挂失；挂失前已经支付的，银行不予受理；

⑤出票人签发空头支票、印章与银行预留印鉴不符的支票、使用支付密码但支付密码错误的支票，银行除将支票做退票处理外，还要按票面金额处以 5%但不低于 1 000 元的罚款。持票人有权要求出票人赔偿支票金额 2%的赔偿金。对屡次签发的，银行应停止其签发支票；

⑥支票签发的日期、大小写金额和收款人名称不得更改，其他内容有误，可以划线更正，并加盖预留银行印鉴。

(4)支票的流转程序　见图 2-3。

收款企业会计根据银行盖章退回的进账单及有关原始凭证编制收款凭证入账。付款企业签发支票后，应根据支票存根及有关凭证编制付款凭证入账。

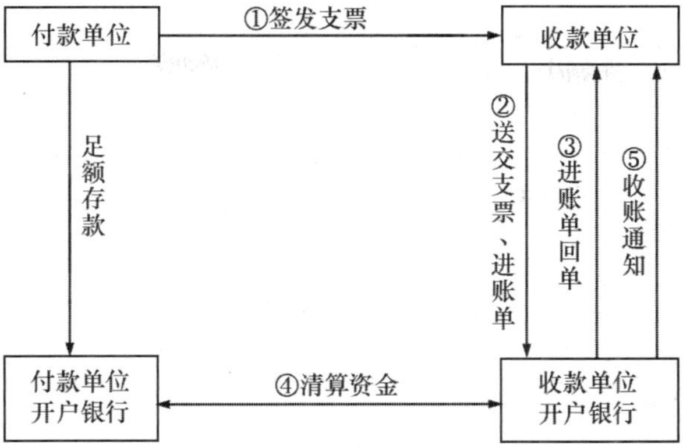

图 2-3　支票的流转程序

2. 商业汇票

使用商业汇票进行结算叫作商业汇票结算方式，是收款人或付款人或承兑申请人签发，由承兑人承兑，并于到期日向收款人或被背书人支付款项的结算方式。按承兑人的不同，商业汇票分为商业承兑汇票和银行承兑汇票。由银行承兑的汇票为银行承兑汇票，属于银行信用；由银行以外的企事业单位等承兑的汇票为商业承兑汇票，属于商业信用。

(1)商业汇票的内容　由出票人签发的，委托付款人在指定日期无条件支付确定的金额给收款人或持票人的票据。票样见图 2-4、图 2-5。

(2)商业汇票的适用范围　开立存款账户的法人及其他组织之间，必须具有真实的交易关系或债权债务关系，才能使用商业汇票，即签发商业汇票是以真实合法的商品交易为基础。

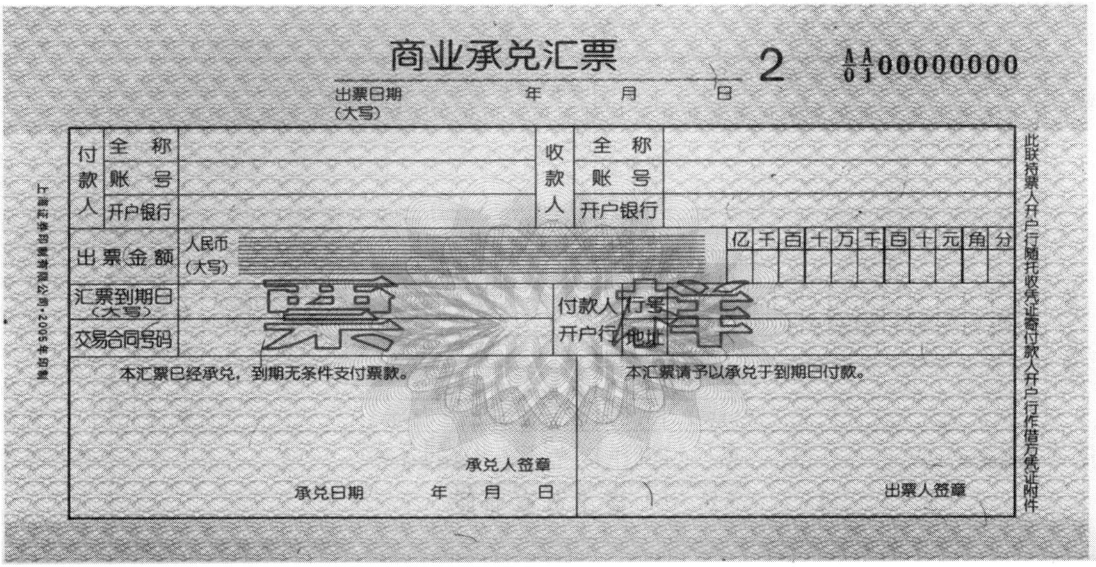

商业承兑汇票　2　AA 01 00000000

出票日期（大写）　年　月　日

付款人	全称		收款人	全称	
	账号			账号	
	开户银行			开户银行	
出票金额	人民币（大写）		亿 千 百 十 万 千 百 十 元 角 分		
汇票到期日（大写）			付款人开户行	行号	
交易合同号码				地址	

本汇票已经承兑，到期无条件支付票款。　承兑人签章　承兑日期　年　月　日

本汇票请予以承兑于到期日付款。　出票人签章

此联持票人开户行随托收凭证寄付款人开户行作借方凭证附件

上海证券印制有限公司·2005年印制

票样

图 2-4　商业承兑汇票

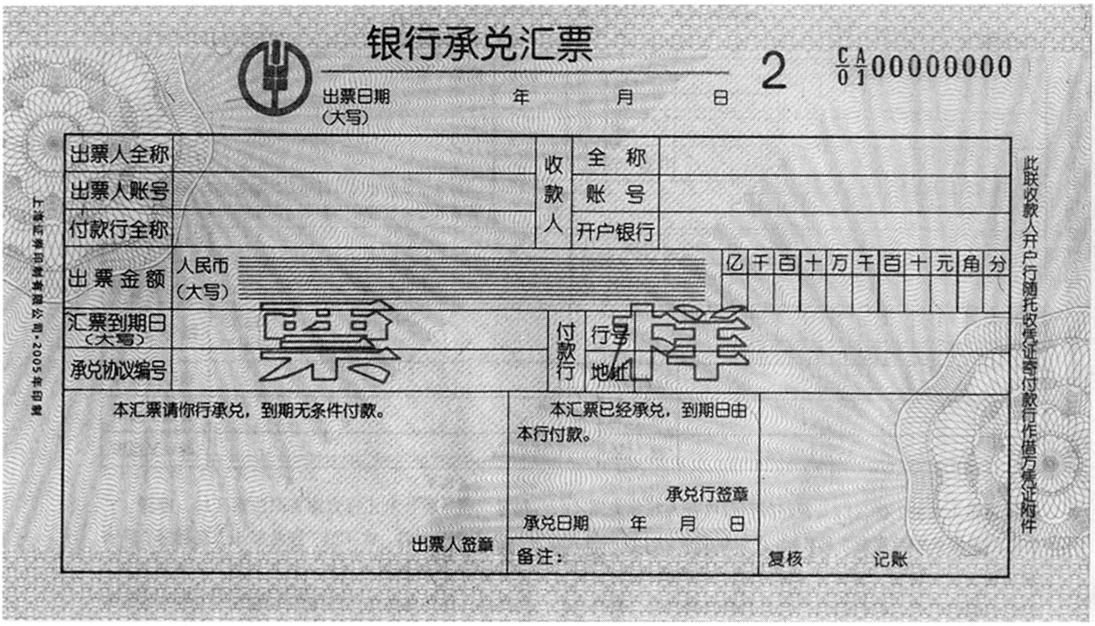
银行承兑汇票　2　CA 01 00000000

出票日期（大写）　年　月　日

出票人全称		收款人	全称	
出票人账号			账号	
付款行全称			开户银行	
出票金额	人民币（大写）			亿 千 百 十 万 千 百 十 元 角 分
汇票到期日（大写）		付款行	行号	
承兑协议编号			地址	

本汇票请你行承兑，到期无条件付款。　出票人签章

本汇票已经承兑，到期日由本行付款。　承兑行签章　承兑日期　年　月　日　备注：

复核　记账

此联收款人开户行随托收凭证寄付款行作借方凭证附件

上海证券印刷有限公司·2005年印制

图 2-5　银行承兑汇票

(3)商业汇票的特点

①同城或异地的货款结算均可使用；

②商业汇票一律记名，允许背书转让或贴现。商业承兑汇票可以背书转让，由于其属于商业信用，所以在信用等级和流通性上低于银行承兑汇票，在银行办理贴现的难度较银行承兑汇票高；

③已承兑的商业汇票丢失，可由失票人通知付款人挂失止付；

④商业承兑汇票既可由收款人出票，付款人承兑，也可由付款人出票并承兑，汇票的付款期限最长不超过 6 个月；电子承兑汇票期限自出票日至到期日不超过 1 年。

⑤商业汇票到期日前，收款人或被背书人应将其送交开户银行办理向付款人提示付款，提示付款期限，自汇票到期日起 10 天；

⑥对逾期超过 10 天的商业汇票，银行不予受理；

⑦每张银行承兑汇票的金额最高不得超过 1 000 万元；

⑧银行承兑汇票的承兑银行按票面金额万分之五向申请人计收承兑手续费。

(4)商业汇票的流转程序　见图 2-6、图 2-7。

对于收款企业来讲，可根据银行盖章退回的进账单编制收款凭证入账；对于付款企业来讲，收到银行的付款通知时，应据以编制付款凭证入账。

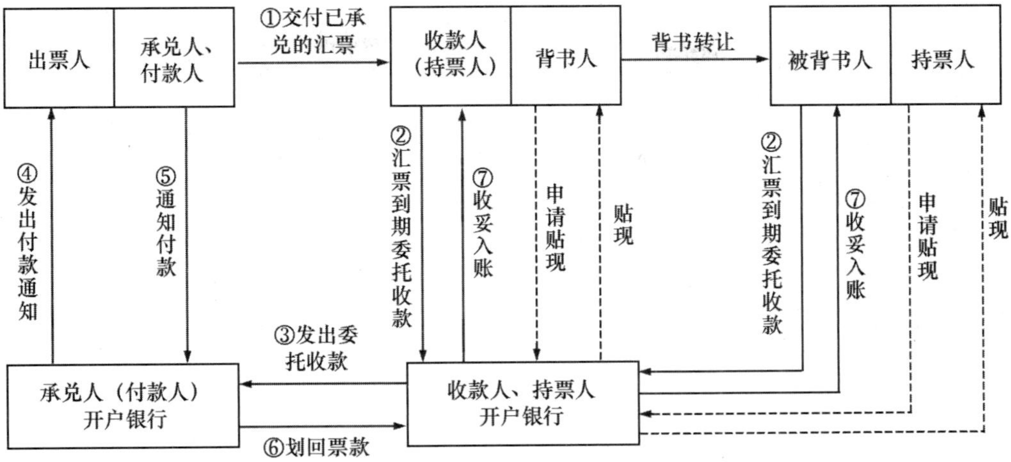

图 2-6 商业承兑汇票流转程序

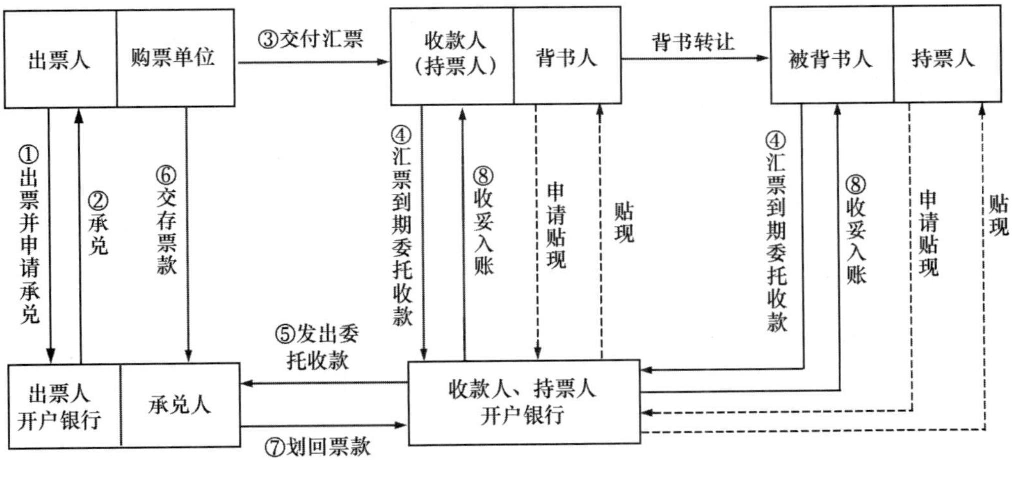

图 2-7 银行承兑汇票流转程序

3. 委托收款

委托收款是收款人委托银行向付款人收取款项的结算方式，分为邮寄和电报划回两种。收款人办理委托收款时，应填制一式五联的邮划（电划）“托收凭证”（图 2-8），交至银行办理。付款单位应在收到委托收款的通知次日起 3 日内，主动通知银行是否付款。如果不通知银行，银行视同企业同意付款并在第 4 日，直接从单位账户中付出此笔委托收款款项。

（1）委托收款结算方式的适用范围　单位和个人凭承兑商业汇票、债券、存单等付款人债务证明办理款项结算时，均可使用委托收款结算方式。还适用于收取电费、电话费等付款人众多、分散的公用事业费等有关款项。

（2）委托收款结算方式的业务特点　使用范围广，方便灵活，同城、异地均可办理，且不受金额起点限制。在同城范围内收款人收取公用事业费，经当地中国人民银行批准，可以使用同城特约委托收款。

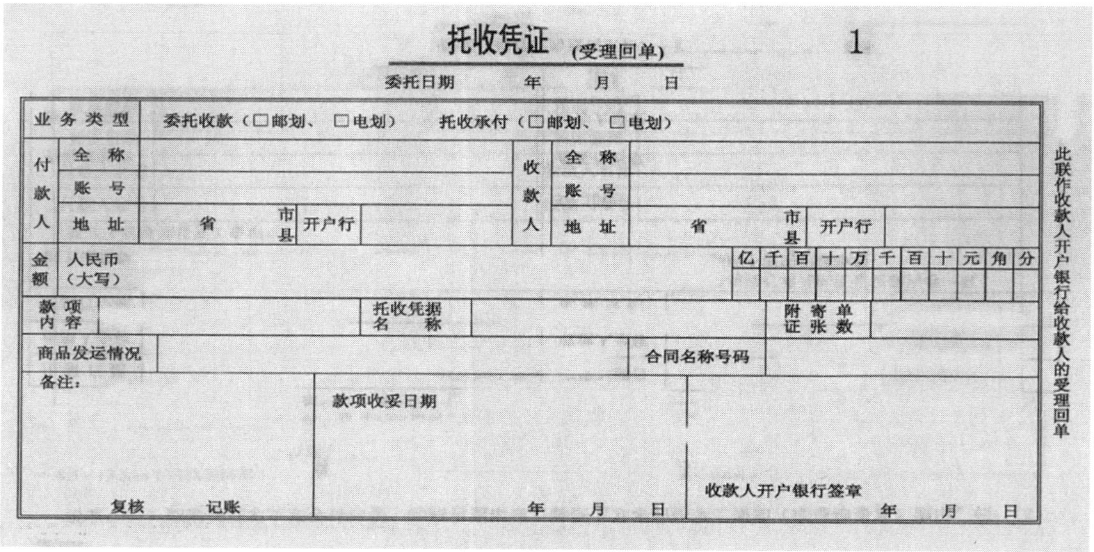
托收凭证（受理回单）　1

委托日期　年　月　日

业务类型	委托收款（□邮划、□电划）　托收承付（□邮划、□电划）					
付款人	全称		收款人	全称		
	账号			账号		
	地址	省　市县　开户行		地址	省　市县　开户行	
金额	人民币（大写）					亿 千 百 十 万 千 百 十 元 角 分
款项内容		托收凭据名称		附寄单证张数		
商品发运情况			合同名称号码			
备注： 复核　记账	款项收妥日期 年　月　日		收款人开户银行签章 年　月　日			

此联作收款人开户银行给收款人的受理回单

图 2-8　托收凭证

(3)委托收款结算方式的流转程序　收款单位对于托收款项，应在收到银行的收账通知时据以编制收款凭证入账；付款单位在收到银行付款通知和有关原始凭证时据以编制付款凭证入账(图 2-9)。

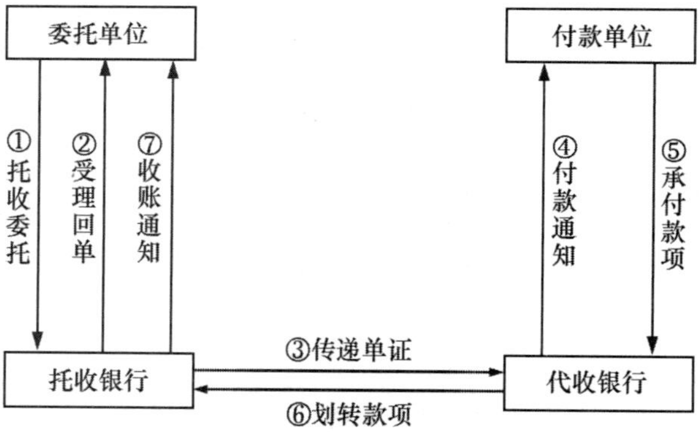

图 2-9　委托收款结算方式的流转程序

4. 汇兑

汇兑是汇款人(付款企业)委托银行将其款项支付给收款人的结算方式。这种结算方式划拨款项简便、灵活。汇兑分为信汇和电汇两种。信汇是指汇款人委托银行通过邮寄方式将款项划给收款人；电汇是指汇款人委托银行通过电讯手段将款项划转给收款人。两种方式可由汇款人根据需要选择使用。

汇款人委托银行办理信或电汇时，应向银行填制一式四联的银行信汇凭证(图 2-10)，或一式三联的银行电汇凭证(图 2-11)，加盖预留银行印鉴，并按要求详细填写收款人名称、汇款人名称、账号、汇入地点及汇入行名称、汇款金额等。

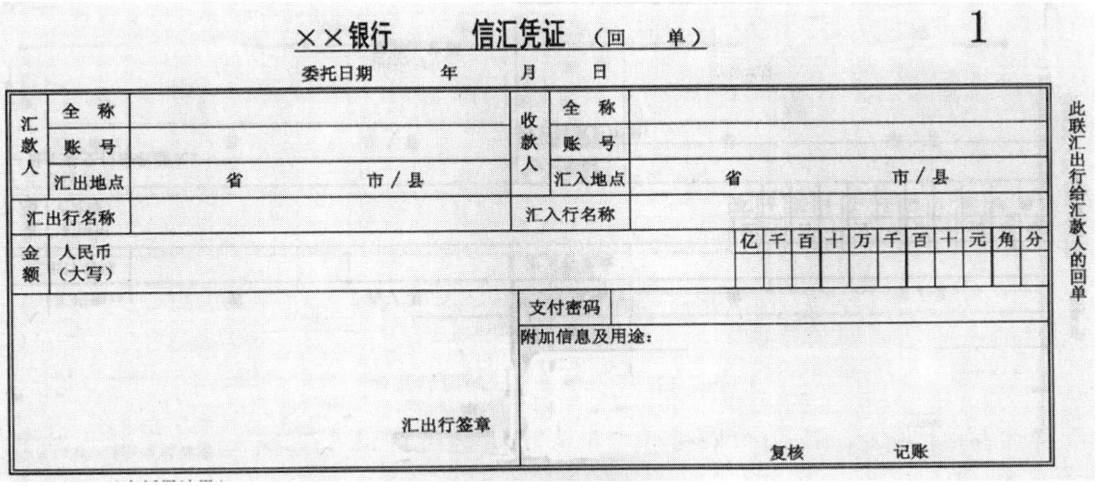
××银行 信汇凭证（回 单） 1

委托日期 年 月 日

汇款人 全称 / 账号 / 汇出地点 省 市/县

收款人 全称 / 账号 / 汇入地点 省 市/县

汇出行名称 汇入行名称

金额 人民币（大写） 亿 千 百 十 万 千 百 十 元 角 分

支付密码

附加信息及用途：

汇出行签章 复核 记账

此联汇出行给汇款人的回单

图 2-10 银行信汇凭证

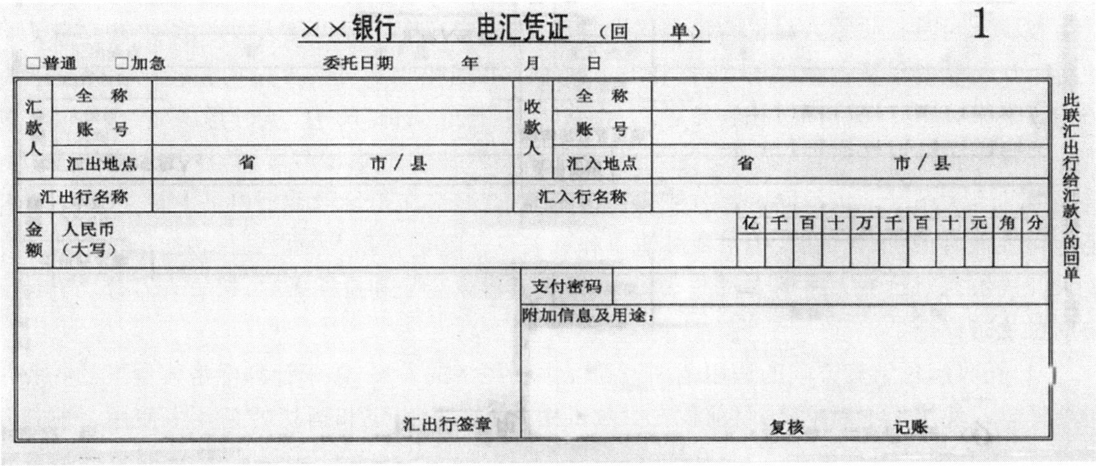
××银行 电汇凭证（回 单） 1

□普通 □加急 委托日期 年 月 日

汇款人 全称 / 账号 / 汇出地点 省 市/县

收款人 全称 / 账号 / 汇入地点 省 市/县

汇出行名称 汇入行名称

金额 人民币（大写） 亿 千 百 十 万 千 百 十 元 角 分

支付密码

附加信息及用途：

汇出行签章 复核 记账

此联汇出行给汇款人的回单

图 2-11 银行电汇凭证

(1)汇兑结算方式的适用范围　单位和个人异地之间的各种款项的结算，均可使用。

(2)汇兑结算方式的特点

①普通汇款一般 24 小时到账；加急汇款的汇划速度快，自客户提交电汇凭证起 2 小时内到达收款人账户；

②收款人既可以是在汇入行开立账户的单位，也可以是“留行待取”的个人；

③汇款人对银行已经汇出的款项，可以申请退回；

④对在汇入银行开立存款账户的收款人，由汇款人与收款人自行联系退汇；

⑤对未在汇入银行开立存款账户的收款人，由汇出银行通知汇入银行，经核实汇款确未支付，并将款项收回后，可办理退汇；

⑥个人汇款解讫后，可通过开立的“应解汇款及临时存款”账户，办理转账支付和以原收款人为收款人的转汇业务。

(3)汇兑结算方式的流转程序　付款企业应在向汇出银行办理汇款手续后，根据汇款回单编制付款凭证入账；收款企业应在收到汇入银行的收账通知时编制收款凭证入账(图 2-12)。

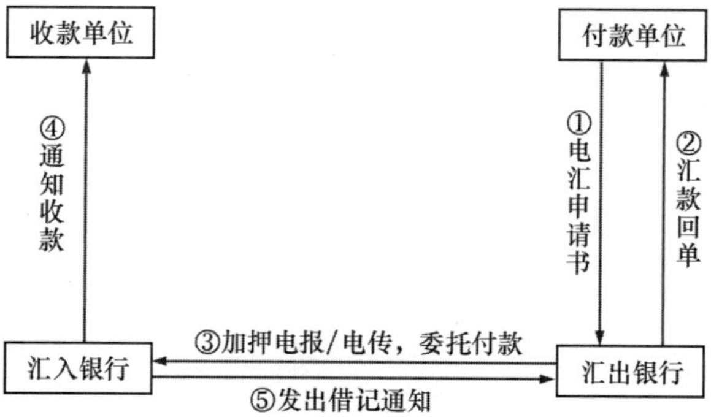

图 2-12　汇兑结算方式的流转程序

信汇与电汇相比，不同点包括：①电汇申请书改为信汇申请书；②委托付款时，以汇出行的签名代替密押。

5. 托收承付

托收承付是指收款人根据购销合同发货后，委托银行向异地付款人收取款项，由付款人向银行承认付款的结算方式，分为邮寄和电报两种。办理托收承付结算时向银行出示购销合同与发货发票，填写一式五联“托收凭证”。收款时在“托收凭证”的第二联加盖收款人印章。购货企业提出拒绝付款时，必须填写“拒绝付款理由书”，注明拒绝付款理由，涉及合同的应引证合同上的有关条款。银行同意部分或全部拒绝付款的，应在拒绝付款理由书上签注意见，并将拒绝付款理由书、拒付证明、拒付商品清单和有关单证邮寄收款人开户银行转交销货企业。付款人开户银行对付款人逾期支付的款项，根据逾期付款金额和逾期天数，按每天万分之五计算逾期付款赔偿金。

(1)托收承付结算方式的适用范围　随着市场经济的发展，源于计划经济体制下的托收承付结算方式使用量不断下降，目前仅在少数供销关系较为固定和密切的企业中使用。即其收付款双方，必须是国有企业、供销合作社以及经营管理较好，并经开户银行审查同意的城乡集体所有制工业企业。

(2)托收承付结算方式的特点

①托收承付是一种先发货后付款的异地结算方式，收款人和付款人双方一般需要有较高的信用度且有较长期的合作关系；

②托收承付结算每笔的金额起点为 10 000 元，新华书店系统每笔的金额起点为 1 000 元；

③承付货款分为验单付款和验货付款两种，其中验单付款的承付期为 3 天，验货付款的承付期为 10 天；

④必须是有经济合同的商品交易，以及因商品交易而产生的劳务供应的款项(如加工费、租赁费和代垫运杂费等)，才能使用托收承付结算方式。代销、寄销、赊销商品的款项，不得办理托收承付结算。

(3)托收承付结算方式的流转程序　收款企业在发货后委托其开户行向外地购货企业开户行收取货款，在收到本企业开户行转来的收账通知时，连同有关原始凭证编制收款凭证入账。付款企业接到本企业开户行转来的收款企业的有关托收承付结算单据后，按银行有关规定办理承付或拒付手续。对于承付的款项应凭有关单据编制付款凭证入账(图 2-13)。

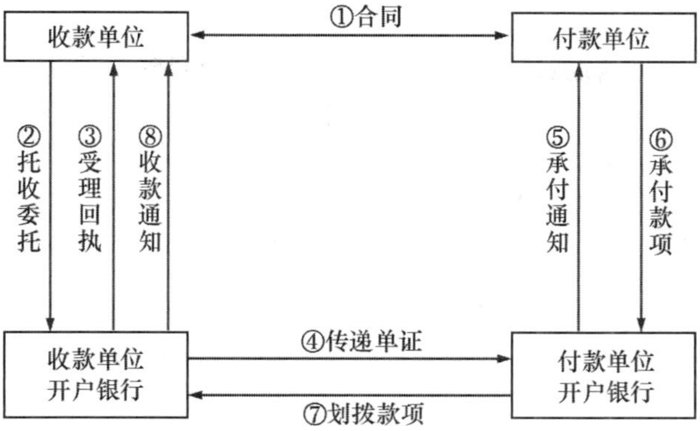

图 2-13 托收承付结算方式的流转程序

三、其他货币资金

其他货币资金是指企业除库存现金和银行存款以外的其他货币资金，包括银行汇票存款、银行本票存款、信用卡存款、信用证存款、存出投资款和外埠存款等。

为了反映和监督其他货币资金的收支和结存情况，企业应当设置“其他货币资金”科目进行会计核算，该科目借方登记其他货币资金的增加，贷方登记其他货币资金的减少，期末余额在借方，反映企业实际持有的其他货币资金的金额。该科目应当按照其他货币资金的种类设置明细科目进行会计核算。

(一)银行汇票存款

银行汇票存款是指企业为了取得银行汇票，按照规定存入银行的款项。

(1)银行汇票的内容　是出票银行签发的，由其在见票时按照实际结算金额无条件支付给收款人或持票人的票据。票样见图 2-14。

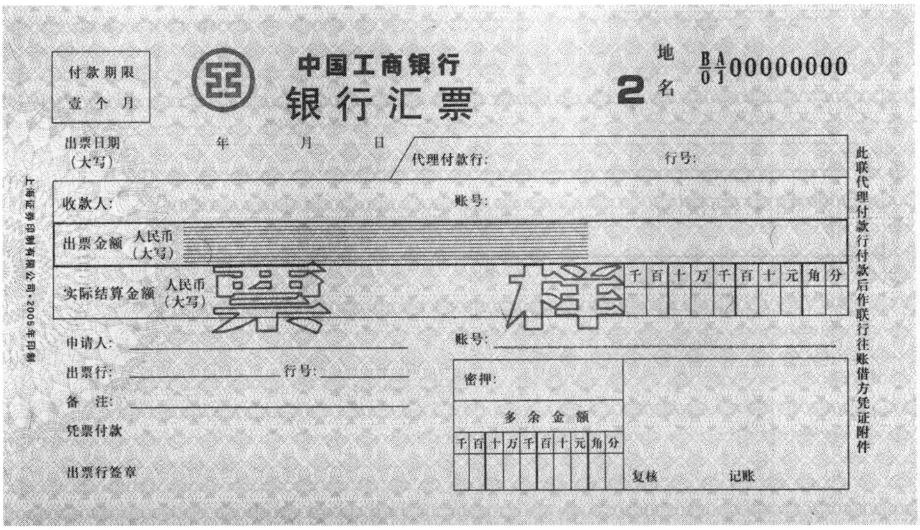
付款期限 壹个月
中国工商银行
银行汇票
2 地名 BA 01 00000000
出票日期(大写) 年 月 日
代理付款行： 行号：
收款人： 账号：
出票金额 人民币(大写)
实际结算金额 人民币(大写) 千 百 十 万 千 百 十 元 角 分
票样
申请人： 账号：
出票行： 行号：
备注：
凭票付款
出票行签章
密押：
多余金额 千 百 十 万 千 百 十 元 角 分
复核 记账
此联代理付款行付款后作联行往账借方凭证附件
上海证券印制有限公司·2005年印制

图 2-14 银行汇票

(2)银行汇票的适用范围　适用于单位、个人汇拨各种款项的异地结算。申请人或者收款人为单位的，不得申请签发现金银行汇票。

(3)银行汇票的特点

①由银行签发给汇款人持往异地办理结算或支取现金；

②银行汇票可以用于转账，对个人而言，填明“现金”字样的，可支取现金；

③银行汇票一律记名，转账银行汇票可以背书转让；背书转让以不超过出票金额的实际结算金额为限，未填写实际结算金额或实际结算金额超过出票金额的银行汇票不得背书转让；

④银行汇票的金额起点为 500 元；提示付款期限，自出票日起 1 个月；

⑤未指定代理付款人的银行汇票丢失，银行不受理挂失止付，仅作道义上的协助防范；

⑥申请人因银行汇票超过付款提示期或其他原因，要求退款时，需持汇票和“解讫通知”到原出票行办理退汇手续；

⑦若因缺少“解讫通知联”的汇票要求退汇的，应在汇票提示付款期满 1 个月后(即签发日开始 2 个月后)到银行办理退汇；

⑧若因银行汇票丢失，要求退汇的，应在提示付款期满 1 个月后持人民法院出具的有效证明到银行办理退汇。

(4)银行汇票的流转程序　付款企业应在收到银行签发的银行汇票后，根据“银行汇票委托书”存根联编制付款凭证入账；收款企业应根据银行的收账通知和有关原始凭证编制收款凭证入账(图 2-15)。

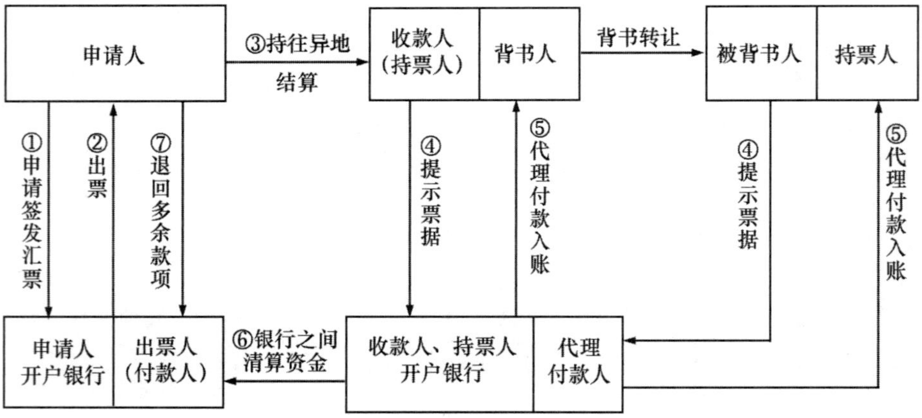

图 2-15　银行汇票的流转程序

(5)银行汇票存款的账务处理　购货方企业填写“银行汇票申请书”、将款项交存开户银行时，借记“其他货币资金——银行汇票”科目，贷记“银行存款”科目；企业持银行汇票购货、收到有关发票账单时，借记“材料采购”“原材料”“库存商品”“应交税费——应交增值税(进项税额)”等科目，贷记“其他货币资金——银行汇票”科目；采购完成收回剩余款项时，借记“银行存款”科目，贷记“其他货币资金——银行汇票”科目。

销货方企业收到银行汇票、填写进账单到开户银行办理款项入账手续时，根据进账单及销货发票等，借记“银行存款”科目，贷记“主营业务收入”“应交税费——应交增值税(销项税额)”等科目。

【例 2-13】天胜公司为增值税一般纳税人，2×20 年 7 月 10 日向开户银行申请办理银行汇票购买原材料，将款项300 000元交存银行转作银行汇票存款。根据银行盖章退回的申请书存根联，公司账务处理如下：

借：其他货币资金——银行汇票　　300 000
　　贷：银行存款　　300 000

2×20年7月15日，该公司购入原材料一批已验收入库，取得增值税专用发票上注明的价款250 000元，增值税32 500元，已用银行汇票办理结算，多余款项17 500元退回开户银行，公司已收到开户行转来的银行汇票多余款收账通知，公司应编制如下会计分录：

(1)结算材料价款和增值税税款时：

借：原材料　　250 000
　　应交税费——应交增值税(进项税额)　　32 500
　　贷：其他货币资金——银行汇票　　282 500

(2)收到退回的多余款项时：

借：银行存款　　17 500
　　贷：其他货币资金——银行汇票　　17 500

(二)银行本票存款

银行本票存款是企业为了取得银行本票按规定存入银行的款项。

(1)银行本票的内容　银行签发的、承诺自己在见票时无条件支付确定的金额给收款人或者持票人的票据。票样见图2-16。

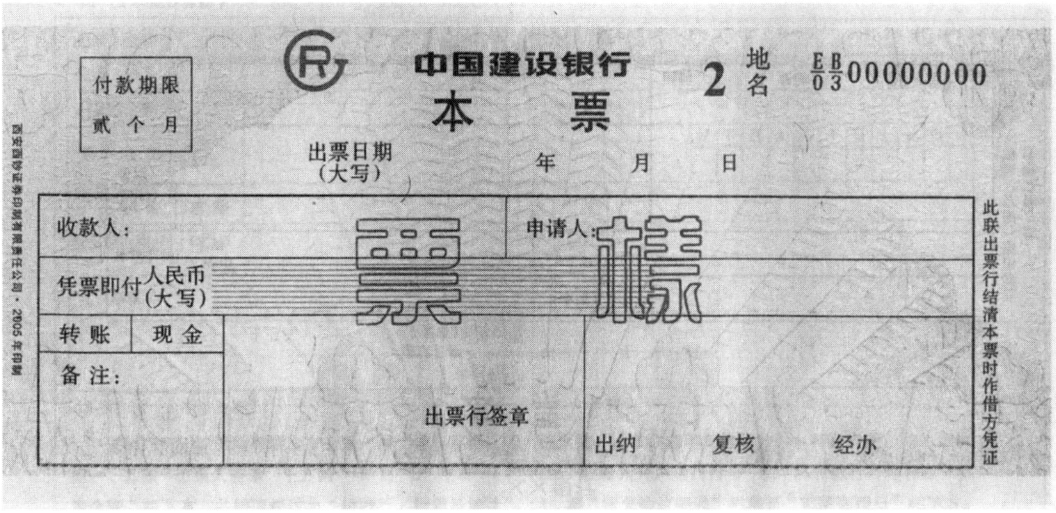
付款期限 贰个月
中国建设银行 本票 2 地名 $\frac{E}{0}\frac{B}{3}$00000000
出票日期(大写)　年　月　日
收款人：　申请人：
凭票即付 人民币(大写)
转账　现金
备注：
出票行签章
出纳　复核　经办
此联出票行结清本票时作借方凭证
票样

图2-16　银行本票

(2)银行本票的适用范围　单位和个人在同城范围内需要支付的各种款项，均可使用银行本票。申请人或收款人为单位的，不得申请签发现金银行本票。

(3)银行本票的特点

①银行本票可以用于转账；对个人而言，注明“现金”字样的，可支取现金；

②银行本票的提示付款期，自出票日起最长不得超过2个月，在付款期内银行本票见票即付；

③银行本票分定额本票和不定额本票，定额本票面值分别为1 000元、5 000元、10 000元

和 50 000 元；在票面划去转账字样的，为现金本票，现金本票只能用于支取现金；

④银行本票一律记名、不挂失，可以背书转让，但填明“现金”字样的银行本票不得背书转让。

(4)银行本票的流转程序(图 2-17)。

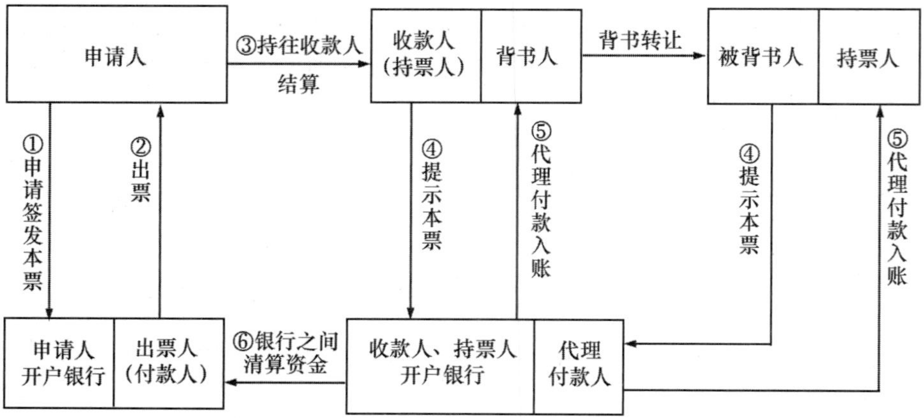

图 2-17 银行本票的流转程序

付款企业将款项交存银行并收到银行签发的银行本票后，根据“银行本票申请书”存根联编制付款凭证入账；收款企业受理银行本票后，应在提示付款时在本票背面“持票人向银行提示付款签章”处加盖预留银行印鉴，并将银行本票连同进账单送交银行办理转账，凭银行收讫后的进账单回单联和有关原始凭证编制收款凭证入账。

(5)银行本票存款的账务处理　购货方企业填写“银行本票申请书”，将款项交存银行时，借记“其他货币资金——银行本票”科目，贷记“银行存款”科目；企业持银行本票购货、收到有关发票账单时，借记“材料采购”“原材料”“库存商品”“应交税费——应交增值税(进项税额)”等科目，贷记“其他货币资金——银行本票”科目。

销货方企业收到银行本票、填写进账单到开户银行办理款项入账手续时，根据进账单及销货发票等，借记“银行存款”科目，贷记“主营业务收入”“应交税费——应交增值税(销项税额)”等科目。

【例 2-14】天胜公司为增值税一般纳税人，为取得银行本票，向银行填交“银行本票申请书”，并将 22 600 元银行存款转作银行本票存款。公司取得本票后，根据银行盖章退回的银行本票申请书存根联，公司账务处理如下：

借：其他货币资金——银行本票	22 600	
贷：银行存款		22 600

公司用银行本票购买办公用品 20 000 元，增值税专用发票上注明的增值税税额为 2 600 元。公司应编制的会计分录如下：

借：管理费用	20 000	
应交税费——应交增值税(进项税额)	2 600	
贷：其他货币资金——银行本票		22 600

(三)信用卡存款

信用卡存款是指企业为取得信用卡而存入银行信用卡专户的款项。

(1)信用卡的内容 是指商业银行向单位和个人发行的,凭此向特约单位购物、消费和向银行存取现金,且具有消费信用的特制载体卡片。单位卡可申领若干张,持卡人资格由申领单位法定代表人或其委托的代理人书面指定和注销。单位卡账户的资金一律从其基本存款账户转账存入,不得交存现金,不得将销货收入的款项存入其账户。单位卡一律不得支取现金。

(2)信用卡的适用范围 凡是在中国境内金融机构开立基本存款账户的单位均可申领信用卡。

(3)信用卡的特点

①信用卡的透支额金卡最高不得超过10 000元,普通卡最高不得超过5 000元,透支期限最长为60天,不同期间按不同利率支付透支利息;

②单位卡不得用于10万元以上的商品交易、劳务供应款项的结算;

③信用卡仅限于持卡人本人使用,不得出租或转借;

④信用卡丢失时可以挂失,但是挂失前如被冒领,由持卡人自己负责。

(4)信用卡的账务处理 企业申领信用卡应填制"信用卡申请表",连同支票和有关资料一并送存发卡银行,根据银行盖章退回的进账单第一联,借记"其他货币资金——信用卡"科目,贷记"银行存款"科目;企业用信用卡购物或支付费用,收到开户银行转来的信用卡存款的付款凭证及所附发票账单,借记"管理费用"等科目,贷记"其他货币资金——信用卡"科目;企业信用卡在使用过程中,需要向银行续存资金的,应借记"其他货币资金——信用卡"科目,贷记"银行存款"科目;企业的持卡人如不需要继续使用信用卡时,应持信用卡主动到发卡银行办理销户,销卡时,信用卡余额转入企业基本存款账户,不得提取现金,借记"银行存款"科目,贷记"其他货币资金——信用卡"科目。

【例2-15】 天胜公司于2×20年7月20日向银行申领信用卡,向银行交存10 000元。2×20年8月15日,该公司用信用卡支付办公用品5 000元,增值税专用发票上注明的增值税税额650元。公司账务处理如下:

借:其他货币资金——信用卡	10 000	
贷:银行存款		10 000
借:管理费用	5 000	
应交税费——应交增值税(进项税额)	650	
贷:其他货币资金——信用卡		5 650

(四)信用证保证金存款

信用证保证金存款是指采用信用证结算方式的企业为开具信用证而存入银行信用证保证金专户的款项。企业向银行申请开立信用证,应按规定向银行提交开证申请书、信用证申请人承诺书和购销合同。

信用证结算方式是把由进口人履行的付款责任,转为由银行来付款,既保证出口人安全迅速地收到货款,也能保证买方按时收到货运单据。当今,信用证付款已成为国际贸易中普遍采用的一种主要的结算方式。信用证的种类较多,目前,国际贸易中广泛使用的是不可撤销的跟单信用证。

(1)信用证的内容　信用证是进口商所在地银行(开证行)依据进口商(开证申请人)的请求,向出口商(受益人)开立一定金额、在一定期限内按规定的条件付款或承兑汇票的书面证明。简单地说,信用证是开证行应开证申请人的请求向受益人所做的一种有条件的付款保证。

(2)信用证的适用范围　适用于进出口公司、企业之间所进行的商品交易的货款结算。只限于办理转账结算,不得支取现金。

(3)信用证的特点

①信用证付款是一种银行信用,即银行负第一位的付款责任;

②信用证是独立于买卖合同之外的一种自足的文件,即信用证虽然是以合同为依据开立,但是一经开出就不再受合同的约束;

③信用证结算是一种纯粹的单据买卖,即各有关当事人处理的只是单据,而不是与单据有关的货物。

(4)信用证的流转程序　收款企业(出口商)接到外汇银行通知已收到国外进口商开证行寄来的信用证后,即备货装运出口,并向外汇银行递交出口单据,根据议付单据及退还的信用证等有关凭证编制收款凭证入账;付款企业(进口商)在接到开证行的备款赎单通知后,根据付款赎回的有关单据编制的付款凭证入账(图 2-18)。

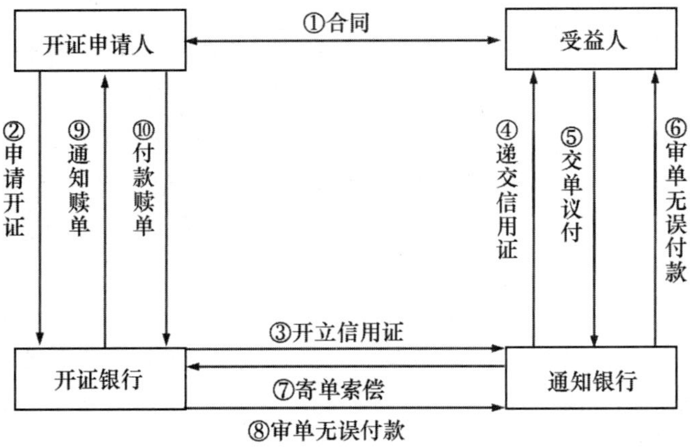

图 2-18　信用证的流转程序

(5)信用证保证金存款的账务处理　企业申请“信用证申请书”,将信用证保证金交存银行时,应根据银行盖章退回的“信用证申请书”回单,借记“其他货币资金——信用证保证金”科目,贷记“银行存款”科目;企业接到开证行通知,根据供货单位信用证结算凭证及所附发票账单,借记“材料采购”“原材料”“库存商品”“应交税费——应交增值税(进项税额)”等科目,贷记“其他货币资金——信用证保证金”科目;将未用完的信用证保证金存款余额转回开户银行时,借记“银行存款”科目,贷记“其他货币资金——信用证保证金”科目。

(五)存出投资款

存出投资款是指企业为购买股票、债券、基金等根据有关规定存入在证券公司指定银行开立的投资款专用账户的款项。

企业向证券公司划出资金时,应按实际划出金额,借记“其他货币资金——存出投资款”科目,贷记“银行存款”科目;购买股票、债券、基金等时,借记“交易性金融资产”等科目,贷记“其他货币资金——存出投资款"科目。

【例 2-16】①天胜公司为购买股票存入证券公司 1 000 000 元。公司账务处理如下：

借：其他货币资金——存出投资款　　1 000 000

　贷：银行存款　　1 000 000

②公司用 700 000 元，购入甲公司股票，不准备长期持有。公司账务处理如下：

借：交易性金融资产　　700 000

　贷：其他货币资金——存出投资款　　700 000

(六)外埠存款

外埠存款是指企业为了到外地进行临时或零星采购，而汇往采购地银行开立采购专户的款项。

企业汇出款项时，须填写汇款委托书，并加盖"采购资金"字样。该账户的存款不计利息、只付不收、付完清户，除了采购人员可从中提取少量现金外，一律采用转账结算。

企业将款项汇往外地开立采购专用账户，根据汇出凭证编制付款凭证时，借记"其他货币资金 ——外埠存款"科目，贷记"银行存款"科目；收到采购人员转来供应单位发票账单等报销凭证时，借记"材料采购""原材料""库存商品""应交税费——应交增值税(进项税额)"等科目，贷记"其他货币资金——外埠存款"科目；采购完成收回剩余款项时，根据银行的收账通知，借记"银行存款"科目，贷记"其他货币资金——外埠存款"科目。

【例 2-17】①2019 年 8 月 10 日，天胜公司委托当地开户银行将 60 000 元存款汇往采购地银行开设临时采购专户。公司账务处理如下：

借：其他货币资金——外埠存款　　60 000

　贷：银行存款　　60 000

②8 月 15 日，公司收到采购员交来供货单位开来的增值税专用发票，注明采购材料的不含税价款 40 000 元，增值税 5 200 元。公司账务处理如下：

借：材料采购　　40 000

　应交税费——应交增值税(进项税额)　　5 200

　贷：其他货币资金——外埠存款　　45 200

③8 月 20 日，原材料验收入库。公司账务处理如下：

借：原材料　　40 000

　贷：材料采购　　40 000

④8 月 20 日，采购员完成采购任务将外埠存款余额 14 800 元划回公司银行存款账户。公司账务处理如下：

借：银行存款　　14 800

　贷：其他货币资金——外埠存款　　14 800

第二节　应收及预付款项

应收及预付款项是指企业在日常生产经营过程中发生的各项债权，包括：应收款项和预付款项。其中应收款项包括应收票据、应收账款、应收股利、应收利息和其他应收款等；预付款项指企业按照合同规定预付的款项，如预付账款等。

一、应收票据

(一)应收票据概述

1.应收票据定义

应收票据是企业采用商业汇票结算方式销售商品、提供劳务而收到商业汇票(图 2-19)。商业汇票是一种由出票人签发,委托付款人在指定日期无条件支付确定金额给收款人或者持票人的票据。

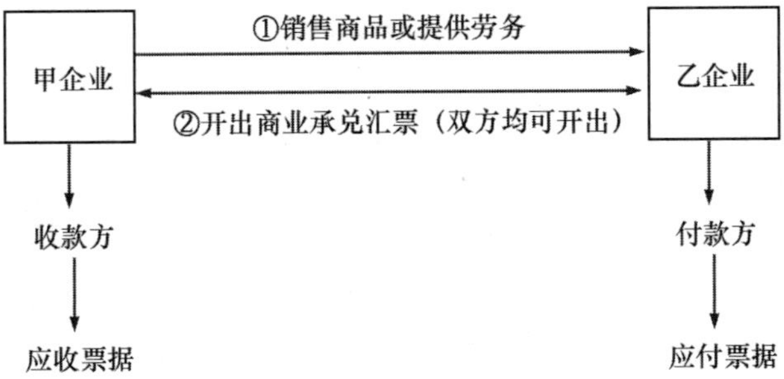

图 2-19 应收票据的流转程序

2.应收票据分类

(1)票据按其是否计息分类,可以分为带息票据和不带息票据。

带息票据是指票据到期时,承兑人必须按票面金额(即面值)加上到期利息(根据票面金额、票据规定的利息率和票据期限计算)向收款人或被背书人支付票款的票据。

不带息票据是票据到期时,承兑人只按票面金额向收款人或被背书人支付款项,而不再计算利息的票据。

(2)票据按其是否立即兑现分类,可以分为即期票据和远期票据。即期票据是见票即付的票据,如支票、银行本票、银行汇票。远期票据是在以后日期支付票款的票据,如商业汇票。

(3)按承兑人分类,可以分为商业承兑汇票和银行承兑汇票。

(二)应收票据的账务处理

为了反映和监督应收票据取得、票款收回等情况,企业应当设置"应收票据"科目进行核算,借方登记取得应收票据的面值,贷方登记到期收回票款或到期前向银行贴现的应收票据的票面金额,期末余额在借方,反映企业持有商业汇票的票面金额。企业可以按照开出、承兑商业汇票的单位进行明细核算,并设置"应收票据备查簿",逐笔登记每一张票据的种类、号数、出票日期、票面金额、交易合同号、承兑人、背书人的姓名或单位名称、到期日、背书转让日、贴现日、贴现率、贴现净额、收款日期、收回金额、退票情况等事项。商业汇票到期结清票款或退票后,在备查账簿中应予以注销。

1.不带息应收票据

不带息票据到期值就是票据面值。取得不带息商业汇票时,借记"应收票据"科目,贷记"主营业务收入""应交税费——应交增值税(销项税额)"或"应收账款"科目。商业汇票到期收回款项时借记"银行存款"科目,贷记"应收票据"科目。

到期付款方拒付或无力支付票据款时，应该根据银行退回的商业承兑汇票、未付款通知书，拒付理由书等凭证，借记“应收账款”科目，贷记“应收票据”科目。

【例 2-18】天胜公司为一般纳税人企业，2×20 年 5 月 1 日向甲公司销售一批产品，价款为 100 000 元，专用发票注明增值税额 13 000 元，收到甲公司承兑的不带息商业汇票一张，期限为 3 个月。公司账务处理如下：

(1)2×20 年 5 月 1 日甲企业收到票据时：

借：应收票据——甲公司　　113 000

　贷：主营业务收入　　100 000

　　应交税费——应交增值税(销项税额)　　13 000

(2)2×20 年 7 月 31 日，票据到期时：

借：银行存款　　113 000

　贷：应收票据——甲公司　　113 000

(3)如果票据到期时，甲企业拒付或无力付款时：

借：应收账款——甲公司　　113 000

　贷：应收票据——甲公司　　113 000

2. 带息应收票据

对取得带息票据的会计处理方法与不带息票据相同。对利息的处理，如果持有期间按规定计提的利息，应借记“应收票据”科目，贷记“财务费用”科目；对到期利息，应借记“银行存款”科目，贷记“财务费用”等科目。

计算公式如下：

带息票据的到期值＝票据面值＋应计利息

应计利息＝票据面值×票面利率×期限

或　带息票据的到期值＝票据面值×(1＋票面利率×票据期限)

票据上注明的利率一般为年利率。

月利率 ＝ 年利率÷12

日利率 ＝ 年利率÷360 ＝ 月利率÷ 30

↓　　↓

(不用 365)　　(不用 31)

票据期限有两种表现形式：

(1)以天数表示　按实际天数计算，算头不算尾，或算尾不算头。

例如：一张 3 月 8 日签发 90 天到期的商业汇票，到期日为 6 月 6 日。

(2)以月数表示　票据到期日以签发日数月后的对应日计算，而不论各月份的实际日历天数，不管月大月小。

例如：3 月 8 日签发、期限为 3 个月的商业汇票，到期日为 6 月 8 日。

如果票据签发日为某月的最后 1 天，其到期日为数月后的最后 1 天。

例如：9 月 30 日签发，期限为 3 个月的商业汇票，到期日为 12 月 31 日。

例如：11 月 30 日签发，期限为 3 个月的商业汇票，到期日为第二年的 2 月 28 日或 29 日。

【例 2-19】天胜公司为一般纳税人企业，2×20 年 5 月 1 日向乙公司销售一批产品，价款 100 000 元，专用发票注明增值税额 13 000 元，收到乙公司承兑的带息商业汇票一张，期限为

3个月,票面利率为年利率10%。公司账务处理如下:

(1)收到票据时:

借:应收票据——乙公司　　113 000

　贷:主营业务收入　　100 000

　　应交税费——应交增值税(销项税额)　　13 000

(2)票据到期,收回票款和利息时:

应计利息:113 000×10%÷12×3=2 825(元)

到期值: 113 000+2825 =115 825(元)

借:银行存款　　115 825

　贷:应收票据——乙公司　　113 000

　　财务费用　　2 825

根据现行会计制度的规定,带息应收票据应于中期期末或年终按应收票据的票面价值和确定的利率计算计提利息。

【例2-20】天胜公司为一般纳税人企业,2×20年3月1日向甲企业销售一批产品,价款200 000元,专用发票注明增值税额26 000元,收到甲企业承兑的带息商业汇票一张,期限为6个月,票面利率为年利率10%。公司账务处理如下:

(1)收到票据时:

借:应收票据——甲企业　　226 000

　贷:主营业务收入　　200 000

　　应交税费——应交增值税(销项税额)　　26 000

(2)6月30日计算应计提票据利息时:

应计利息=226 000×10%÷12×4=7 533(元)

借:应收票据——甲企业　　7 533

　贷:财务费用　　7 533

(3)票据到期,收回票款和利息时:

应计利息:226 000×10%÷12×6=11 300(元)

到期值: 226 000+11 300 =237 300(元)

借:银行存款　　237 300

　贷:应收票据——甲企业　　233 533

　　财务费用　　3 767

(4)若票据到期,对方拒付或无力付款时:

借:应收账款——甲企业　　237 300

　贷:应收票据——乙企业　　233 533

　　财务费用　　3 767

3.背书转让的账务处理

实务中,企业可以将自己持有的商业汇票背书转让。背书是指在票据背面或者粘单上记载有关事项并签章的票据行为。背书转让的,背书人应当承担票据责任。如遭拒付,持票人可以根据法律向背书人追索。

背书转让不带息票据时,应按双方结算欠款金额借记"应付账款"科目 ,按背书票据的账面金额贷记“应收票据”科目，如有差额，借或贷“银行存款”科目；如为带息应收票据时，还应按尚未计提的利息，贷记“财务费用”科目。

【例 2-21】 天胜公司因偿还前欠丙公司货款 50 000 元，将持有的一张未到期的银行承兑汇票背书转让给丙公司，双方同意按该不带息银行承兑汇票的面值 35 100 元计价，另 14 900 元以银行存款支付。公司账务处理如下：

借：应付账款——丙公司　　50 000

　贷：应收票据　　35 100

　　银行存款　　14 900

【例 2-22】 天胜公司因偿还前欠丙公司货款 50 000 元，将 2×20 年 1 月 1 日持有的 3 个月期限、面值 35 100 元、年利率 10% 的银行承兑汇票于 2×20 年 3 月 1 日背书转让给丙公司，差额以银行存款补付。公司账务处理如下：

计算尚未计提的利息：

35 100×10%÷12×2=585(元)

借：应付账款——丙公司　　50 000

　贷：应收票据　　35 100

　　财务费用　　585

　　银行存款　　14 315

背书转让票据结算购买材料的款项，按增值税发票金额借记“材料采购”“应交税费——应交增值税(进项税额)”科目，贷记“应收票据”科目，作价和账面的差额记入“财务费用”科目。

借：材料采购(或原材料)

　财务费用　　(作价低于账面价值的差额)

　贷：应收票据　　(账面价值)

　　财务费用　　(作价高于账面价值的差额)

【例 2-23】 天胜公司因采购材料将一张持有的未到期不带息商业承兑汇票背书转让给乙企业，票据面值为 12 000 元，乙企业开出的增值税专用发票注明价款 10 000 元，增值税 1 300 元，双方同意将票据按 11 300 元结算。公司账务处理如下：

借：材料采购　　10 000

　应交税费——应交增值税(进项税额)　　1 300

　财务费用　　700

　贷：应收票据　　12 000

【例 2-24】 天胜公司因采购材料将一张持有的未到期不带息商业承兑汇票背书转让给乙企业，票据面值为 33 000 元，乙企业开出的增值税专用发票注明价款 30 000 元，增值税进项税 3 900 元，双方同意将票据按 33 900 元结算。公司账务处理如下：

借：材料采购　　30 000

　应交税费——应交增值税(进项税额)　　3 900

　贷：应收票据　　33 000

　　财务费用　　900

4. 应收票据的贴现

(1)票据贴现的概念　企业持有的应收票据在到期前，如果出现资金短缺，可以持未到期的商业汇票向其开户银行申请贴现，以便获得所需要的资金。“贴现”就是指汇票持有人将未到期的票据在背书后送交银行，银行受理后从票据到期值中扣除按银行贴现率计算确定的贴现息，然后将余款付给持票人，作为银行对企业的短期贷款。

票据贴现，实质上是企业融通资金的一种形式，银行要按照一定的利率从票据价值中扣除自借款日起至票据到期日止的贴现利息。背书的应收票据是此项借款的担保品，当票据到期，付款人无力支付票款时，银行有权向贴现企业索要票款。

(2)票据贴现的会计处理　应收票据的贴现要计算贴现息和贴现净额(或称贴现所得额)，并据以登记有关账户。公式如下：

贴现息＝票据到期价值×贴现率×贴现期

贴现净额＝票据到期价值－贴现息

上式中，票据到期价值是指票据到期时可收回的全部金额。对无息票据来说，到期价值就是票据面值；对带息票据来说，到期价值则是票据面值与票据利息之和。

贴现期是指从票据贴现日到票据到期前一日的时间间隔。

贴现率又称折现率，指今后收到或支付的款项折算为现值的利率。企业所有的应收票据，在到期前需要资金周转时，均可用票据向银行申请贴现或借款，银行同意时，按一定的利率从票据面值中扣除贴现或借款日到票据到期日止的利息，然后付给余额。贴现率的高低，主要根据金融市场利率来决定。

①不带息应收票据的账务处理。

【例 2-25】天胜公司因急需资金，将一张面值为 10 000 元，3 个月期的无息票据提前 2 个月向银行办理贴现，出票日为 9 月 1 日，到期日为 12 月 1 日，假设银行贴现利率为 9%。公司账务处理如下：

票据到期价值＝票据面值 10 000 元

贴现息＝10 000 元×9%÷12×2＝150(元)

贴现净额＝ 10 000 元－150 元＝9 850(元)

借：银行存款	9 850	
财务费用	150	
贷：应收票据		10 000

②带息应收票据的账务处理。

企业将带息票据向银行贴现时，票据到期的本息之和扣除贴现息的余额，就是贴现所得额。如贴现息大于票据到期利息，其差额作为利息支出；如贴现息小于票面到期利息，其差额则作为利息收入。

【例 2-26】天胜公司于 20×0 年 8 月 1 日收到天祥公司开出的为期 90 天的银行承兑汇票，面值为 30 000 元，票面利率为 9%，因资金急需，在 10 月 14 日背书后到银行办理贴现，银行贴现率为 12%。公司账务处理如下：

票据到期价值、贴现息和贴现净额的计算：

票据到期价值＝30 000×(1＋9%×90÷360)＝30 675(元)

贴现息＝30 675×12%×30÷360＝306.75(元)

(注：此票据到期日为 11 月 13 日，贴现期从 10 月 14 日起至 11 月 13 日共计 30 天)

贴现净额＝30 675－306.75＝30 368.25(元)

借：银行存款　　　　　　　　　　　30 368.25

　贷：应收票据　　　　　　　　　　　30 000

　　财务费用　　　　　　　　　　　　368.25

企业对贴现的应收票据在法律上负有连带清偿的经济责任，即若付款人到期无力支付票款，贴现企业须向贴现银行偿还这一债务，即会产生或有负债。因此，企业对贴现的应收票据，应在应收票据备查簿内进行登记，待付款人付清票款后再从备查簿中注销；若付款人到期未能清偿票款，则企业应将代付款人向银行偿付的票款记作向付款人的应收款项；若申请贴现企业的银行存款余额也不足以支付票款金额，则银行将作为对贴现企业的逾期贷款处理。

在会计实务中，企业应根据贴现应收票据的种类，采用适当的会计处理方法。经银行承兑的商业汇票其履行偿付责任具有很高的可靠性，企业或有负债发生的可能性视同不存在，而且无须在资产负债表附注中对贴现票据加以说明；若企业贴现的是由企业承兑的商业汇票，企业可通过设置“应收票据贴现”科目反映因票据贴现而产生的或有负债，若不设置该科目而采用直接冲转已入账应收票据的方法，则期末必须在会计报表附注中对贴现的商业承兑汇票面额予以注明。

二、应收账款

应收账款是指企业因销售商品或提供劳务等业务，应向购货单位或个人收取的款项，主要包括企业销售商品或提供劳务等应向有关债务人收取的价款、增值税及代购货单位垫付的包装费、运杂费等。

(一)应收账款的确认

(1)应收账款是指因销售活动形成的债权，不包括应收职工欠款、应收债务人的利息等其他应收款；

(2)应收账款是指流动资产性质的债权，不包括长期的债权，如购买的长期债券等；

(3)应收账款是指本企业应收客户的款项，不包括本企业付出的各类存出保证金，如投标保证金和租入包装物保证金等。

(二)应收账款的核算

为了反映和监督应收账款的增减变动及其结存情况，企业应设置“应收账款”科目，不单独设置“预收账款”科目的企业，预收账款也在“应收账款”科目核算。该科目借方登记应收账款的增加，贷方登记应收账款的收回及确认的坏账损失，期末余额一般在借方，反映企业尚未收回的应收账款；如果期末余额在贷方，一般为企业预收的账款。应收账款通常应按实际发生额计价入账。计价时还需要考虑商业折扣和现金折扣等因素。

1. 商业折扣

商业折扣是指企业根据市场供需情况或针对不同的顾客，在商品标价上给予的扣除。

商业折扣一般在发生时即已确定，它仅仅是确定实际销售价格的一种手段，不需要在买卖双方任何一方的账上反映，所以商业折扣对应收账款的入账价值没有什么实质性的影响。因此，在存在商业折扣的情况下，企业应收账款入账金额应按扣除商业折扣以后的实际售价确认。

【例 2-27】天胜公司向甲公司销售一批产品，按照价目表上表明的价格计算，其售价金额为 20 000 元，由于是批量销售，甲公司给予 10%的商业折扣，折扣金额为 2 000 元，适用的增值税税率为 13%。公司账务处理如下：

(1)销售实现时：

借：应收账款——甲公司　　20 340

　贷：主营业务收入　　18 000

　　应交税费——应交增值税(销项税额)　　2 340

(2)收到价款时：

借：银行存款　　20 340

　贷：应收账款——甲公司　　20 340

2. 现金折扣

现金折扣是指债权人为鼓励债务人在规定的期限内付款，而向债务人提供的债务扣除。企业为了鼓励客户提前偿付货款，在不同期限内付款可享受不同比例的折扣。现金折扣一般用符号“折扣/付款期限”表示。

存在现金折扣的情况下，应收账款入账金额确认有两种方法：一种是总价法；另一种是净价法。我国主要采取总价法。

总价法是将未减去现金折扣的金额作为实际售价，记作应收账款的入账价值。现金折扣只有客户在折扣期内支付货款时，才予以确认。在这种方法下，销售方把给予客户的现金折扣视为融资的理财费用，会计上作为财务费用处理。我国的会计实务中采用此方法。

净价法是将扣减现金折扣后的金额作为实际售价，据以确认应收账款的入账价值。这种方法是把客户取得折扣视为正常现象，认为客户一般都会提前付款，而将由于客户超过折扣期限而多收入的金额，视为提供信贷获得的收入。

现金折扣是在主营业务收入的基础上进行的，是为了鼓励债务人在规定的期限内付款，而向债务人提供的债务减让。应收账款里面既有收入也有税金，但是税金在一般情况下是不可以打折扣的，所以只能在主营业务的基础上进行。

【例 2-28】 天胜公司于 2×20 年 2 月 10 日向 B 公司赊销商品一批，该批商品货款为 50 000 元，增值税为 6 500 元，销售成本为 40 000 元，现金折扣条件为：2/10，n/30。销售时用银行存款代垫运杂费 1 500 元，2 月 19 日 B 公司用银行存款支付上述全部款项，假定双方协议规定，计算现金折扣时不考虑增值税。公司账务处理如下：

(1)2×20 年 2 月 10 日赊销时：

借：应收账款——B 公司　　58 000

　贷：主营业务收入　　50 000

　　应交税费——应交增值税(销项税额)　　6 500

　　银行存款　　1 500

借：主营业务成本　　40 000

　贷：库存商品　　40 000

(2)19 日收款时：

借：银行存款　　57 000

　　财务费用　　1 000(50 000×2%)

　贷：应收账款——B 公司　　58 000

三、预付账款

(一)预付账款的概念

预付账款是指企业按照购货合同或劳务合同规定,预先支付给供货方或提供劳务方的款项。

预付账款与应收账款都属于企业的债权,但两者产生的原因不同,因此,二者应当分别设置科目进行核算。

预付账款是企业按照有关合同规定,预先支付给供货方或施工单位的货款或工程款项,是款项已经付出,但对方的义务尚未尽到,要求对方履行义务仍是企业的权利。企业预付的货款和预付的工程款,应在款项付出时,以预付金额入账。

(二)预付账款的账务处理

为了反映和监督预付账款的增减变动及其结存情况,企业应当设置"预付账款"科目。该科目的借方登记预付的款项及补付的款项,贷方登记收到所购物资时根据有关发票账单计入"原材料"等科目的金额及收回多付款项的金额,期末余额在借方,反映企业实际预付的款项;如果期末余额在贷方,则反映企业应付或应补付的款项。预付款项情况不多的企业,可以不设置"预付账款"科目,而将预付的款项通过"应付账款"科目核算。

【例 2-29】天胜公司为增值税一般纳税人,向甲公司采购材料 10 000 千克,每千克单价 20 元,所需支付的价款总额共计 200 000 元。按合同规定向甲公司预付价款的 60%,验收货物后补付其余款项。公司账务处理如下:

(1)预付 60%的价款时:

借:预付账款——甲公司	120 000	
贷:银行存款		120 000

(2)收到甲公司发来的材料,验收无误,增值税专用发票上注明的价款为 200 000 元,增值税税额 26 000 元,以银行存款结清余款 106 000 元。

借:原材料	200 000	
应交税费——应交增值税(进项税额)	26 000	
贷:预付账款——甲公司		226 000
借:预付账款——甲公司	106 000	
贷:银行存款		106 000

四、应收股利和应收利息

(一)应收股利的账务处理

应收股利是指企业应收取的现金股利和应收取的其他单位分配的利润。为了反映和监督应收股利的增减变动及其结存情况,企业应设置"应收股利"科目。"应收股利"科目的借方登记应收股利的增加,贷方登记收到的现金股利或利润,期末余额一般在借方,反映企业尚未收到的现金股利或利润。

企业在持有以公允价值计量且其变动计入当期损益的金融资产(交易性金融资产)期间,被投资单位宣告发放现金股利,按应享有的份额,确认为当期投资收益,借记"应收股利"科目,贷记“投资收益”科目。

【例 2-30】 天胜公司持有金龙公司上市股票，作为交易性金融资产进行管理和核算。2×20 年 4 月 15 日，金龙公司发放 2×19 年现金股利，天胜公司按持有股份计算确定的应分得的现金股利 300 000 元。假定不考虑相关税费，公司账务处理如下：

借：应收股利——金龙公司　　300 000

　　贷：投资收益——金龙公司　　300 000

【例 2-31】 承【例 2-30】2×20 年 4 月 30 日，天胜公司收到金龙公司发放的现金股利 300 000 元，款项存入银行。假定不考虑相关税费，公司账务处理如下：

(1)通过证券公司购入股票形成的权益投资取得的现金股利：

借：其他货币资金——存出投资款　　300 000

　　贷：应收股利——金龙公司　　300 000

(2)持有的其他股权投资取得的现金股利或利润：

借：银行存款　　300 000

　　贷：应收股利——金龙公司　　300 000

(二)应收利息的账务处理

应收利息是指企业根据合同或协议规定应向债务人收取的利息。为了反映和监督应收利息的增减变动及其结存情况，企业应设置“应收利息”科目。该科目借方登记应收利息的增加，贷方登记收到的利息，期末余额一般在借方，反映企业尚未收到的利息。“应收利息”科目应当按照借款人或被投资单位设置明细科目进行核算。

【例 2-32】 天胜公司持有金龙公司债券投资，2×20 年 1 月 15 日，收到金龙公司通知，拟向其支付 2×19 年利息 200 000 元，款项尚未支付。假定不考虑相关税费，公司账务处理如下：

借：应收利息——金龙公司　　200 000

　　贷：投资收益　　200 000

五、其他应收款

其他应收款是指除应收账款、应收票据、预付账款、应收股利和应收利息以外的其他应收、暂付款项。其主要内容包括：预付给企业内部车间、科室和职工个人的各种备用款项；应收出租包装物的租金；存出的保证金，如包装物押金等；应向职工个人收取的各种垫付款项，如为职工垫付的水电费，应由职工负担的医药费、房租等；应收、暂付上级单位和下属单位的款项；应收的各种赔款，包括应向责任者个人和保险公司收取的财产物资等损失的赔偿款项；应收的各种罚款；其他应收、暂付款项。

为了反映和监督其他应收款增减变动以及结存情况，企业应当设置“其他应收款”科目进行核算。该科目借方登记发生的各种其他应收款，贷方登记企业收到的款项和结转情况，期末余额一般在借方，反映企业尚未收回的其他应收款项。企业应在“其他应收款”科目下，按债务人设置明细科目，进行明细核算。

企业发生各种其他应收款项时，应借记“其他应收款”科目，贷记“库存现金”“银行存款”“固定资产清理”等科目。收回其他各种应收款项时，借记“库存现金”“银行存款”“应付职工薪酬”等科目，贷记“其他应收款”科目。

【例 2-33】 天胜公司采购过程中发生材料毁损，按保险合同规定应由保险公司赔偿损失

50 000 元，款项尚未收到。公司账务处理如下：

借：其他应收款——保险赔款 50 000
　　贷：在途物资 50 000

收到赔款时，公司账务处理如下：

借：银行存款 50 000
　　贷：其他应收款——保险赔款 50 000

【例 2-34】天胜公司以银行存款替职工张华垫付医药费 3 000 元，拟从其工资中扣回。公司账务处理如下：

(1)垫付款时：

借：其他应收款——张华 3 000
　　贷：银行存款 3 000

(2)扣款时：

借：应付职工薪酬——张华 3 000
　　贷：其他应收款——张华 3 000

【例 2-35】天胜公司向龙腾公司租入包装物一批，以银行存款支付押金 20 000 元。公司账务处理如下：

借：其他应收款——龙腾公司 20 000
　　贷：银行存款 20 000

包装物按期如数退还，并收到龙腾公司退还的押金 20 000 元存入银行。公司账务处理如下：

借：银行存款 20 000
　　贷：其他应收款——龙腾公司 20 000

六、应收款项减值

企业的各项应收款项，可能会因购货人拒付、破产、死亡等原因而无法收回。这类无法收回的应收款项就是坏账。企业因坏账而遭受的损失为坏账损失或减值损失。企业应当在资产负债表日对应收款项的账面价值进行评估，应收款项发生减值的，应当将减值的金额确认为减值损失，计提坏账准备。应收款项减值有两种核算方法，即直接转销法和备抵法，我国企业会计准则规定，应收款项减值的核算采用备抵法，不得采用直接转销法。

(一)坏账确认

对于无法收回或收回的可能性极小的应收账款称为坏账，企业由于发生坏账而产生的损失称为坏账损失。

确认坏账的标准如下：

(1)债务人死亡，以其遗产清偿后仍无法收回；

(2)债务人破产，以其破产财产清偿后仍无法收回；

(3)债务人逾期较长时间未履行其偿债义务，并有足够的证据表明无法收回或收回的可能性极小。

满足上述条件之一的应收账款，即可确认为坏账。

(二)坏账的核算

1. 直接转销法

采用直接转销法时，日常核算中应收款项可能发生的坏账损失不予考虑，只有在实际发生坏账时，才作为坏账损失计入当期损益，同时直接冲销应收款项，即借记“信用减值损失”科目，贷记“应收账款”等科目。

【例 2-36】天胜公司 2×19 年发生一笔 100 000 元的应收账款，长期无法收回，2×20 年末确认为坏账，该公司 2×20 年末账务处理如下：

借：信用减值损失——坏账损失　　100 000

　　贷：应收账款　　100 000

这种方法的优点是核算简便，其缺点是不符合权责发生制会计基础，也与资产定义相冲突。在这种方法下，只有坏账实际发生时，才将其确认为当期费用，导致资产和各期损益不实；另外，在资产负债表上，应收账款是按账面余额而不是按账面价值反映，这在一定程度上歪曲了期末的财务状况。所以，我国会计准则不允许采用直接转销法。

2. 备抵法

备抵法是采用一定的方法按期估计坏账损失，计入当期损益，同时建立坏账准备，待坏账实际发生时，冲销已计提的坏账准备和相应的应收款项。采用这种方法，在财务报表上列示应收款项的净额，使财务报表使用者能了解企业应收款项预期可收回的金额或真实的财务状况。

企业应当设置“坏账准备”科目，核算应收款项的坏账准备计提、转销等事项。“坏账准备”科目贷方登记当期计提的坏账准备、收回已转销的应收款项而恢复的坏账准备，借方登记实际发生的坏账损失金额和冲减的坏账准备金额，期末贷方余额，反映企业已计提但尚未转销的坏账准备。

坏账准备可按以下公式计算：

当期应计提的坏账准备＝当期按应收款项计算的坏账准备金额－(或＋)“坏账准备”科目的贷方(或借方)余额

(1)计提坏账准备　企业计提坏账准备时，按照应收款项应记的金额，借记“信用减值损失——计提坏账准备”科目，贷记“坏账准备”科目。冲减多计提的坏账准备时，借记“坏账准备”科目，贷记“信用减值损失——计提坏账准备”科目。

【例 2-37】2×19 年 12 月 31 日，天胜公司应收 A 公司的账款余额为 2 000 000 元，根据会计准则确定应计提坏账准备的金额为 200 000 元，公司账务处理如下：

借：信用减值损失——计提坏账准备　　200 000

　　贷：坏账准备　　200 000

(2)转销坏账　企业确实无法收回的应收款项按管理权限报经批准后作为坏账转销时，应当冲减已计提的坏账准备。企业实际发生坏账损失时，借记“坏账准备”科目，贷记“应收账款”“其他应收款”等科目。

【例 2-38】承【例 2-37】2×20 年 4 月，天胜公司应收 A 公司的销货款实际发生坏账损失 50 000 元。公司账务处理如下：

借：坏账准备　　50 000

　　贷：应收账款——A 公司　　50 000

【例 2-39】承【例 2-37】和【例 2-38】假定天胜公司 2×20 年 12 月 31 日应收 A 公司的账款余额为 2 500 000 元，公司对该应收账款应计提 250 000 元坏账准备。即 2×20 年 12 月 31 日公司"坏账准备"科目应保持的贷方余额为 250 000 元。计提坏账准备前，"坏账准备"科目的实际余额为贷方 150 000 元（200 000－50 000），因此本年末应计提的坏账准备金额为 100 000 元（250 000－150 000）。公司账务处理如下：

借：信用减值损失——计提坏账准备　　100 000
　　贷：坏账准备　　100 000

（3）收回已确认坏账并转销应收款项　已确认并转销的应收款项以后又收回的，应当按照实际收到的金额增加坏账准备的账面余额。已确认并转销的应收款项以后又收回时，借记"应收账款""其他应收款"等科目，贷记"坏账准备"科目；同时借记"银行存款"科目，贷记"应收账款""其他应收款"等科目。

【例 2-40】2×21 年 3 月 15 日，天胜公司收回 2×20 年已作为坏账转销的应收账款 30 000 元，已存入银行。公司账务处理如下：

借：应收账款　　30 000
　　贷：坏账准备　　30 000
借：银行存款　　30 000
　　贷：应收账款　　30 000

企业采用备抵法进行坏账核算时，应按期估计坏账损失金额，估计坏账损失的方法有余额百分比法、账龄分析法、销货（或赊销额）百分比法和个别认定法。

第三节　交易性金融资产

一、交易性金融资产的内容

1. 定义

交易性金融资产是指企业打算通过积极管理和交易以获取利润的债权证券和权益证券。企业通常会频繁买卖这类证券以期在短期价格变化中获取利润。

2. 条件

满足以下条件之一的金融资产应当划分为交易性金融资产：

（1）取得金融资产的目的是为了近期内出售或回购或赎回；

（2）属于进行集中管理的可辨认金融工具组合的一部分，具有客观证据表明企业近期采用短期获利方式对该组合进行管理；

（3）属于金融衍生工具　但被企业指定为有效套期工具的衍生工具属于财务担保合同的衍生工具、与在活跃市场中没有报价且其公允价值不能可靠计量的权益工具投资挂钩并须通过交付该权益工具结算的衍生工具除外。

3. 特点

（1）企业持有的目的是短期性的，在初次确认时即确定其持有目的是为了短期获利。一般此处的短期也应该是不超过一年（包括一年）；

(2)该资产具有活跃市场,公允价值能够通过活跃市场获取;

(3)交易性金融资产持有期间不计提资产减值损失。

二、交易性金融资产的账务处理

(一)交易性金融资产应设置的会计科目

为了反映和监督交易性金融资产的取得、收取现金股利或利息、出售等情况,企业应当设置"交易性金融资产""公允价值变动损益""投资收益"等科目进行核算。

1."交易性金融资产"科目

核算企业分类为以公允价值计量且其变动计入当期损益的金融资产。该科目借方登记交易性金融资产的取得成本、资产负债表日其公允价值高于账面余额的差额,以及出售交易性金融资产时结转公允价值低于账面余额的变动金额;贷方登记资产负债表日其公允价值低于账面余额的差额,以及企业出售交易性金融资产时结转的成本和公允价值高于账面余额的变动金额。企业应当按照交易性金融资产的类别和品种,分别设置"成本""公允价值变动"等明细科目进行核算。

2."公允价值变动损益"科目

核算企业交易性金融资产的公允价值变动而形成的应计入当期损益的利得和损失。该科目借方登记资产负债表日企业持有的交易性金融资产公允价值低于账面余额的差额;贷方登记资产负债表日企业持有的交易性金融资产公允价值高于账面余额的差额。

3."投资收益"科目

核算企业持有交易性金融资产的期间内取得投资收益以及出售交易性金融资产实现的投资收益或投资损失,借方登记企业取得交易性金融资产时支付的交易费用、出售交易性金融资产发生的投资损失,贷方登记企业持有交易性金融资产期间内取得的投资收益以及出售交易性金融资产实现的投资收益。应当按照投资项目设置明细科目进行核算。

(二)取得交易性金融资产

企业取得交易性金融资产时,应当按照该金融资产取得时的公允价值作为其初始入账金额。金融资产的公允价值,应当以市场交易价格为基础确定。企业取得交易性金融资产所支付价款中包含的已宣告但尚未发放的现金股利或已到付息期但尚未领取的债券利息,应当单独确认为应收项目。

企业取得交易性金融资产所发生的相关交易费用应当计入当期损益,冲减投资收益,发生交易费用取得增值税专用发票的,进项税额经认证后可从当月销项税额中扣除。交易费用是指可直接归属于购买、发行或处置金融工具的增量费用。增量费用是指企业没有发生购买、发行或处置相关金融工具的情形就不会发生的费用,包括支付给咨询公司、券商、代理机构、证券交易所、政府有关部门等的手续费、佣金、相关税费以及其他必要支出,不包括债券溢价、折价、融资费用、内部管理成本和持有成本等与交易不直接相关的费用。

企业取得交易性金融资产,应当按照该金融资产取得时的公允价值,借记"交易性金融资产——成本"科目;按照发生的交易费用,借记"投资收益"科目,发生交易费用取得增值税专用发票的,按其注明的增值税进项税额,借记"应交税费——应交增值税(进项税额)"科目,按照实际支付的金额，贷记“其他货币资金”等科目。

【例 2-41】天胜公司为增值税一般纳税人，2×20 年 6 月 1 日，从深圳证券交易所购入 B 上市公司股票 2 000 000 股，购买日的公允价值为 20 000 000 元，另支付相关交易费用 50 000 元，取得的增值税专用发票上注明增值税额为 3 000 元。该公司将其划分为交易性金融资产进行管理和核算，公司账务处理如下：

(1)2×20 年 6 月 1 日，购买 B 上市公司股票时：

借：交易性金融资产——B 上市公司股票——成本　　20 000 000

　贷：其他货币资金——存出投资款　　20 000 000

(2)2×20 年 6 月 1 日，支付相关交易费用时：

借：投资收益——B 上市公司股票　　50 000

　应交税费——应交增值税（进项税额）　　3 000

　贷：其他货币资金——存出投资款　　53 000

【例 2-42】天胜公司为增值税一般纳税人，2×20 年 6 月 1 日，从深圳证券交易所购入 B 上市公司股票 2 000 000 股，购买日的公允价值为 20 000 000 元（其中包含已宣告但尚未发放的现金股利 1 000 000 元），另支付相关交易费用 50 000 元，取得的增值税专用发票上注明增值税额为 3 000 元。该公司将其划分为交易性金融资产进行管理和核算，公司账务处理如下：

(1)2×20 年 6 月 1 日，购买 B 上市公司股票时：

借：交易性金融资产——B 上市公司股票——成本　　19 000 000

　应收股利——B 上市公司股票　　1 000 000

　贷：其他货币资金——存出投资款　　20 000 000

(2)2×20 年 6 月 1 日，支付相关交易费用时：

借：投资收益——B 上市公司股票　　50 000

　应交税费——应交增值税（进项税额）　　3 000

　贷：其他货币资金——存出投资款　　53 000

(三)持有交易性金融资产

(1)企业持有交易性金融资产期间对于被投资单位宣告发放的现金股利或已到付息期但尚未领取的债券利息，应当确认为应收项目，并计入投资收益，即借记“应收股利”或“应收利息”科目，贷记“投资收益”科目；实际收到款项时作为冲减应收项目处理，即借记“其他货币资金”等科目，贷记“应收股利”或“应收利息”科目。

【例 2-43】承【例 2-42】假定 2×20 年 6 月 25 日，天胜公司收到 B 上市公司向其发放的现金股利 1 000 000 元，并存入银行。假定不考虑相关税费，公司账务处理如下：

借：其他货币资金——存出投资款　　1 000 000

　贷：应收股利——B 上市公司股票　　1 000 000

【例 2-44】承【例 2-42】假定 2×21 年 3 月 25 日，B 上市公司股票宣告发放 2×20 年现金股利，某公司按其持有该上市公司股份计算确定的应分得的现金股利为 1 200 000 元。假定不考虑相关税费，公司账务处理如下：

借：应收股利——B 上市公司股票　　1 200 000

　贷：投资收益——B 上市公司股票　　1 200 000

【例 2-45】天胜公司为增值税一般纳税人，2×20 年 6 月 1 日，购入 C 公司发行的公司债券，支付价款26 000 000元(其中包含已到付息期但尚未领取的债券利息500 000元)，另支付交易费用300 000元，取得增值税专用发票注明的增值税额为18 000元。该笔C公司债券面值为25 000 000元。公司将其划分为交易性金融资产进行管理和核算。2×20年6月15日，公司收到该笔债券利息500 000元。假定不考虑其他相关税费和因素，公司账务处理如下：

①2×20年6月1日，购入C公司发行的公司债券时：

借：交易性金融资产——C公司债券——成本　　25 500 000
　　应收利息——C公司债券　　500 000
　　投资收益——C公司债券　　300 000
　　应交税费——应交增值税(进项税额)　　18 000
　贷：其他货币资金——存出投资款　　26 318 000

②2×20年6月15日，收到购买价款中包含的已到付息期但尚未领取的债券利息时：

借：其他货币资金——存出投资款　　500 000
　贷：应收利息——C公司债券　　500 000

(2)资产负债表日，交易性金融资产应当按照公允价值计量，公允价值与账面余额之间的差额计入当期损益。

企业应当在资产负债表日按照交易性金融资产公允价值高于其账面余额的差额，借记“交易性金融资产——公允价值变动”科目，贷记“公允价值变动损益”科目；公允价值低于其账面余额的差额，借记“公允价值变动损益”科目，贷记“交易性金融资产——公允价值变动”科目。

【例2-46】 承【例2-42】和【例2-43】假定2×20年6月30日，天胜公司持有B上市公司股票的公允价值为21 000 000元；2×20年12月31日，天胜公司持有B上市公司股票的公允价值为18 000 000元。不考虑相关税费和其他因素，公司账务处理如下：

①2×20年6月30日，确认B上市公司股票公允价值变动损益时：

借：交易性金融资产——B上市公司股票——公允价值变动　　2 000 000
　贷：公允价值变动损益——B上市公司股票　　2 000 000

②2×20年12月31日，确认B上市公司股票公允价值变动损益时：

借：公允价值变动损益——B上市公司股票　　3 000 000
　贷：交易性金融资产——B上市公司股票——公允价值变动　　3 000 000

【例2-47】 承【例2-45】假定2×20年6月30日，天胜公司持有C公司债券的公允价值为26 700 000元；2×20年12月31日，天胜公司持有C公司债券的公允价值为25 800 000元，不考虑相关税费和其他因素，公司账务处理如下：

①2×20年6月30日，确认C公司债券公允价值变动损益时：

借：交易性金融资产——C公司债券——公允价值变动　　1 200 000
　贷：公允价值变动损益——C公司债券　　1 200 000

②2×20年12月31日，确认C公司债券公允价值变动损益时：

借：公允价值变动损益——C公司债券　　900 000
　贷：交易性金融资产——C公司债券——公允价值变动　　900 000

(四)出售交易性金融资产

企业出售交易性金融资产时，应当将该金融资产出售时的公允价值与其账面余额之间的差额作为投资收益进行会计处理。

企业出售交易性金融资产，应当按照实际收到的金额，借记“其他货币资金”等科目，按照该金融资产的账面余额的成本部分，贷记“交易性金融资产——成本”科目，按照该金融资产账面余额的公允价值变动部分，贷记或借记“交易性金融资产——公允价值变动”科目，按照其差额，贷记或借记“投资收益”科目。

【例 2-48】 承【例 2-42】、【例 2-43】、【例 2-44】和【例 2-46】假定 2×21 年 5 月 31 日，天胜公司出售所持有的的全部 B 上市公司股票，价款为 19 500 000 元。假定不考虑相关税费和其他因素，公司账务处理如下：

借：其他货币资金——存出投资款　19 500 000
　交易性金融资产——B 上市公司股票——公允价值变动　100 000
　贷：交易性金融资产——B 上市公司股票 ——成本　19 000 000
　　投资收益——B 上市公司股票　600 000

【例 2-49】 承【例 2-45】和【例 2-47】假定 2×21 年 3 月 10 日，天胜公司出售了所持有的全部 C 公司债券，售价为 35 500 000 元。不考虑相关税费和其他因素，公司账务处理如下：

借：其他货币资金——存出投资款　35 500 000
　贷：交易性金融资产——C 公司债券——成本　25 500 000
　　　　　　　　　　　　　　　——公允价值变动　300 000
　　投资收益——C 公司债券　9 700 000

(五)转让金融商品应交增值税

金融商品转让按照卖出价扣除买入价(不需要扣除已宣告未发放现金股利和已到付息期未领取的利息)后的余额作为销售额计算增值税，即转让金融商品按盈亏相抵后的余额为销售额。若相抵后出现负差，可结转下一纳税期与下期转让金融商品销售额互抵，但年末时仍出现负差的，不得转入下一会计年度。

转让金融资产当月月末，如产生转让收益，则按应纳税额，借记“投资收益”等科目，贷记“应交税费——转让金融商品应交增值税”科目；如产生损失，则按可结转下月抵扣税额，借记“应交税费——转让金融商品应交增值税”科目，贷记“投资收益”等科目。

年末，如果“应交税费——转让金融商品应交增值税”科目有借方余额，说明本年度的金融商品转让损失无法弥补，且本年度的金融资产转让损失不可转入下年度继续抵减转让金融资产的收益，应将“应交税费——转让金融商品应交增值税”科目的借方余额转出。因此，应借记“投资收益”等科目，贷记“应交税费——转让金融商品应交增值税”科目。

【例 2-50】 承【例 2-48】和【例 2-49】计算该项业务转让金融商品应交增值税。

(1)天胜公司转让 B 上市公司股票应交增值税＝(19 500 000－19 000 000)÷(1＋6%)×6%＝28 301.89(元)

公司应编制如下会计分录：

借：投资收益　28 301.89
　贷：应交税费——转让金融商品应交增值税　28 301.89

(2)天胜公司转让 C 公司债券应交增值税＝(35 500 000－26 000 000)÷(1＋6%)×6%＝537 735.85(元)

公司应编制如下会计分录：

借：投资收益　　537 735.85

　贷：应交税费——转让金融商品应交增值税　　537 735.85

第四节　存　　货

一、存货概述

(一)存货的概念及特点

存货是指企业在日常活动中持有以备出售的产成品或商品、处在生产过程中的在产品、在生产过程或提供劳务过程中耗用的材料或物料等，包括各类材料、在产品、半成品、产成品或库存商品以及包装物、低值易耗品、委托加工物资、委托代销商品等。在企业的资产中，几乎所有的有形资产都可以作为一个企业或另一个企业的存货看待。如原材料是用来加工成产品的，是一项存货；机器设备，在用其进行生产经营活动的企业中属于固定资产，在生产它的企业中则属于存货；房屋、建筑物在大部分企业中属于固定资产，但在经营房地产的企业中则属于存货。当然，房地产公司在经营过程中所使用的房屋建筑物应属于固定资产。因此，作为企业存货的资产必须具有以下几个特点：

(1)存货是有形资产；

(2)存货是流动资产，即能在 1 年内(或超过 1 年的 1 个营业周期内)变现或转为其他资产的资产；

(3)存货是为了在经营中销售或是在生产中耗用的资产，不包括非生产耗用的资产(如在建工程耗用的材料)。

(二)存货的内容

(1)原材料　指企业在生产过程中经加工改变其形态或性质并构成产品主要实体的各种原料及主要材料、辅助材料、燃料、修理用备料(备品备件)、包装材料、外购半成品(外购件)等。

(2)在产品　指在企业尚未加工完成，需要进一步加工且正在加工的在制品。

(3)半成品　指企业已完成一定生产过程的加工任务，已验收合格入库，但需要进一步加工的中间产品。

(4)产成品　指企业已完成全部生产过程并验收合格入库，可以按照合同规定的条件送交订货单位，或可以作为商品对外销售的产品。

(5)商品　指商品流通企业外购或委托加工完成验收入库用于销售的各种商品。

(6)周转材料　指企业能够多次使用、逐渐转移其价值仍保持原有形态，不确认为固定资产的材料，如包装物和低值易耗品。

(7)委托代销商品　指企业委托其他单位代销的商品。

(三)存货入账成本的确定

1. 法律规定

《企业会计准则第 1 号——存货》明确规定："存货应当按照成本进行初始计量。存货成本包括采购成本、加工成本和其他成本。”因此，企业收入的存货应按取得时的实际成本计价。但由于存货的来源不同，其实际成本的构成内容就有所不同。

（1）存货的采购成本　存货的采购成本，包括买价、相关税费、装卸费、运输费、保险费以及其他可归属于存货采购成本的费用。其中，存货的买价是指企业购入的材料或商品的发票账单上列明的价款，但不包括按照规定可以抵扣的增值税进项税额。相关税费是指企业购买存货发生的进口关税、消费税、资源税和不能抵扣的增值税进项税额以及相应的教育费附加等应计入存货采购成本的税费。其他可归属于存货采购成本的费用是指采购成本中除上述各项以外的可归属于存货采购的费用，如在采购过程中发生的包装费、仓储费、运输途中的合理损耗、入库前的挑选整理费用等。运输途中的合理损耗是指商品在运输过程中，因自然条件、商品性质及技术设备等因素，所发生的自然的或不可避免的损耗。例如汽车在运输化肥、煤炭等的过程中自然散落以及易挥发产品在运输过程中的自然挥发。

商品流通企业在采购商品过程中发生的装卸费、运输费、保险费以及其他可归属于存货采购成本的费用等进货费用，应计入存货采购成本，也可以先进行归集，期末根据所购商品的存销情况进行分摊。对于已售商品的进货费用，计入当期损益；对于未售商品的进货费用，计入期末存货成本。企业采购商品进货费用金额较小的，可以在发生时直接计入当期损益。

（2）存货的加工成本　存货的加工成本是指在存货加工过程中发生的追加费用，包括直接人工以及按照一定方法分配的制造费用。直接人工是指企业在生产产品过程中发生的直接从事产品生产人员的职工薪酬。制造费用是指企业为生产产品而发生的各项间接费用。

（3）存货的其他成本　存货的其他成本是指除采购成本、加工成本以外的，使存货达到目前场所和状态所发生的其他支出。为特定客户设计产品所发生的、可直接确定的设计费用应计入存货的成本，但是企业设计产品发生的设计费用通常应计入当期损益。

2. 存货的来源不同，其成本的构成内容也不同，实务中具体按以下原则确定

（1）购入的存货　其成本包括：买价、运杂费（包括运输费、装卸费、包装费、保险费、仓储费等）、运输途中合理损耗、入库前的整理挑选费用（包括整理过程中发生的工费支出和整理挑选过程中发生的数量损耗，并扣除回收的下脚废料价值）以及按规定应计入存货成本的税费和其他费用。

（2）自制的存货　包括自制原材料、自制包装物、自制低值易耗品、自制半成品及库存商品等，其成本包括直接材料、直接人工和制造费用等各项实际支出。

（3）委托外单位加工完成的存货　包括加工后的原材料、包装物、低值易耗品、半成品、产成品等，其成本包括实际耗用的原材料或者半成品、加工费、装卸费、保险费、委托加工的往返运输费等费用以及按规定应计入存货成本的税费。

（4）接受投资者投入的存货　它的成本应当按照投资合同或协议约定的价值确定（投资合同或协议约定的价值不公允的除外）。

（5）接受捐赠的存货　接受捐赠的存货，应按不同情况进行处理。

①捐赠方提供了有关凭据（如报关单、发票、有关协议）的，按凭据上标明的金额加上应支付的相关税费，作为其实际成本。

②捐赠方没有提供有关凭据的，按如下顺序确定其实际成本：

同类或类似存货存在活跃市场的，按同类或类似存货的市场价格估计的金额，加上应支付的相关税费，作为实际成本；同类或类似存货不存在活跃市场的，按该接受捐赠的存货的预计未来现金流量现值，作为实际成本。

(6)盘盈的存货　在财产清查过程中盘盈的存货，应以相同或类似存货的市场价格作为实际成本。

3. 下列费用不应计入存货成本，而应在其实际发生时计入当期损益

(1)非正常消耗的直接材料、直接人工和制造费用，应在发生时计入当期损益，不应计入存货成本。比如，由于自然灾害而发生的直接材料、直接人工和制造费用，由于这些费用的发生无助于使该存货达到目前场所和状态，不应计入成本，而应确认为当期损益。

(2)仓储费用指企业在存货采购入库后发生的储存费用，应在发生时计入当期损益。但是，在生产过程中为达到下一个生产阶段所必需的仓储费用应计入存货成本。比如，某种酒类产品生产企业为使生产的酒达到规定的产品质量标准而必须发生的仓储费用，应计入酒的成本，而不应计入当期损益。

(3)不能归属于使存货达到目前场所和状态的其他支出，应在发生时计入当期损益，不得计入存货成本。

(四)发出存货的计价方法

企业应当根据各类存货的实物流转方式、企业管理要求、存货的性质等实际情况，合理地确定发出存货成本的计算方法，以及当期发出存货的成本。对于性质和用途相同的存货，应当采用相同的成本计算方法确定发出存货的成本。

实务中，企业发出的存货可以按实际成本核算，也可以按计划成本核算。如果采用计划成本核算，会计期末应调整为实际成本。在实际成本核算方式下，企业可以采用的发出存货成本的计价方法包括先进先出法、月末一次加权平均法、移动加权平均法和个别计价法等。

发出存货的计价方法较多，主要有先进先出法、后进先出法、加权平均法、移动加权平均法、个别计价法、毛利率法、数量进价金额核算法和售价金额核算法等。发出存货计价方法一经选定，一般情况下不得随意变更，如果必须变更应说明理由。

1. 个别计价法

个别计价法又称具体辨认法、分批认定法。它是以每批存货取得时的实际单位成本，作为计算该批发出存货和期末结存存货实际成本的方法。在这种方法下，存货的成本流转顺序与实物的流转顺序完全一致，计算公式如下：

每次(批)存货发出成本＝该次(批)存货实际收入时的单位成本×该次(批)存货发出数量

【例 2-51】天胜公司 2×20 年 3 月 M 材料的收入、发出及购进单位成本如表 2-2 所示。

表 2-2　M 商品购销明细账

日期		摘要	收入			发出			结存		
月	日		数量(件)	单价(元)	金额(元)	数量(件)	单价(元)	金额(元)	数量(件)	单价(元)	金额(元)
3	1	期初余额							300	10	3 000
	2	领用				200			100		
	6	购入	500	11	5 500				600		
	10	领用				400			200		

续表 2-2

日期		摘要	收入			发出			结存		
月	日		数量（件）	单价（元）	金额（元）	数量（件）	单价（元）	金额（元）	数量（件）	单价（元）	金额（元）
	21	购入	400	12	4 800				600		
	25	领用				400			200		
	27	购入	500	13	6 500				700		
	28	领用				300			400		
	31	本期合计	1 400		16 800	1 300			400		

假定经过具体辨认，本期发出存货的单位成本如下：3 月 2 日领用 200 件，均为期初存货，单位成本 10 元；3 月 10 日领用 400 件，均为 3 月 6 日购进；3 月 25 日领用 400 件，均为 3 月 21 日购进；3 月 28 日领用 300 件，100 件为期初结存，200 件为 3 月 27 日购进。则按照个别计价法，天胜公司 M 材料收入、发出与结存情况如表 2-3 所示。

表 2-3　M 材料明细账（个别计价法）

日期		摘要	收入			发出			结存		
月	日		数量（件）	单价（元）	金额（元）	数量（件）	单价（元）	金额（元）	数量（件）	单价（元）	金额（元）
3	1	期初余额							300	10	3 000
	2	领用				200	10	2 000	100	10	1 000
	6	购进	500	11	5 500				100 500	10 11	1 000 5 500
	10	领用				400	11	4 400	100 100	10 11	1 000 1 100
	21	购进	400	12	4 800				100 100 400	10 11 12	1 000 1 100 4 800
	25	领用				400	12	4 800	100 100	10 11	1 000 1 100
	27	购进	500	13	6 500				100 100	10 11	1 000 1 100
	28	领用				100 200	10 13	1 000 2 600	100 300	11 13	1 100 3 900
	31	本月合计	1 400	—	16 800	1 300	—	14 800	100 300	11 13	1 100 3 900

由表 2-3 中可知，天胜公司本期发出存货成本及期末结存存货成本如下：

本期发出存货成本＝200×10＋400×11＋400×12＋(100×10＋200×13)＝14 800(元)

期末结存存货成本＝100×11＋300×13＝5 000(元)

或：

期末结存存货成本＝期初结存存货成本＋本期收入存货成本－本期发出存货成本

＝300×10＋(500×11＋400×12＋500×13)－14 800＝5 000(元)

采用个别计价法确定发出存货的成本,计算结果准确。但采用这种方法要求企业对存货按进货批次分别堆放,发出货物要逐一认定其批次,工作量大,操作难度也大。在这种方法下,库存存货各批次的单位成本不同时,选择不同批次的存货,可以增加或减少发出存货的成本。因而,这种方法很容易成为经营者调节利润的杠杆。这种方法适用于存货品种数量不多、单位成本较高或能分清批次、整批进整批出的存货,企业中不能替代使用的存货、为特定的项目专门购入或制造的存货以及提供的劳务,如珍宝、名画等贵重物品。

2. 先进先出法

先进先出法是假定先购入的存货先发出(用于销售和耗用),并根据这一假定的成本流转顺序,对发出存货和期末结存存货进行计价的方法。在这种方法下,收入存货要逐笔登记每一批存货的数量、单价和金额;发出存货时,按照先进先出的原则逐笔登记存货的发出成本和结存金额。

【例 2-52】承【例 2-51】先进先出法下发出材料成本和期末材料成本如表 2-4 所示。

表 2-4　M 材料存货明细账(先进先出法)

日期		摘要	收入			发出			结存		
月	日		数量(件)	单价(元)	金额(元)	数量(件)	单价(元)	金额(元)	数量(件)	单价(元)	金额(元)
3	1	期初余额							300	10	3 000
	2	领用				200	10	2 000	100	10	1 000
	6	购进	500	11	5 500				100 500	10 11	1 000 5 500
	10	领用				100 300	10 11	1 000 3 300	200	11	2 200
	21	购进	400	12	4 800				200 400	11 12	2 200 4 800
	25	领用				200 200	11 12	2 200 2 400	200	12	2 400
	27	购进	500	13	6 500				200 500	12 13	2 400 6 500
	28	领用				200 100	12 13	2 400 1 300	400	13	5 200
	31	本月合计	1 400	—	16 800	1 300	—	14 600	400	13	5 200

由表 2-4 中可知,天胜公司本期发出存货成本及期末结存存货成本如下:

本期发出存货成本=200×10+(100×10+300×11)+(200×11+200×12)+(200×12+100×13)=14 600(元)

期末结存存货成本=400×13=5 200(元)

或:

期末结存存货成本=期初结存存货成本+本期收入存货成本−本期发出存货成本
=300×10+(500×11+400×12+500×13)−14 600=5 200(元)

先进先出法的特点是本期发出存货成本反映较早期购进存货成本，而期末结存存货的账面价值则接近近期存货的成本。

先进先出法的成本流转顺序与存货的实物流转顺序比较接近，期末存货的账面价值与存货现行成本也比较接近。而且，在这种方法下，发出存货的成本只能按规定计算，使经营者不能任意挑选存货成本来操纵当期利润。但采用先进先出法工作量较大，在存货收发业务比较频繁的企业尤其如此，另外在物价上涨时会高估企业利润。

3. 月末一次加权平均法

月末一次加权平均法是以期初结存存货成本与本期收入存货成本之和除以期初结存存货数量与本期收入存货数量之和，计算存货的加权平均单位成本，来确定本期发出存货的成本和期末结存存货成本的一种方法。在这种方法下，存货的发出成本和期末结存成本于月末一次计算，其计算公式为：

$$月末一次加权平均单价=\frac{期初结存存货实际成本+本期收入存货实际成本}{期初结存存货数量+本期收入存货数量}$$

$$本期发出存货成本=月末一次加权平均单价\times本期发出存货数量$$

$$期末结存存货成本=月末一次加权平均单价\times期末结存存货数量$$

或采用倒挤成本法计算结存存货的成本，即：

$$期末结存存货成本=期初结存存货成本+本期收入存货成本-本期发出存货成本$$

【例 2-53】承【例 2-51】月末一次加权平均法下存货明细分类账如表 2-5 所示。

表 2-5 M 材料存货明细账（月末一次加权平均法）

日期		摘要	收入			发出			结存		
月	日		数量（件）	单价（元）	金额（元）	数量（件）	单价（元）	金额（元）	数量（件）	单价（元）	金额（元）
3	1	期初余额							300	10	3 000
	2	领用				200	—		100		
	6	购进	500	11	5 500				600		
	10	领用				400	—		200		
	21	购进	400	12	4 800				600		
	25	领用				400	—		200		
	27	购进	500	13	6 500				700		
	28	领用				300		—	400		
	31	本月合计	1 400	—	16 800	1 300	11.65	15 145	400	11.65	4 655

月末一次存货加权平均单价＝[300×10＋(500×11＋400×12＋500×13)]÷[300＋(500＋400＋500)]＝11.65(元)

本期发出存货成本＝11.65×1 300＝15 145(元)

期末结存存货成本＝3 000＋16 800－15 145＝4 655(元)

由于当期加权平均单价是根据本期期初结存存货的成本与本期全部购入存货成本之和以及相对应的数量来计算的，只有到期末时才加以计算。而且，一般情况下，期末计算出的加权平均单位成本多为小数，为了保持账面数字之间的平衡关系，一般采用倒挤成本法计算发出存货成本。

月末一次加权平均法能够均衡地计算各期发出存货成本和期末结存存货成本，企业也不能任意挑选存货成本以调整当期利润。但这种方法期末计算工作量较大，平时账面上不能反映发出和结存存货的单价和金额，不利于存货的日常管理。所以，这种方法适用于存货品种较少，收发频繁，且前后收入存货单位成本相差较大的企业。

4. 移动加权平均法

移动加权平均法，也称移动平均法，是指每次收到存货后，立即根据库存存货数量和库存存货成本，计算出一个新加权平均单价，从而确定发出存货成本的方法。这种方法与月末一次加权平均法计算原理基本相同，只是要求在每次收入存货时重新计算加权平均单价。其计算公式为：

$$\text{移动加权平均单价}=\frac{\text{上次结存存货实际成本}+\text{本次收入存货实际成本}}{\text{上次结存存货数量}+\text{本次收入存货数量}}$$

为了保持账面数字的平衡关系，在移动加权平均法下，通常也采用倒挤法计算发出存货成本。即：先计算期末存货成本，再计算发出存货成本。

期末结存存货成本＝本期结存存货数量×移动加权平均单价

本期发出存货实际成本＝期初结存存货成本＋本期收入存货成本－期末结存存货成本

【例 2-54】承【例 2-51】移动加权平均法下材料明细分类账如表 2-6 所示。

表 2-6 M 材料存货明细账(移动加权平均法)

日期		摘要	收入			发出			结存		
月	日		数量(件)	单价(元)	金额(元)	数量(件)	单价(元)	金额(元)	数量(件)	单价(元)	金额(元)
3	1	期初余额							300	10	3 000
	2	领用				200	10	2 000	100	10	1 000
	6	购进	500	11	5 500				600	10.83	6 500
	10	领用				400	10.83	4 334	200	10.83	2 166
	21	购进	400	12	4 800				600	11.61	6 966
	25	领用				400	11.61	4 644	200	11.61	2 322
	27	购进	500	13	6 500				700	12.60	8 822
	28	领用				300	12.60	3 782	400	12.60	5 040
	31	本月合计	1 400	—	16 800	1 300	—	14 760	400	12.60	5 046

3 月 6 日购入存货后平均单位成本＝(100×10＋500×11)÷(100＋500)＝10.83(元)

3 月 21 日购入存货后平均单位成本＝(200×10.83＋400×12)÷(200＋400)＝11.61(元)

3 月 27 日购入存货后平均单位成本＝(200×11.61＋500×13)÷(200＋500)＝12.60(元)

3 月 28 日结存存货成本＝12.60×400＝5 040(元)

本期发出存货成本＝300×10＋(500×11＋400×12＋500×13)－5 040＝14 760(元)

采用移动加权平均法的优点是在存货发出时，可直接以新确定的加权平均单价确定发出存货的成本，可以随时转账。但由于每收入一批存货就要重新计算一次单价，每发出一次存货也要计算其发出存货的成本，因而计算工作量也比较大。

二、原材料

原材料是指企业在生产过程中经过加工改变其形态或性质并构成产品主要实体的各种原料、主要材料和外购半成品，以及不构成产品实体但有助于产品形成的辅助材料。原材料是劳动对象，是制造业生产经营中不可缺少的生产要素，主要包括以下内容：

1. 原料及主要材料

原料及主要材料指经过加工后可以构成产品主要实体的各种原料和材料。其中原料是指未加工过的劳动对象，如纺织厂纺纱用的原棉，冶炼厂冶炼用的矿石等；主要材料是指经过加工的劳动对象，如食品厂生产面包用的面粉，纺纱厂织布用的棉纱等。

2. 辅助材料

辅助材料指直接用于产品生产，有助于产品形成或为产品正常生产创造条件，但不构成产品实体的各种材料，如涂料、机油、包装材料等。

3. 外购半成品（外购件）

外购半成品指从外部购进的已完成上一生产步骤但需要企业进一步加工或组装的半成品。如纺织厂购进的棉纱、食品厂购进的面粉等。外购半成品的用途与原料及主要材料基本相同，也可将其归为原料及主要材料类。

4. 燃料

燃料指在生产过程中用来燃烧的材料，包括固体、液体和气体燃料，如煤炭、汽油、天然气等。

5. 修理用备件

修理用备件指为修理本企业机器设备和运输设备而专用的零部件，如轴承、齿轮、阀门等。修理用的一般零件如螺母、螺栓等，则并入辅助材料。

原材料的日常收入、发出及结存可以采用实际成本核算，也可以采用计划成本核算。

(一)原材料采用实际成本核算

1. 原材料核算应设置的会计科目

材料采用实际成本核算时，材料的收入、发出及结存，无论总分类核算还是明细分类核算，均按照实际成本计价。使用的会计科目有“在途物资”“原材料”等，“原材料”科目的借方、贷方及余额均以实际成本计价，不存在成本差异的计算与结转问题。但采用实际成本法核算，日常反映不出材料成本是节约还是超支，因而不便于反映和考核物资采购业务对经营成果的影响。因此，实际成本法一般适用于规模较小、存货品种简单、采购业务不多的企业。在实务中，对于材料收发业务较多且计划成本资料较为健全、准确的企业，一般可以采用计划成本进行材料收入、发出的核算。

(1)“原材料”科目　用于核算和监督原材料的收入、发出和结存情况。借方登记购入、自制、委托加工、接受投资、盘盈等入库材料的实际成本；贷方登记耗用、销售、盘亏、毁损等减少原材料的实际成本。期末余额在借方，反映库存原材料的实际成本。该账户应按原材料的保管地点(仓库)、材料类别、品种和规格进行明细分类核算。

(2)“在途物资”科目　用于核算企业购入尚未到达或尚未验收入库的各种物资的实际成本。该科目借方登记已经付款或已经开出经过承兑的商业汇票，而存货尚在运输途中或虽已运达企业但尚未点验入库的存货实际成本；贷方登记验收入库的在途物资的实际成本。期末余额在借方，反映企业已付款或已开出、承兑商业汇票但尚未到达或尚未验收入库的在途物资的实际成本。该账户可按供货单位和物资品种设置明细账，进行明细分类核算。

2. 原材料的账务处理

(1)购入材料的账务处理

①付款与收货同时办理(单货同到)。在这种情况下，外购材料到达验收入库的同时，支付货款或开出经承兑的商业汇票。所以，应根据发货票、结算凭证、有关费用单据和收料单，按材料的实际成本，借记“原材料”科目，贷记“银行存款”或“应付票据”科目。如果是一般纳税人，还应根据增值税专用发票，将购进材料所支付的增值税单独记账(购进用于非应税项目或免税项目货物支付的增值税不得单独记账)，即借记“应交税费——应交增值税(进项税额)”科目(以下相同，不再赘述)。

【例 2-55】 天胜公司为增值税一般纳税人，购进 A 材料 1 000 千克，单价为 100 元，取得增值税专用发票，货款为 100 000 元，增值税为 13 000 元，材料已验收入库，款项以转账支票付讫。公司账务处理如下：

借：原材料——A 材料　　100 000
　　应交税费——应交增值税(进项税额)　　13 000
　　贷：银行存款　　113 000

②货款已经支付或已开出、承兑商业汇票，材料尚未到达或尚未验收入库(单到货未到)。

在这种情况下，企业先收到结算凭证及发票等单据，经审核无误后即可承付货款或开出经承兑的商业汇票，并根据有关凭证，借记“在途物资”“应交税费——应交增值税(进项税额)”科目，贷记“银行存款”科目或“应付票据”科目。收到材料时，借记“原材料”科目，贷记“在途物资”科目。

【例 2-56】 天胜公司为增值税一般纳税人，从外地甲公司购进 B 材料 3 000 千克，收到银行转来该公司的结算凭证及所附的增值税专用发票和代垫费用单据，B 材料的单价为 20 元，货款为 60 000 元，增值税额为 7 800 元，经审核无误承付款项，材料尚未收到。公司账务处理如下：

借：在途物资——甲公司　　60 000
　　应交税费——应交增值税(进项税额)　　7 800
　　贷：银行存款　　67 800

5 日后，B 材料到达验收入库：

借：原材料——B 材料　　60 000
　　贷：在途物资——甲公司　　60 000

③材料先到，发票账单已到，货款尚未支付(货单同时到，款未付)。

在这种情况下，由于材料已经到达验收入库，同时发票账单也已经收到、只是货款未付，企业应根据发货票和收料单，按材料的实际成本，借记“原材料”“应交税费——应交增殖票(进项税额)”科目，贷记“应付账款”科目。

【例 2-57】天胜公司为增值税一般纳税人，采用托收承付方式购入 C 材料一批，增值税专用发票上注明的价款为 50 000 元，增值税税额为 6 500 元。银行转来的结算凭证已到，款项尚未支付，材料已验收入库。公司账务处理如下：

借：原材料——C 材料　　50 000
　　应交税费——应交增值税(进项税额)　　6 500
　　贷：应付账款　　56 500

④材料先到，发票账单未到，货款尚未支付(货到单未到)。

在这种情况下，由于材料的实际成本无法确定，可按材料的暂估价格(合同定价或计划价格)计价入账，借记“原材料”科目，贷记“应付账款”科目；收到结算凭证时，用红字编制一张相同的记账凭证，予以冲销，以便付款时按正常程序处理。但由于收料后，企业通常能在短期内收到结算凭证，支付款项。所以，为了简化核算手续，企业在先收到材料时，一般只登记材料明细账，暂不进行总分类核算。在收到结算凭证，支付货款时，再按实际成本进行总分类核算。如果月末仍未收到结算凭证时，按材料的暂估价格，借记“原材料”科目，贷记“应付账款——暂估应付账款”科目。下月初用红字作同样的记账凭证予以冲回，以便下月付款或开出经承兑的商业汇票后，按正常程序入账，借记“原材料”“应交税费——应交增值税(进项税额)”科目，贷记“银行存款”或“应付票据”等科目。

【例 2-58】天胜公司从外地华强公司购进 B 材料 2 000 千克，材料已经运到企业，并验收入库，但发票等结算凭证尚未收到，货款尚未支付。月末，结算凭证仍未到达，按合同约定价格每千克 20 元暂估价入账。公司账务处理如下：

借：原材料——B 材料　　40 000
　　贷：应付账款——暂估应付账款　　40 000

下月初用红字将其冲回

借：原材料——B 材料　　[40 000]
　　贷：应付账款——暂估应付账款　　[40 000]

下月收到有关结算凭证，并支付货款时

借：原材料——B 材料　　40 000
　　应交税费——应交增值税(进项税额)　　6 800
　　贷：银行存款　　46 800

⑤购入材料发生短缺和毁损。

购入材料在验收入库时，如发生短缺或毁损，应及时查明原因，根据不同的情况进行处理。属于定额内的合理损耗应计入材料的采购成本，不另做账务处理。属于运输部门、保险公司或个人负责的损失，应根据赔偿请求单所列的索赔金额计入“其他应收款”科目；属于供货单位少发货造成的短缺，在货款未付的情况下，按实收货物的实际成本入账，在货款已经支付的情况下，应将短缺货物的实际成本计入“其他应收款”或“应付账款”科目；属于自然灾害等非常原因造成的损失，应将扣除残料价值和过失人、保险公司赔款后的净损失，计入“营业外支出”科目。材料入库的当时不能确定短缺毁损原因的，应按短缺材料的实际成本，先计入“待处理财产损溢”科目，待查明原因后再结转到有关账户。

【例 2-59】天胜公司 5 月 3 日从外地丙公司购进 A 材料 1 000 千克，单价为 100 元，取得增值税专用发票，货款为 100 000 元，增值税为 13 000 元，取得运费增值税专用发票 2 000 元，增值税为 120 元。款项已经用银行存款付清。5 月 25 日，A 材料运达企业，验收入库 950 千克，短缺 50 千克，其中，2 千克属于定额内合理损耗，其余 48 千克短缺原因不明。公司账务处理如下：

(1)5 月 3 日付款时

借：在途物资——丙公司	102 000	
应交税费——应交增值税(进项税额)	13 120	
贷：银行存款		115 120

(2)5 月 25 日，A 材料验收入库时

借：原材料——A 材料	97 104	
待处理财产损溢——待处理流动资产损溢	5 525.76	
贷：在途物资——丙公司		102 000
应交税费——应交增值税(进项税额转出)		629.76

各项目金额计算如下：

在途材料的单位成本＝102 000÷1 000＝102(元/千克)

验收入库材料的实际成本＝(1 000－48)×102＝97 104(元)

短缺材料的实际成本＝48×102＝4 896(元)

进项税额转出＝13 120÷1 000×48＝629.76(元)

待处理财产损溢＝4896＋629.76＝5 525.76(元)

数日后，假设上述短缺的 48 千克材料原因已查明，属于运输部门的责任，对方已经同意赔偿，款项尚未收到。公司账务处理如下：

借：其他应收款	5 525.76	
贷：待处理财产损溢——待处理流动资产损溢		5 525.76

(2)发出材料的账务处理　企业发出材料主要有以下几种情形：①生产经营领用材料，企业按照领用材料的用途，借记“生产成本”“制造费用”“销售费用”“管理费用”等科目，贷记“原材料”科目。②出售材料结转成本，借记“其他业务成本”科目，贷记“原材料”科目。③发出委托外单位加工的材料，借记“委托加工物资”科目，贷记“原材料”科目。

企业各生产单位及有关部门领用的材料具有种类多，业务频繁等特点。为了简化材料，企业可以在月末根据“领料单”“限额领料单”中有关领料的单位、部门等加以归类，编制“发料凭证汇总表”，据以编制记账凭证、登记入账。发出材料实际成本的确定，可以由企业从上述个别计价法、先进先出法、月末一次加权平均法、移动加权平均法等方法中选择。计价方法一经确定，不得随意变更。如需变更，应在附注中予以说明。

【例 2-60】天胜公司为增值税一般纳税人，根据“发料凭证汇总表”的记录，4 月份基本生产车间领用 A 材料 600 000 元，辅助生产车间领用 A 材料 50 000 元，车间管理部门领用 A 材料 7 000 元，销售机构领用 A 材料 2 000 元，企业行政管理部门领用 A 材料 6 000 元，计 665 000 元。公司采用实际成本进行材料日常核算，公司账务处理如下：

借:生产成本——基本生产成本　　600 000
　　　　　——辅助生产成本　　50 000
　　制造费用　　7 000
　　销售费用　　2 000
　　管理费用　　6 000
　　贷:原材料——A 材料　　665 000

(二)采用计划成本核算

1. 原材料核算应设置的会计科目

材料采用计划成本核算时,材料的收入、发出和结存,无论要按总分类核算还是明细分类核算,均按照计划成本计价。使用的会计科目有“材料采购 ”“原材料”“材料成本差异”等。月末按本月发出材料应负担的成本差异进行分摊,根据领用材料的用途计入相关资产的成本或者当期损益,从而将发出材料的计划成本调整为实际成本。这种方法一般适用于存货品种繁多、收发频繁的企业。采用这种方法需要制定材料的计划成本,材料的计划成本应尽可能地接近实际成本。

(1)“材料采购”科目　用于核算和监督购入材料的采购成本。借方登记采购材料的实际成本及结转入库物资的实际成本小于计划成本的差异额(节约差异);贷方登记入库材料的计划成本及结转其实际成本大于计划成本的差异额(超支差异)。期末余额在借方,反映企业在途材料的实际成本。

(2)“原材料”科目　用于核算库存各种材料的收入、发出与结存情况。借方登记入库材料的计划成本,贷方登记发出材料的计划成本,期末借方余额反映库存材料的计划成本。“原材料”账户借方期末余额与“材料成本差异”账户的借方数(超支数)相加或与其贷方数(节约数)相减,即为库存材料的实际成本。

(3)“材料成本差异”科目　反映企业已入库各种材料的实际成本与计划成本的差异,是“原材料”等存货科目的调整科目。借方登记入库材料实际成本大于计划成本的差异额(超支差异)及发出材料应负担的节约差异;贷方登记入库材料实际成本小于计划成本的差异额(节约差异)及发出材料应负担的超支差异。期末余额如在借方,反映库存材料的实际成本大于计划成本的差异(超支差异);期末余额如在贷方,反映库存材料实际成本小于计划成本的差异(节约差异)。

2. 原材料的账务处理

(1)购入材料的账务处理

①货款已经支付,同时材料验收入库。

【例 2-61】天胜公司为增值税一般纳税人,10 月 4 日购入 N 材料一批,增值税专用发票上注明的价款为 100 000 元,增值税额为 13 000 元,发票等结算凭证已经收到,计划成本为 95 000 元,货款已通过银行转账支付,材料已验收入库。公司账务处理如下:

付款时

借:材料采购——N 材料　　100 000
　　应交税费——应交增值税(进项税额)　　13 000
　　贷:银行存款　　113 000

材料验收入库并结转材料采购超支差异时

借：原材料——N 材料　　95 000

　贷：材料采购——N 材料　　95 000

借：材料成本差异　　5 000

　贷：材料采购　　5 000

【例 2-62】天胜公司为增值税一般纳税人，11 月 8 日购入 M 材料一批，增值税专用发票注明价款为 40 000 元，增值税额为 5 200 元，发票等结算凭证已经收到，货款已通过银行转账支付，材料已验收入库。该批材料的计划成本为 42 000 元。公司账务处理如下：

付款时

借：材料采购　　40 000

　应交税费——应交增值税（进项税额）　　5 200

　贷：银行存款　　45 200

材料验收入库并结转材料采购节约差异时

借：原材料　　40 000

　贷：材料采购　　40 000

借：原材料　　2 000

　贷：材料成本差异　　2 000

②材料已经验收入库，货款尚未支付。

【例 2-63】天胜公司为增值税一般纳税人，11 月 10 日购入 M 材料一批，材料已经运到，并验收入库，但发票等结算凭证尚未收到，货款尚未支付。该批材料的计划成本为 80 000 元。月末，发票等结算凭证仍未收到，货款仍未支付。公司应按计划成本估价入账（月末前不入账），公司账务处理如下：

借：原材料　　80 000

　贷：应付账款——暂估应付账款　　8 000

下月初用红字将上述分录予以冲回：

借：原材料　　[80 000]

　贷：应付账款——暂估应付账款　　[80 000]

下月，收到有关发票等结算凭证并支付货款时，按正常程序记账。取得的增值税专用发票上注明的价款为 85 000 元，增值税额为 11 050 元。公司账务处理如下：

借：材料采购　　85 000

　应交税费——应交增值税（进项税额）　　11 050

　贷：银行存款　　96 050

同时结转入库材料计划成本及材料成本差异

借：原材料　　80 000

　贷：材料采购　　80 000

借：材料成本差异　　5 000

　贷：材料采购　　5 000

③货款已付，但材料尚未验收入库。

【例 2-64】天胜公司为增值税一般纳税人，11 月 20 日购进 N 材料一批，增值税专用发票上注明价款 50 000 元，增值税为 6 500 元。购销双方协商采用商业承兑汇票结算方式结算货款，付款期限为 3 个月。中兴公司已经取得经承兑的商业承兑汇票，但材料尚未收到。该批材料计划成本 51 000 元，公司账务处理如下：

借：材料采购	50 000	
应交税费——应交增值税(进项税额)	6 500	
贷：应付票据		56 500

(2)发出材料的账务处理

在材料按计划成本计价的情况下，企业也应于月末根据发料单，按材料的领用部门和用途，分类汇总编制“发料凭证汇总表”，据以填制记账凭证，登记总分类账。与材料按实际成本计价核算不同的是，企业需要通过“材料成本差异”账户将发出存货和期末存货调整为实际成本。调整的公式是：

$$\text{原材料实际成本}=\text{计划成本}\pm\text{材料成本差异}$$

材料成本差异随着材料的入库而形成，随着材料出库而减少，如领用材料、出售材料、消耗材料等。期初和当期形成的材料成本差异，应当在当期已发出材料和期末结存材料之间进行分配，并从“材料成本差异”账户转入有关账户。企业在月末计算材料成本差异率，并据此分配当月材料成本差异，有关计算公式如下：

$$\text{本月材料成本差异率}=\frac{\text{月初结存材料的成本差异}+\text{本月收入材料的成本差异}}{\text{月初结存材料的计划成本}+\text{本月收入材料的计划成本}}\times 100\%$$

$$\text{本月发出存货应负担的成本差异}=\text{本月发出存货的计划成本}\times\text{材料成本差异率}$$

$$\text{发出存货的实际成本}=\text{发出存货的计划成本}\pm\text{发出存货应负担的成本差异}$$

$$\text{结存存货应负担的成本差异}=\text{结存存货的计划成本}\times\text{材料成本差异率}$$

$$\text{结存存货的实际成本}=\text{结存存货的计划成本}\pm\text{结存存货应负担的成本差异}$$

材料成本差异分配以后，本月发出材料应承担的成本差异从“材料成本差异”账户转出之后，属于月末库存材料应承担的成本差异仍保留在“材料成本差异”账户内，作为库存材料的调整项目，编制资产负债表时，存货项目应当列示加上或减去材料成本差异后的实际成本。

【例 2-65】天胜公司为一般纳税人，原材料采用计划成本核算，2×20 年 6 月初“原材料”账户某类材料的期初余额为 100 000 元，“材料成本差异”账户的期初余额为借方余额 2 000 元。原材料单位计划成本 20 元。本月 10 日从新华工厂购入该类原材料 5 000 千克，每千克 21 元，材料验收入库，增值税专用发票注明的价款 105 000 元，增值税 13 650 元，全部款项以银行存款支付；本月 20 日从本市新华工厂购进 8 000 千克，每千克 21.5 元，增值税专用发票注明的价款172 000 元，增值税 22 360 元，材料验收入库，款项以银行存款付清；本月 15 日生产车间生产产品领用 6 000 千克，22 日生产车间生产领用 3 000 千克，车间一般性消耗领用 500 千克，企业行政管理部门领用 400 千克，专设销售机构领用 100 千克。公司账务处理如下：

(1)6 月 10 日购进材料支付各类款项时

借：材料采购	105 000
应交税费——应交增值税(进项税额)	13 650

贷:银行存款　　118 650

(2) 6 月 10 日购进材料验收入库时

借:原材料　　100 000

贷:材料采购　　100 000

借:材料成本差异　　5 000

贷:材料采购　　5 000

(3)6 月 15 日生产车间领用时

借:生产成本　　120 000

贷:原材料　　120 000

(4)6 月 20 日购进材料,收到发票时

借:材料采购　　172 000

应交税费——应交增值税(进项税额)　　22 360

贷:银行存款　　194 360

(5) 6 月 20 日购进材料验收入库时

借:原材料　　160 000

贷:材料采购　　160 000

借:材料成本差异　　12 000

贷:材料采购　　12 000

(6)6 月 22 日生产车间生产领用材料时

借:生产成本　　60 000

制造费用　　10 000

管理费用　　8 000

销售费用　　2 000

贷:原材料　　80 000

(7)6 月 30 日计算分配本月材料成本差异

$$材料成本差异率=\frac{2\,000+5\,000+12\,000}{100\,000+100\,000+160\,000}=5.28\%$$

发出材料应负担的成本差异=200 000×5.28%=10 560(元)

发出材料的实际成本=200 000+10 560=210 560(元)

结存材料的计划成本=160 000(元)

结存材料的实际成本=160 000×(1+5.28%)=168 448(元)

分配本月材料成本差异的账务处理:

借:生产成本　　9 504(180 000×5.28%)

制造费用　　528(10 000×5.28%)

管理费用　　422.40(8 000×5.28%)

销售费用　　105.60(2 000×5.28%)

贷:材料成本差异　　10 560(200 000×5.28%)

【例 2-66】,假设上例 2×20 年 6 月初“材料成本差异”账户的期初余额为贷方余额 21 000 元,其他各项均不变,则 6 月 30 日计算材料成本差异率及材料成本差异分配如下:

本月材料成本差异率$=\frac{-21\ 000+5\ 000+12\ 000}{100\ 000+100\ 000+160\ 000}\times100\%=-1.03\%$

发出材料应负担的成本差异=200 000×(−1.03%)=−2 060(元)

发出材料的实际成本=200 000+(−2 060)=197 940(元)

结存材料的计划成本=160 000(元)

结存材料的实际成本=160 000×(1−1.03%)=158 352(元)

分配本月材料成本差异的账务处理如下：

借：生产成本　　1 854

　　制造费用　　103

　　管理费用　　82.40

　　销售费用　　20.60

　　贷：材料成本差异　　2 060

需要说明，材料成本差异的分配如果是分配节约差异应当用红字。

三、周转材料

周转材料指企业能够多次使用、逐渐转移其价值但仍保持原有形态，不确认为固定资产的材料物品。企业的周转材料包括包装物和低值易耗品等。

(一)包装物

1. 包装物的内容

包装物是指企业在生产经营活动中为包装本企业产品而储备的各种包装容器，如桶、箱、瓶、坛、袋、匣等，包括：

(1)生产过程中用于包装产品作为产品组成部分的包装物。

(2)随同商品出售而不单独计价的包装物。

(3)随同商品出售而单独计价的包装物。

(4)出租或出借给购买单位使用的包装物。

2. 包装物的账务处理

为了反映和监督包装物的增减变动及价值损耗、结存等情况，企业应设置“周转材料——包装物”科目进行核算。借方登记包装物的增加，贷方登记包装物的减少。期末余额在借方，反映企业期末结存包装物的金额。

对于生产领用包装物，应根据领用包装物的实际成本或计划成本，借记“生产成本”科目，贷记“周转材料——包装物”“材料成本差异”(采用计划成本核算时使用)等科目。随同商品出售而不单独计价的包装物，应于包装物发出时，按其实际成本计入销售费用，借记“销售费用”科目，贷记“周转材料 ——包装物”等科目。随同商品出售而单独计价的包装物，一方面应反映其销售收入，计入“其他业务收入”科目贷方；另一方面反映其实际销售成本，计入“其他业务成本”科目的借方。多次使用的包装物应当根据使用次数分次进行摊销，有关分次摊销法参照低值易耗品。

(1)生产领用包装物　企业生产部门领用的用于包装本企业产品并构成产品组成部分的包装物,应根据领用包装物的实际成本或计划成本,借记"生产成本"等科目,贷记"周转材料——包装物"科目,按照其差额借记或贷记"材料成本差异"科目。

【例 2-67】天胜公司为增值税一般纳税人,对包装物采用计划成本核算,本月生产产品领用包装计划成本 200 000 元,材料成本差异率为 -2%,公司账务处理如下:

借:生产成本　　196 000
　　材料成本差异　　4 000
　　贷:周转材料——包装物　　200 000

本例中,借记"生产成本"科目反映生产产品领用包装物而增加的生产成本,其金额为生产产品领用包装物的实际成本;由于采用计划成本核算,贷记"周转材料——包装物"科目反映由于生产产品领用而减少的包装物的计划成本,实际成本与计划成本之间的差异即材料成本差异,通过"材料成本差异"科目进行反映。本例中,由于是节约差异,因此,借记"材料成本差异"科目。如果采用实际成本法核算,则"生产成本"科目和"周转材料——包装物"科目均反映包装物的实际成本。

(2)随同商品出售的包装物　随同商品出售包装物具体包括两种情形,其账务处理不尽相同。

①随同商品出售而单独计价的包装物,按照实际取得的金额,借记"银行存款"等科目,按照其销售收入,贷记"其他业务收入"科目,按照增值税专用发票上注明的增值税销项税额,贷记"应交税费——应交增值税(销项税额)"科目;同时结转所销售包装物的成本,应按其实际成本计入其他业务成本,按其计划成本,贷记"周转材料——包装物"科目,按其差额,借记或贷记"材料成本差异"科目。

【例 2-68】天胜公司为增值税一般纳税人,对包装物采用计划成本核算,某月销售商品领用单独计价包装物的计划成本 100 000 元,销售收入 150 000 元,确定增值税专用发票注明的增值税税额为 19 500 元,款项已存入银行。该包装物的材料成本差异率为-2%,公司账务处理如下:

收到款项,确认收入时:

借:银行存款　　169 500
　　贷:其他业务收入　　150 000
　　　　应交税费——应交增值税(销项税额)　　19 500

结转单独计价包装物成本时:

借:其他业务成本　　98 000
　　材料成本差异　　2 000
　　贷:周转材料——包装物　　100 000

本例中,借记"其他业务成本"科目反映由于销售商品领用单独计价包装物而增加的其他业务成本,其金额为所领用包装物的实际成本;由于采用计划成本核算包装物,贷记"周转材料"科目反映由于销售商品而减少包装物的计划成本,销售商品领用单独计价包装物的实际成本与计划成本之间的差异,通过"材料成本差异"科目进行反映。本例中,由于是节约差异,因此,借记"材料成本差异"科目。如果采用实际成本核算包装物,则"其他业务成本"科目和"周转材料"科目均反映包装物的实际成本,由于不存在成本差异,因此不需要设置"材料成本差异”科目,也不需要结转材料成本差异。

②随同商品出售但不单独计价的包装物,应按其实际成本计入销售费用,借记“销售费用”科目,按其计划成本,贷记“周转材料——包装物”科目,按其差额,借记或贷记“材料成本差异”科目。

【例2-69】天胜公司为增值税一般纳税人,对包装物采用计划成本核算,某月销售商品领用不单独计价包装物的计划成本为60 000元,材料成本差异率为2%,公司账务处理如下:

借:销售费用	61 200	
贷:周转材料——包装物		60 000
材料成本差异——包装物成本差异		1 200

本例中,借记“销售费用”科目反映由于销售商品领用不单独计价包装物而增加的销售费用,其金额为所领用包装物的实际成本;由于采用计划成本核算包装物,贷记“周转材料”科目反映由于销售商品而减少包装物的计划成本,销售商品领用不单独计价包装物的实际成本与计划成本之间的差异,通过“材料成本差异”科目进行反映。本例中,由于是超支差异,因此,贷记“材料成本差异”科目。如果采用实际成本核算包装物,则“销售费用”科目和“周转材料”科目均反映包装物的实际成本。由于不存在成本差异,因此不需要设置“材料成本差异”科目,也不需要结转材料成本差异。

(3)出租、出借包装物　有时企业因销售产品或商品,将包装物以出租或出借的形式,租给或借给客户暂时使用,并与客户约定一定时间内收回包装物。

①出租或出借包装物　企业出租、出借包装物时,应根据包装物出库等凭证列明的金额,借记“周转材料——包装物——出租包装物(或出借包装物)”科目,贷记“周转材料——包装物——库存包装物”科目。包装物如按计划成本计价,还应同时结转材料成本差异。

②出租或出借包装物的押金和租金　为了保证及时返还和承担妥善保管包装物的经营责任,企业出租或出借包装物时,一般要向客户收取一定数额的押金,即存入保证金,归还包装物时将押金退还给客户。收取包装物押金时,借记“库存现金”“银行存款”等科目,贷记“其他应收款——存入保证金”科目;退还押金时,编制相反的会计分录。

出租包装物是企业(专门经营包装物租赁除外)的一项其他业务活动。出租期间,企业按约定收取的包装物租金,应计入其他业务收入,借记“库存现金”“银行存款”“其他应收款”等科目,贷记“其他业务收入”科目。

③出租或出借包装物发生的相关费用　出租或出借包装物发生的相关费用包括两个方面:包装物的摊销费用和包装物的维修费用。

企业按照规定的摊销方法,对包装物进行摊销时,借记“其他业务成本”(出租包装物)、“销售费用”(出借包装物)科目,贷记“周转材料——包装物——包装物摊销”科目。

企业确认应由其负担的包装物修理费用等支出时,借记“其他业务成本”(出租包装物)、“销售费用”(出借包装物)科目,贷记“库存现金”“银行存款”“原材料”“应付职工薪酬”等科目。

【例2-70】天胜公司包装物按实际成本计价,2×20年1月1日仓库发出新包装箱一批,出租给A公司,租期4个月。该批包装箱实际成本10 000元,向购货单位收取押金8 000元,同时收取本月租金2 000元,存入银行。2×20年4月30日该批包装箱收回,未发生损坏,包装物验收入库，押金以银行存款退回。2×20 年 7 月 1 日，该批包装物又出租给 B 企业，每月租金 1 000 元。2×20 年 8 月 31 日，该批包装箱全部报废，收回价值 50 元的残料入库。包装箱价值摊销采用五五摊销法，公司账务处理如下：

(1)2×20 年 1 月 1 日，领用包装箱时：

借：周转材料——包装物——出租包装物　　10 000

　贷：周转材料——包装物——库存包装物　　10 000

(2)2×20 年 1 月 1 日，摊销包装箱价值的一半：

借：其他业务成本　　5 000

　贷：周转材料——包装物——包装物摊销　　5 000

(3)2×20 年 1 月 1 日，收到押金及租金：

借：银行存款　　10 000

　贷：其他业务收入　　2 000

　　其他应付款——A 公司　　8 000

(4)2×20 年 2 月、3 月、4 月收到租金时：

借：银行存款　　2 000

　贷：其他业务收入　　2 000

(5)2×20 年 4 月 30 日，收回出租包装箱时：

借：包装物——库存已用包装物　　10 000

　贷：周转材料——包装物——出租包装物　　10 000

(6)2×20 年 4 月 30 日，退回押金时：

借：其他应付款——A 公司　　8 000

　贷：银行存款　　8 000

(7)2×20 年 7 月 1 日，该批包装物出租给 B 企业时：

借：周转材料——包装物——出租包装物　　10 000

　贷：周转材料——包装物——库存已用包装物　　10 000

(8)2×20 年 7 月、8 月收到租金时：

借：银行存款　　1 000

　贷：其他业务收入　　1 000

(9)2×20 年 8 月 31 日，该批包装箱报废，摊销价值的另一半，同时收回残料：

借：其他业务成本　　4 950

　原材料——残料　　50

　贷：周转材料——包装物——包装物摊销　　5 000

(10)2×20 年 8 月 31 日，注销包装物成本及其已摊销价值时：

借：周转材料——包装物——包装物摊销　　10 000

　贷：周转材料——包装物——出租包装物　　10 000

【例 2-71】天胜公司将旧铁桶 100 只，借给 C 公司使用，每个计划成本 80 元，收押金 8 000 元，存入银行。天胜公司对铁桶价值摊销采用五五摊销法，公司账务处理如下：

(1)借出铁桶时：

借：周转材料——包装物——出租包装物 8 000

贷：周转材料——包装物——库存已用包装物 8 000

(2)收到押金时：

借：银行存款 8 000

贷：其他应付款——存入保证金 8 000

注：因为出租的是旧铁桶，第一次出租时已经摊销了其价值的一半，再次出租时，不能再摊销。

【例2-72】承【例2-71】数日后，C公司将旧铁桶100只归还天胜公司，经验收50只已经不能使用，应该报废，其余50只入库。当月包装物成本差异率为3%。公司账务处理如下：

验收入库50只时：

借：周转材料——包装物——库存已用包装物 4 000

贷：周转材料——包装物——出租包装物 4 000

报废的50只，应摊销价值的另一半，并注销包装物成本及其已摊销价值：

借：销售费用 2 000

周转材料——包装物——包装物摊销 2 000

贷：周转材料——包装物——出租包装物 4 000

结转报废铁桶应分摊的成本差异：

借：销售费用 60

贷：材料成本差异 60

(二)低值易耗品

1.低值易耗品的内容

低值易耗品是指单位价值较低，使用年限相对较短，在使用过程中基本保持其原有实物形态不变，不能作为固定资产的各种用具、设备，如工具、管理用具、玻璃器皿、劳动保护用品以及在经营过程中周转使用的包装容器等。具体包括以下内容：

(1)一般工具 指生产中常用的工具，如刀具、夹具、量具、装配工具等。

(2)专用工具 指用于制造某一特定产品，或在某一特定工序上使用的工具，如专用模具等。

(3)替换设备 指容易磨损或为制造不同产品需要替换使用的各种设备，如轧钢用的钢辊等。

(4)管理工具 指在管理上使用的各种用具，如办公室的各种家具等。

(5)劳动保护用品 指为了安全生产而发给工人用于劳动保护的工作服、工作鞋、手套等各种保护用品。

(6)其他 指不属于上述各类的低值易耗品。

2.低值易耗品的账务处理

为了反映和监督低值易耗品的增减变动及其结存情况，企业应当设置“周转材料——低值易耗品”科目，借方登记低值易耗品的增加，贷方登记低值易耗品的减少，期末余额在借方，通常反映期末结存低值易耗品的金额。

低值易耗品企业的周转材料符合存货定义和条件的，按照使用次数分次计入成本费用。金额较小的，可以在领用时一次计入成本费用，但为加强实物管理，应当在备查账中进行登记。《企业会计准则第 1 号——存货》明确规定，企业应当采用一次转销法或者五五摊销法对低值易耗品进行摊销，计入相关资产的成本或者当期损益。

企业采用分次摊销法摊销低值易耗品，低值易耗品在领用时摊销账面价值的单次平均摊销额。分次摊销法适用于可以多次反复使用的低值易耗品。在采用分次摊销法的情况下，需要单独设置“周转材料——低值易耗品——在用”“周转材料——低值易耗品——在库”“周转材料——低值易耗品——摊销”明细科目。

【例 2-73】天胜公司为增值税一般纳税人，对低值易耗品采用实际成本核算，某月基本生产车间领用专用工具一批，实际成本为 80 000 元，不符合固定资产定义，采用分次摊销法进行摊销。该专用工具的估计使用次数为 2 次，公司账务处理如下：

(1)领用专用工具时：

借：周转材料——低值易耗品——在用　　80 000

　　贷：周转材料——低值易耗品——在库　　80 000

(2)第一次领用时摊销其价值的一半：

借：制造费用　　40 000

　　贷：周转材料——低值易耗品——摊销　　40 000

(3)第二次领用时摊销其价值的一半：

借：制造费用　　40 000

　　贷：周转材料——低值易耗品——摊销　　40 000

同时：

借：周转材料——低值易耗品——摊销　　80 000

　　贷：周转材料——低值易耗品——在用　　80 000

本例中，由于采用实际成本核算，需要说明以下两点：①在领用低值易耗品时，应在“周转材料——低值易耗品”明细科目中进行明细结转，由“在库”转为“在用”；②在第二次摊销低值易耗品时，由于已经全部摊销完毕，因此，需要将“周转材料——低值易耗品”明细科目中的“摊销”明细科目的贷方余额与“在用”明细科目的借方余额进行相互抵销，从而结平“周转材料——低值易耗品”明细科目的余额，使其余额为零。

【例 2-74】承【例 2-73】假定天胜公司对低值易耗品采用计划成本核算，某月基本生产车间领用专用工具一批，实际成本为 80 000 元，不符合固定资产定义，采用分次摊销法进行摊销。该专用工具的估计使用次数为 2 次，该专用工具的材料成本差异率为 1%，公司账务处理如下：

(1)领用专用工具时：

借：周转材料——低值易耗品——在用　　80 000

　　贷：周转材料——低值易耗品——在库　　80 000

(2)第一次领用时摊销其价值的一半：

借：制造费用　　40 000

　　贷：周转材料——低值易耗品——摊销　　40 000

同时：

借：制造费用　　400

贷：材料成本差异——低值易耗品　　400

(3)第二次领用时摊销其价值的一半：

借：制造费用　　40 000

贷：周转材料——低值易耗品——摊销　　40 000

同时：

借：制造费用　　400

贷：材料成本差异——低值易耗品　　400

借：周转材料——低值易耗品——摊销　　80 000

贷：周转材料——低值易耗品——在用　　80 000

本例中，由于采用计划成本核算，需要说明以下三点：①在领用低值易耗品时，应在“周转材料——低值易耗品”明细科目中进行明细结转，由“在库”转为“在用”；②在每次领用低值易耗品按照计划成本摊销的同时，也还应该结转材料成本差异，从而将领用低值易耗品的计划成本调整为实际成本；③在第二次摊销低值易耗品时，由于已经全部摊销完毕，因此需要将“周转材料——低值易耗品”明细科目中的“摊销”明细科目的贷方余额与“在用”明细科目的借方余额进行相互抵销，从而结平“周转材料——低值易耗品”明细科目的余额，使其余额为零。

四、委托加工物资

委托加工物资，是指企业发出委托其他单位代为加工改制的各种存货，包括委托加工材料、委托加工自制半成品和委托加工商品等内容，是企业现有的材料物资不能直接用于企业的产品生产，需要委托外单位进行加工的物资。例如，将原木加工成木箱，将铁皮加工制成铁桶等。当企业受各种条件限制，从外部购买的材料不能直接投入生产使用，企业自身又不能满足需要时，就需要将材料发往外单位加工。

委托加工物资在加工前是企业的材料物资，加工完毕收回后仍是企业的材料物资。将材料物资交付其他单位加工，其材料物资的所有权并没有发生转移。委托加工物资经过加工后，其实物形态、性能等要发生变化，使用价值也相应发生变化。加工过程中要消耗被加工的原材料，要发生各项费用支出，加工完成后其价值也将随之增加。

企业委托外单位加工物资的成本包括加工中实际耗用物资的成本、支付的加工费以及应负担的运输费、支付的税费等。委托加工物资核算内容主要包括拨付加工物资、支付加工费用和税金、收回加工物资和剩余物资等。

企业委托外单位进行加工，应签订加工合同，明确加工的项目、数量、质量等标准，明确加工制成新物资的完工日期、品种、规格、加工费用计算方法、加工费用结算方式。发出材料和收回被加工完成的物资时，应严格办理相关的手续，加强材料物资出库、入库的管理。

为了反映和监督委托加工物资增减变动及其结存情况，企业应设置“委托加工物资”科目，核算企业委托加工物资的发出、收回以及计算委托加工物资的成本。该科目借方登记发出被加工物资的实际成本、支付的加工费用、应负担的运杂费和应计入委托加工物资成本的税金等。如果企业材料采用计划成本计价，发出材料的计划成本可按上月末材料成本差异率计算调整；贷方登记加工后验收入库的新材料物资的成本。如果企业材料采用计划成本计价，加工后新材料的计划成本大于实际成本的节约差异，从该账户的借方转入“材料成本差异”账户的贷方；如果是超支差异，则做相反的会计分录。期末余额在借方，反映企业尚未完工的委托加工物资的实际成本。“委托加工物资”账户一般应按受托加工单位和合同编号设置明细账，分别反映每一批委托加工物资的收入、发出和结存情况。

(一)发出委托加工物资

企业将被加工物资拨付给加工单位时，应将被加工物资的实际成本由“原材料”“库存商品”等账户转入“委托加工物资”账户，借记“委托加工物资”科目，贷记“原材料”或“库存商品”科目，如果发出物资采用计划成本计价，还应同时结转成本差异。

【例 2-75】天胜公司对材料和委托加工物资采用计划成本核算，将一批木材委托外单位加工成木箱，作为本企业的包装物，发出木材的计划成本为 30 000 元，木材的成本差异率为 4%，公司账务处理如下：

借：委托加工物资——木箱　　31 200
　贷：原材料　　30 000
　　材料成本差异　　1 200

(二)支付加工费、运费等

企业支付的加工费用、应负担的运杂费、增值税等，借记“委托加工物资”“应交税费——应交增值税(进项税额)”科目，贷记“银行存款”科目。

加工物资应负担的增值税，凡属于加工物资用于应交增值税项目并取得增值税专用发票的一般纳税人，可将这部分增值税作为进项税额，不计入加工物资的成本；凡属于加工物资用于非应纳增值税项目或免征增值税项目的，以及未取得增值税专用发票的一般纳税人和小规模纳税人的加工物资，应将这部分增值税计入加工物资成本。

【例 2-76】承【例 2-75】天胜公司以银行存款支付加工费 11 300 元，增值税专用发票上注明的增值税额 1 300 元。公司账务处理如下：

借：委托加工物资　　10 000
　应交税费——应交增值税(进项税额)　　1 300
　贷：银行存款　　11 300

【例 2-77】承【例 2-75】和【例 2-76】天胜公司以银行存款支付相关运费 1 090 元，增值税专用发票上注明的增值税额 90 元。公司账务处理如下：

借：委托加工物资　　1 000
　应交税费——应交增值税(进项税额)　　90
　贷：银行存款　　1 090

(三)加工完成验收入库

委托加工物资加工完成验收入库的物资和剩余物资，按加工收回物资的实际成本和剩余物资的实际成本，借记“原材料”“库存商品”等科目，贷记“委托加工物资”科目。若采用计划成本核算，同时借记或贷记“材料成本差异”科目。

【例 2-78】承【例 2-75】【例 2-76】和【例 2-77】天胜公司收到委托外单位加工的木箱，以银行存款支付运费 2 180 元，增值税专用发票上注明的增值税税额为 180 元。该包装物验收入库，其计划成本为 45 000 元。公司账务处理如下：

(1)支付运费：

借：委托加工物资	2 000	
应交税费——应交增值税(进项税额)	180	
贷：银行存款		2 180

(2)木箱入库时：

借：周转材料——包装物	45 000	
贷：委托加工物资		44 200
材料成本差异		800

本例中，加工完成的委托加工物资的实际成本为 44 200 元=[(31 200+1 000)+10 000+2 000]，计划成本为 45 000 元，成本差异为-800 元(44 200-45 000)，为节约差异，计入"材料成本差异"科目贷方。

需要注意的是，需要缴纳消费税的委托加工物资，由受托方代收代缴消费税。收回后直接销售的，委托方应将对方代收代缴的消费税计入委托加工物资的成本，借记"委托加工物资"科目，贷记"应付账款""银行存款"等科目；收回后用于连续生产应税消费品的，委托方应按抵扣的对方代扣代缴的消费税额，借记"应交税费——应交消费税"科目，贷记"应付账款""银行存款"等科目。

五、库存商品

库存商品是指企业库存的各种商品，包括库存的外购商品、自制商品、存放在门市部准备出售的商品和发出展览的商品等。

(一)工业企业库存商品的核算

工业企业的库存商品主要指产成品，即企业已经完成全部生产过程并已验收入库符合标准规格和技术条件，可以按照合同规定的条件送交订货单位，或者可以作为商品对外销售的产品。工业企业的库存商品还包括企业接受外来原材料加工制造完成的代制品，和外单位委托加工修理完成的代修品。委托外单位加工的商品，不在库存商品核算。已经完成销售手续，但购买单位在月末未提取的库存商品，应作为代管商品处理，单独设置代管商品备查簿，不再在本科目核算。可以降价出售的不合格品，也作为库存商品核算，但应当与合格商品分开记账。

为了总括反映产成品的收入、发出和结存情况，应当设置"库存商品"科目进行核算。该科目借方登记已经完成生产过程并验收入库的各种产成品的实际成本；贷方登记发出和销售产成品的实际成本；余额在借方，反映企业各种库存产成品的实际成本。该科目应按库存商品的种类、品种和规格设置明细账。

工业企业的产成品一般按实际成本进行核算。在这种情况下，产成品的收入、发出和销售，平时只记数量不记金额。月份终了，计算入库产成品的实际成本。对发出和销售的产成品，可以采用先进先出法、月末一次加权平均法、移动加权平均法或者个别计价法等确定其实际成本。

产成品种类比较繁多的企业，也可以按计划成本进行日常核算。采用计划成本进行产成品日常核算的企业，除应设置"库存商品"科目外，还应设置"产品成本差异"科目，核算产成品实际成本与计划成本的差异。产成品的收入、发出和销售，平时可以用计划成本核算；月终，计算入库产成品的实际成本，并将实际成本与计划成本的差异额计入"产品成本差异"科目，然后再将产品成本差异在发出、销售和结存的产成品之间进行分配。

1. 验收入库商品

企业生产完成验收入库的产成品，借记“库存商品”科目，贷记“生产成本”科目。

【例 2-79】天胜公司 2×20 年 7 月产成品入库单及产品成本计算单中显示：本月生产完工验收入库 A 产品 800 件，单位成本 2 000 元；验收入库 B 产品 1 000 件，单位成本 800 元。公司账务处理如下：

借：库存商品——A 产品　　1 600 000
　　　　　　——B 产品　　800 000
　贷：生产成本——基本生产成本——A 产品　　1 600 000
　　　　　　　　　　　　　　　——B 产品　　800 000

2. 发出商品

企业销售商品，结转销售产品成本时，借记“主营业务成本”科目，贷记“库存商品”等科目。

【例 2-80】天胜公司月末汇总的发出商品中当月已实现销售的 A 产品 600 件，销售 B 产品 900 件，按月末一次加权平均法计算的销售 A 产品的单位成本为 2 020 元，销售 B 产品的单位成本为 830 元。公司结转销售成本的账务处理如下：

借：主营业务成本——A 产品　　1 212 000
　　　　　　　　——B 产品　　747 000
　贷：库存商品——A 产品　　1 212 000
　　　　　　　——B 产品　　747 000

(二)商品流通企业库存商品的核算

商品流通企业的库存商品主要指外购或委托加工完成验收入库用于销售的各种商品。由于商品流通企业的库存商品一般为外购，因此，在核算时除了需设置“库存商品”科目外，为核算商品的采购成本，还应设置“材料采购”(或“在途物资”)科目进行核算。对于企业购入商品抵达仓库前发生的包装费、运输存储过程中的保险费、装卸费、运输途中的合理损耗和入库前的整理挑选费用等采购费用直接计入当期费用，作为销售费用处理。“库存商品”和“材料采购”科目均需按商品品种或类别设置明细账。商品流通企业分为批发企业和零售企业，这两种商品流通企业由于业务特点和经营管理要求不同，其库存商品的核算方法也不尽相同。

1. 数量进价金额核算法

数量进价金额核算法，是指按照商品品名和规格，同时用数量和进价金额反映其收、发、存情况的一种核算方法。

库存商品采用进价核算的企业，在采购商品支付货款或开出、承兑商业汇票时，应根据发货票等有关凭证，按照进价借记“材料采购”科目，贷记“银行存款”“应付票据”等科目；商品到达验收入库以后，应根据收货单等有关凭证，按照进价借记“库存商品”科目，贷记“材料采购”科目。企业销售库存商品，结转销售成本时，可按先进先出法、月末一次加权平均法、移动加权平均法、毛利率法等方法计算已销售商品的销售成本。

【例 2-81】某批发公司 2×20 年 7 月发生的 A 商品的部分购销业务如下：

(1)5 日，向外单位购进 A 商品 200 件，单价 500 元，商品价款 100 000 元，增值税率 13%，对方代垫运费 1 000 元，增值税税率 9%，以上款项均已开出转账支票支付。公司账务处理如下：

根据供货单位的发货票和本企业的支票存根

借：材料采购——A 商品　　100 000

　　销售费用　　1 000

　　应交税费——应交增值税(进项税额)　　13 090

　　贷：银行存款　　114 090

5 日购进的商品验收入库后，根据仓库的收货单等凭证

借：库存商品——A 商品　　100 000

　　贷：材料采购——A 商品　　100 000

(2)15 日，对外销售 A 商品 100 件，单位售价 620 元，计 62 000 元，销项税额 8 060 元，销货款已存入银行。公司账务处理如下：

根据销售账单和银行收账通知

借：银行存款　　70 060

　　贷：主营业务收入　　62 000

　　　　应交税费——应交增值税(销项税额)　　8 060

(3)月末结转上述已销 A 商品的进价成本。上述销售的 A 商品的单位进价为 500 元。公司账务处理如下：

根据已销商品进价成本计算表

借：主营业务成本——A 商品　　50 000

　　贷：库存商品——A 商品　　50 000

数量进价金额核算法提供的核算资料具体全面，便于进行实物管理，但每笔销货均需制证，核算工作量较大。因此，这种方法适用于收发批量大、次数少的批发企业。

2. 售价金额核算法

售价金额核算法，是指对库存商品按售价和实物数量进行核算和监督的一种方法。在这种方法下，平时的商品购进、存储、销售均按售价记账，售价与进价的差额通过“商品进销差价”科目核算，购入商品时，商品售价大于进价的差额记入贷方；月末结转已销商品实现的差价，记入借方；期末计算进销差价率和本期已销商品应分摊的进销差价，并据以调整本期销售成本。“商品进销差价”科目期末贷方余额，反映尚未销售也尚未摊销的商品进销差价。这种方法主要用于百货公司、超市等。

在售价金额核算法下，为了反映商品的采购成本以及库存商品的收入、发出和结存情况，与数量进价金额核算法一样，也应设置“材料采购”“库存商品”科目。但是，售价金额核算法的“库存商品”科目一律按商品售价登记，其进销差价在“商品进销差价”科目中登记。购入商品验收入库时，按商品的售价借记“库存商品”科目，按商品的进价贷记“材料采购”科目，按商品的进销差价，贷记或借记“商品进销差价”科目。

进销差价率的计算公式如下：

$$\text{进销差价率}=\frac{\text{期初库存商品进销差价}+\text{本期购入商品进销差价}}{\text{期初库存商品售价}+\text{本期购入商品售价}}\times 100\%$$

本期已销商品应分摊的进销差价＝本期商品销售收入×进销差价率

【例 2-82】某商品零售企业 2×20 年 6 月初库存 B 商品 3 000 件，单位售价为 50 元(不含税)，商品进销差价为 42 000 元(贷差)。6 月份发生的 B 商品购销业务如下：

(1)5 日,从某批发公司购入 B 商品 5 000 件,单位进价成本为 35 元(不含税),货款及相关增值税已用银行存款支付。

(2)本月内共销售 B 商品 4 000 件,货款 200 000 元,增值税 26 000 元,已收存银行。

公司账务处理如下:

(1)5 日,购进 B 商品时,根据相关购货账单

借:材料采购——B 商品　　175 000

　应交税费——应交增值税(进项税额)　　22 750

　贷:银行存款　　197 750

(2)购进 B 商品验收入库时

借:库存商品——B 商品　　250 000

　贷:材料采购——B 商品　　175 000

　　商品进销差价　　75 000

(3)销售 B 商品 4 000 件,货款 200 000 元,增值税 26 000 元,已收存银行

借:银行存款　　226 000

　贷:主营业务收入——B 商品　　200 000

　　应交税费——应交增值税(销项税额)　　26 000

(4)结转已销商品成本

借:主营业务成本——B 商品　　200 000

　贷:库存商品——B 商品　　200 000

月末,计算商品进销差价率,分摊进销差价。

$$进销差价率=\frac{42\ 000+75\ 000}{150\ 000+250\ 000}\times 100\%=29.25\%$$

本月已销商品应分摊的进销差价=200 000×29.25%=58 500(元)

根据上述计算,公司账务处理如下:

借:商品进销差价　　58 500

　贷:主营业务成本——B 商品　　58 500

商业零售企业在会计期末编制资产负债表时,存货项目中的商品存货部分,应根据"库存商品"科目的期末余额扣除"商品进销差价"科目的期末余额,按其差额列示。上述两个科目期末余额的差额为 58 500 元 (42 000+75 000−58 500)。

3. 毛利率法

毛利率法是根据本期销售净额乘以上期实际(或本期计划)毛利率匡算出本期销售毛利,并据以计算发出存货或期末存货成本的一种方法。其计算公式如下:

毛利率=销售毛利÷销售额×100%

销售净额=商品销售收入−销售退回或折让

销售毛利=销售净额×销售毛利率

销售成本=销售净额−销售毛利

期末存货成本=期初存货成本+本期购货成本−期末存货成本

这一方法是商品流通企业,尤其是商品批发企业常用的计算本期商品销售成本和期末库存商品成本的方法。商品流通企业由于经营商品的品种繁多,如果分品种计算商品成本,工作

量将大大增加。而且一般来讲,商品流通企业同类商品的毛利率大致相同,采用这种存货计价方法既能减轻工作量,也能满足存货管理的需要。但毛利率法是按存货大类来计算的,由于企业各期商品销售受到多种因素的影响,采用上期毛利率计算本期商品销售成本和期末结存商品成本,其结果往往不够准确。因此,这种方法只用于每季度前两个月,企业应在每季度末采用先进先出法、加权平均法等方法,先计算季末结存商品成本,然后计算本季度商品销售成本,再以本季度商品销售成本减去前两个月已结转的销售成本,计算出季末应结转的销售成本,从而,对前两个月用毛利率法计算出的销售成本进行调整。

【例 2-83】某商场采用毛利率法进行核算,2×20 年 5 月 1 日针织品库存余额 20 000 000 元,本月购进 40 000 000 元,本月销售收入 45 000 000 元,上季度该类商品毛利率为 30%。本月已销商品和月末库存商品的成本计算如下:

销售毛利=45 000 000×30%=13 500 000(元)

本月销售成本=45 000 000-13 500 000=31 500 000(元)

月末库存商品成本=20 000 000+40 000 000-31 500 000=28 500 000(元)

六、存货的清查

存货的清查,是企业财产清查中的主要内容之一。通过清查,可以反映企业存货的实有数额,保证存货核算的真实性,对监督存货的安全完整和进一步发掘企业内部资源都起着重要作用。

企业中储存的存货品种很多,收发频繁,难免在日常收发、计量和计算上出现差错,再加上自然损耗、丢失和毁损,往往会造成盘盈、盘亏和毁损等账实不符的现象。存货的清查,首先,就是要核对账存和实存,查明盘盈、盘亏和毁损的数额,弄清原因,明确经济责任,以便加强仓库的收发、保管工作,严格执行存货收发制度,做到账账相符、账实相符;其次,还要查明超储和呆滞积压的材料物资,提出处理意见,做到物尽其用。

为了反映和监督企业在财产清查中查明的各种存货盘盈、盘亏和毁损情况,企业应当设置"待处理财产损溢"科目,借方登记存货的盘亏、毁损金额及盘盈的转销金额;贷方登记存货的盘盈金额及盘亏的转销金额。企业清查的各种存货损溢,应在期末结账前处理完毕,期末处理后,"待处理财产损溢"科目应无余额。

(一)存货的盘盈账务处理

存货盘盈主要是由于收发计量或核算上的误差等原因造成的。发生存货盘盈时,借记"原材料""库存商品"等科目,贷记"待处理财产损溢"科目;按管理权限报经批准后,借记"待处理财产损溢"科目,贷记"管理费用"科目。

【例 2-84】天胜公司在清查中发现盘盈甲材料 1 000 千克,实际单位成本 40 元,经查属于材料收发计量方面的错误。公司账务处理如下:

(1)批准处理前:

借:原材料——甲材料　　40 000

　　贷:待处理财产损溢——待处理流动资产损溢　　40 000

(2)批准处理后:

借:待处理财产损溢——待处理流动资产损溢　　40 000

　　贷:管理费用　　40 000

(二)存货盘亏及毁损的账务处理

企业发生存货盘亏及毁损时,借记“待处理财产损溢”科目,贷记“原材料”“库存商品”等科目。在按管理权限报经批准后,应根据不同的原因,分别不同的情况进行处理:对于入库的残料价值记入“原材料”等科目;对于应由保险公司或过失人负责的赔款,记入“其他应收款”科目;扣除残料价值和应由保险公司或过失人赔款后的净损失,属于一般经营损失(自然损耗产生的定额内损耗、收发计量差错和管理不善)的部分,记入“管理费用”科目,属于非常损失(自然灾害或意外事故造成)部分,记入“营业外支出”等科目。

【例 2-85】天胜公司在存货清查中发现毁损乙种原料 1 000 千克,实际成本为 40 000 元,相关增值税专用发票上注明的增值税税额为 5 200 元,经查属于保管员的过失造成的,按规定由其个人赔偿 30 000 元。公司账务处理如下:

(1)批准处理前:

借:待处理财产损溢——待处理流动资产损溢　　45 200
　贷:原材料——乙材料　　40 000
　　应交税费——应交增值税(进项税额转出)　　5 200

(2)批准处理后:

借:其他应收款——保管员赔款(过失人赔款部分)　　30 000
　管理费用　　15 200
　贷:待处理财产损溢——待处理流动资产损溢　　45 200

【例 2-86】天胜公司为增值税一般纳税人,因地震造成一批库存材料毁损,实际成本 100 000 元,相关增值税专用发票注明的增值税税额为 13 000 元。根据保险合同约定,应由保险公司赔偿 80 000 元。公司账务处理如下:

(1)批准处理前:

借:待处理财产损溢——待处理流动资产损溢　　100 000
　贷:原材料　　100 000

本例中,需要说明的是,自然灾害(地震)属于正常损失范围,其进项税额允许抵扣,不需要作进项税额转出处理。

(2)批准处理后:

借:其他应收款——保险赔款　　80 000
　营业外支出　　20 000
　贷:待处理财产损溢——待处理流动资产损溢　　100 000

七、存货减值

会计期末,存货应当按照成本与可变现净值孰低进行计量。即期末存货按照成本与可变现净值孰低法计价。成本与可变现净值孰低法是指对期末存货按照成本与可变现净值两者之中较低者计价的方法。

(一)存货跌价准备的计提和转回

资产负债表日,存货应当按照成本与可变现净值孰低进行计量。存货成本是指存货的实际成本,即历史成本。可变现净值,是指在日常活动中,以存货的估计售价减去至完工时估计将要发生的成本、估计的销售费用以及估计的相关税费后的金额。可变现净值的特征表现为存货的预计未来净现金流量，而不是存货的售价或合同价。

当存货成本低于可变现净值时，期末存货按成本计价；当存货成本高于可变现净值时，期末存货按可变现净值计价。当存货成本高于可变现净值时，表明存货可能发生损失，应在存货销售之前确认这一损失，计入当期损益，并相应减少存货的账面价值。以前减记存货价值的影响因素已经消失的，减记的金额应予以恢复，并在原已计提的存货跌价准备金额内转回，转回的金额计入当期损益。

企业通常应当按照单个存货项目计提存货跌价准备。对于数量繁多、单价较低的存货，可以按照存货类别计提存货跌价准备。与在同一地区生产和销售的产品系列相关、具有相同或类似最终用途或目的，且难以与其他项目分开计量的存货，可以合并计提存货跌价准备。

(二)存货跌价准备的账务处理

为了反映和监督存货跌价准备的计提、转回和转销情况，企业应当设置“存货跌价准备”科目，该科目属于资产类账户，是有关存货科目的备抵科目。贷方登记计提的存货跌价准备金额；借方登记实际发生的存货跌价损失金额和转回的存货跌价准备金额，期末余额一般在贷方，反映企业已计提但尚未转销的存货跌价准备。

如果期末存货的成本低于可变现净值，不需要做任何账务处理。资产负债表中的存货项目仍按其账面价值列示。

如果期末存货成本高于其可变现净值时，企业应当按照存货可变现净值低于账面价值的差额，借记“资产减值损失——计提的存货跌价准备”科目，贷记“存货跌价准备”科目。转回已计提的存货跌价准备金额时，按企业会计准则允许恢复增加的金额，借记“存货跌价准备”科目，贷记“资产减值损失——计提的存货跌价准备”科目。

企业结转存货销售成本时，对于已计提存货跌价准备的，应当一并结转，同时调整销售成本，借记“存货跌价准备”科目，贷记“主营业务成本”“其他业务成本”等科目。

【例 2-87】天胜公司采用“成本与可变现净值孰低法”对期末存货计价。该公司 2×19 年 12 月 31 日，甲类存货的账面余额(成本)为 120 000 元，由于市场价格下跌，预计可变现净值为 118 000 元，则应计提存货跌价准备 2 000 元。公司账务处理如下：

借：资产减值损失——计提的存货跌价准备　　2 000
　贷：存货跌价准备　　2 000

2×20 年 6 月 30 日，甲类存货的账面余额(成本)成本为 120 000 元，已计提存货跌价准备 2 000 元，由于市场价格有所上升，预计可变现净值为 119 000 元，应转回的存货跌价准备 1 000 元[(120 000－119 000)－2 000]。公司账务处理如下：

借：存货跌价准备　　1 000
　贷：资产减值损失——计提的存货跌价准备　　1 000

在本例中，2×20 年 6 月 30 日，甲类存货的账面余额(成本)为 120 000 元，预计可变现净值为 119 000 元，则计提存货跌价准备 1 000 元(120 000－119 000)，即“存货跌价准备”科目的贷方余额应为 1 000 元，而此时甲类存货之前已计提存货跌价准备金额 2 000 元，因此，应转回 1 000 元(2 000－1000)，从而使“存货跌价准备”科目的贷方余额保持为 1 000 元。

【例 2-88】承【例 2-87】假设 2×20 年 12 月 31 日，甲类存货的账面余额(成本)为 120 000 元，已计提存货跌价准备 1 000 元。由于市场价格有所上升，预计可变现净值为 125 000 元，则应转回的存货跌价准备为 1 000 元[(125 000－120 000)－1000＝4 000＞1 000]。公司账务处理如下：

借：存货跌价准备　　　　　　　　　　　　　　　1 000

　贷：资产减值损失——计提的存货跌价准备　　　　　　　1 000

在本例中，2×20 年 12 月 31 日，甲类存货的账面余额（成本）为 120 000 元，预计可变现净值为 125 000 元，则应转回的存货跌价准备为 1 000 元[(125 000－120 000)＝5 000＞1 000]，即"存货跌价准备"科目的贷方余额为 0，而此时甲类存货之前计提存货跌价准备为 1 000 元，因此应转回 1 000 元（1 000－0），从而使"存货跌价准备"科目的贷方余额为 0。需要说明的是，尽管 2×20 年 12 月 31 日，甲类存货的账面余额（成本）为 120 000 元，预计可变现净值为 125 000 元，高于成本 5 000 元，但由于之前（即 2×20 年 6 月 30 日）已计提的存货跌价准备为 1 000 元，因此，应在原已计提的存货跌价准备金额范围内转回，而不得超出该金额。

第五节　固定资产

一、固定资产概述

（一）固定资产的概念及特征

1. 固定资产的概念

《企业会计准则第 4 号——固定资产》明确规定：固定资产，是指同时具有下列两个特征的有形资产：一是为生产商品、提供劳务、出租或经营管理而持有的；二是使用寿命超过一个会计年度。其中，使用寿命，是指企业使用固定资产的预计期间，或者该固定资产所能生产产品或提供劳务的数量。

固定资产是生产经营过程中用来改变和影响劳动对象的劳动资料，即劳动手段，包括直接参加劳动过程的机器设备和生产工具；生产经营中起辅助作用的运输工具、管理设备等；生产中必要的物质条件，如厂房、建筑物等。

2. 固定资产的基本特征

（1）企业持有固定资产的目的，是用于生产商品、提供劳务、出租或经营管理的需要，而不是为了出售。这个特征是固定资产区别于流动资产的重要标志。企业外购的某些资产有可能价值较高，占有的时间也较长，但只要其购置目的不是为了使用，而是用于销售，则不能作为固定资产而应列为流动资产。

（2）企业使用固定资产期限较长，使用寿命超过一个会计年度。使用寿命可以估计。与流动资产不同，固定资产在企业生产经营活动中可供较长时期使用，在使用过程中不改变实物形态，直至清理报废。因此，企业用于固定资产的支出属于资本性支出，而流动资产支出则属于收益性支出。

（3）固定资产必须是有形资产。该特征将固定资产与无形资产区别开来。

（二）固定资产的分类

企业固定资产种类繁多，它们在生产中所处地位不同，发挥的作用也不同。为加强管理和便于核算,应对固定资产进行合理地分类,以便分别反映和监督其收入、调出、使用、保管等情况,考核分析固定资产的利用情况,为经营管理提供必要的信息。

1. 按固定资产的所有权分类

固定资产按所有权可分为自有固定资产和租入固定资产。

这种分类可确定企业实有的固定资产数额,反映监督租入固定资产情况。

2. 按固定资产的经济用途分类

固定资产按经济用途可分为生产经营用固定资产和非生产经营用固定资产。

生产经营用固定资产,是指直接服务于生产、经营过程的各种固定资产,如生产经营用的房屋、建筑物、设备、器具、工具等。

非生产经营用固定资产,是指不直接服务于生产、经营过程的各种固定资产,如职工宿舍等使用的房屋、设备和其他固定资产等。

按经济用途分类,可以归类反映和监督企业生产经营用固定资产和非生产经营用固定资产,以及生产经营用各类固定资产之间的组成和变化情况,借以考核和分析企业固定资产的利用情况,促使企业合理地配置固定资产,充分发挥其效用。

3. 按固定资产使用情况分类

固定资产按使用情况可分为在用固定资产、未使用固定资产和不需用固定资产。

这种分类可反映固定资产使用情况,促使企业将未使用固定资产尽快投入使用,提高固定资产利用率,将不需用固定资产及时处理。

4. 固定资产综合分类

在实际工作中,企业的固定资产是按经济用途和使用情况综合分类的,按固定资产的经济用途和使用情况可将企业的固定资产分为 7 大类:

(1)生产经营用固定资产　指直接参加企业生产、经营过程或直接服务于生产、经营过程的各种固定资产。例如:房屋、建筑物、机器设备、运输工具、管理用具等。

(2)非营业用固定资产　指不直接服务于生产、经营过程的各种固定资产。例如:职工宿舍、学校、幼儿园、食堂、浴室、医院、理发室、职工活动室等方面的固定资产。

(3)租出固定资产　指出租给外单位使用的固定资产。这类固定资产,只是将其使用权暂时让渡给承租单位,所有权仍归本企业,由本企业收取租金收入,应视为营业中使用的固定资产,照提折旧。

(4)不需用固定资产　指本企业不需用、准备处理的固定资产。

(5)未使用固定资产　指尚未使用的新增固定资产、调入尚待安装的固定资产、进行改扩建的固定资产,以及经批准停止使用的固定资产。由于季节性生产、大修理等原因而停止使用的固定资产,应作为使用中的固定资产处理。

(6)土地　指过去已经估价单独入账的土地。因征用土地而支付的补偿费,应计入与土地有关的房屋、建筑物的价值内,不单独作为土地入账。企业取得的土地使用权不作为固定资产管理,应作为无形资产核算。

(7)融资租入固定资产　指企业以融资租赁方式租入的固定资产。在租赁期内,应视同企业自有固定资产进行管理。

(三)固定资产核算应设置的会计科目

为了反映和监督固定资产的取得、计提折旧、固定资产后续支出和固定资产期末计价及处置等情况,企业一般需要设置“固定资产”“累计折旧”“在建工程”“工程物资”“固定资产清理”等科目。

1.“固定资产”科目

核算企业固定资产的原始价值,反映固定资产的增减变动和结存情况。借方登记增加的固定资产的原始价值;贷方登记减少的固定资产的原始价值;期末余额在借方,反映企业期末固定资产的账面原始价值。企业应设置“固定资产登记簿”和“固定资产卡片”,按固定资产类别、使用部门和每项固定资产进行明细分类核算。

2.“累计折旧”科目

这是“固定资产”科目的调整账户,核算企业提取固定资产折旧的累计数额。贷方登记企业计提的固定资产折旧;借方登记因处置固定资产而转出的累计折旧;期末贷方余额反映企业固定资产的累计折旧额。

“固定资产”科目借方余额减去“累计折旧”科目贷方余额,反映企业固定资产的净值。

“累计折旧”科目只进行总分类核算,不进行明细分类核算。需要查明某项固定资产的已提折旧,可以根据固定资产卡片上所记载的该项固定资产原始价值、折旧率和实际使用年限等资料进行计算。

3.“固定资产清理”科目

该科目核算企业因出售、报废和毁损、对外投资、非货币性资产交换、债务重组等原因转入清理的固定资产价值以及在清理过程中发生的清理费用和清理收益等。借方登记转出的固定资产账面价值、清理过程中应支付的相关税费、其他费用,以及结转的清理净收益;贷方登记出售固定资产取得的价款、残料价值和变价收入,以及结转的清理净损失。期末余额如果在借方,反映企业尚未清理完毕的固定资产清理净损失;期末余额如果在贷方,则反映企业尚未清理完毕的固定资产清理净收益。本科目应按被清理的固定资产项目设置明细账,进行明细核算。固定资产清理完毕后,企业应将清理净损益结转至营业外收支科目,结转后该账户无余额。

4.“在建工程”科目

核算企业基建工程、安装工程、技术改造工程、大修理工程等所发生的实际支出和工程成本的结转情况。企业购入不需要安装的固定资产,不通过本账户核算。借方登记企业各项在建工程的实际支出,包括需要安装设备的价款;贷方登记工程完工交付使用而转出的实际工程成本;期末借方余额反映尚未达到预定可使用状态的在建工程的成本。本账户应按工程项目设置“建筑工程”“安装工程”“在安装工程”“技术改造工程”“大修理工程”“其他支出”明细账户,进行明细分类核算。

5.“工程物资”科目

该科目核算企业为基建工程、更新改造工程、大修理工程准备的各种物资的实际成本,包括为工程准备的材料、尚未交付安装的需要安装设备的实际成本等。借方登记购入工程物资的实际成本,贷方登记在建工程领用、工程完工后剩余结转等原因减少的工程物资的实际成本，期末借方余额，反映企业库存工程物资的实际成本。该科目应设置“专用材料”“专用设备”“预付大型设备款”“为生产准备的工具及器具”明细账户，进行明细分类核算。

此外，企业固定资产、在建工程、工程物资发生减值的，还应当设置“固定资产减值准备”“在建工程减值准备”“工程物资减值准备”科目进行核算。

二、取得固定资产

(一)外购固定资产

1. 企业外购的固定资产，应按实际支付的购买价款、相关税费、使固定资产达到预定可使用状态前所发生的可归属于该项资产的运输费、装卸费、安装费和专业人员服务费等，作为固定资产的取得成本。其中，相关税费不包括按照现行增值税制度规定，可以从销项税额中抵扣的增值税进项税额。

企业作为一般纳税人，购入不需要安装的固定资产时，应按实际支付的购买价款、相关税费、使固定资产达到预定可使用状态前所发生的可归属于该项资产的运输费、装卸费、安装费和专业人员服务费等，作为固定资产，借记“固定资产”科目。取得增值税专用发票、海关完税证明或公路发票等增值税扣税凭证，并经税务机关认证可以抵扣的，应按专用发票上注明的增值税进项税额，借记“应交税费——应交增值税(进项税额)”科目，贷记“银行存款”等科目。

【例 2-89】天胜公司为增值税一般纳税人，2×20 年 3 月 15 日，购入一台不需要安装即可投入使用的设备，取得的增值税专用发票注明的价款为 100 000 元，增值税税额为 13 000 元，另支付运输费取得的增值税专用发票，注明运输费 1 000 元，税率 9%，增值税税额 90 元，款项以银行存款支付。公司账务处理如下：

(1)计算固定资产成本：

固定资产原价＋运输费用＝100 000＋1 000＝101 000(元)

(2)编制购入固定资产的会计分录：

借：固定资产	101 000	
应交税费——应交增值税(进项税额)	13 090	
贷：银行存款		114 090

2. 企业作为一般纳税人，购入需要安装的固定资产时，应在购入的固定资产取得成本的基础上加上安装调试成本作为入账成本。按照购入需安装的固定资产取得成本，借记“在建工程”科目，按购入固定资产时可抵扣的增值税进项税额，借记“应交税费——应交增值税(进项税额)”科目，贷记“银行存款”“应付账款”等科目；按照发生的安装调试成本，借记“在建工程”科目，按取得的外部单位提供的增值税专用发票上注明的增值税进项税额，借记“应交税费——应交增值税(进项税额)”科目，贷记“银行存款”等科目；耗用了本单位的材料或人工的，按应承担的成本金额，借记“在建工程”科目，贷记“原材料”“应付职工薪酬”等科目。安装完成达到预定可使用状态时，由“在建工程”科目转入“固定资产”科目，借记“固定资产”科目，贷记“在建工程”科目。

【例 2-90】天胜公司为增值税一般纳税人，2×20 年 3 月 25 日购入一台需要安装的设备，取得的增值税专用发票注明的价款为 300 000 元，增值税税额为 39 000 元，支付安装费并取得增值税专用发票，注明安装费 50 000 元，税率 9%，增值税税额 4 500 元。款项以银行存款支付。公司账务处理如下：

(1)购入进行安装时：

借：在建工程　　　　　　　　　　　　　　　300 000
　　应交税费——应交增值税(进项税额)　　　　13 090
　　贷：银行存款　　　　　　　　　　　　　　　313 090

(2)支付安装费时：

借：在建工程　　　　　　　　　　　　　　　50 000
　　应交税费——应交增值税(进项税额)　　　　4 500
　　贷：银行存款　　　　　　　　　　　　　　　54 500

(3)设备安装完毕交付使用时：

该设备成本＝300 000＋50 000＝350 000(元)

借：固定资产　　　　　　　　　　　　　　　350 000
　　贷：在建工程　　　　　　　　　　　　　　　350 000
借：在建工程　　　　　　　　　　　　　　　339 000
　　贷：银行存款　　　　　　　　　　　　　　　339 000

企业以一笔款项购入多项没有单独标价的固定资产，应将各项资产单独确认为固定资产，并按各项固定资产公允价值的比例对总成本进行分配，分别确定各项固定资产的成本。

【例 2-91】天胜公司为增值税一般纳税人，2×20 年 6 月 1 日，向 A 公司(为增值税一般纳税人)一次性购进三台不同型号且具有不同生产能力的设备甲、乙、丙，取得增值税专用发票上注明的价款为 200 000 000 元，增值税税额为 23 000 000 元，另支付包装费 750 000 元，增值税税额为 45 000 元，全部以银行存款转账支付。假设设备甲、乙、丙的公允价值分别为 85 000 000 元、60 000 000 元和 55 000 000 元，公司账务处理如下：

(1)确定应计入固定资产成本的金额：

固定资产成本＝买价＋包装费＝200 000 000＋750 000＝200 750 000(元)

(2)确定设备甲、乙、丙的价值分配比例：

甲设备分配比例＝85 000 000÷(85 000 000＋60 000 000＋55 000 000)×100%＝42.5%

乙设备分配比例＝60 000 000÷(85 000 000＋60 000 000＋55 000 000)×100%＝30%

丙设备分配比例＝55 000 000÷(85 000 000＋60 000 000＋55 000 000)×100%＝27.5%

(3)确定设备甲、乙、丙各自的价值：

甲设备的成本＝200 750 000×42.5%＝85 318 750(元)

乙设备的成本＝200 750 000×30%＝60 225 000(元)

丙设备的成本＝200 750 000×27.5%＝55 206 250(元)

(4)公司应编制如下会计分录：

借：固定资产——甲设备　　　　　　　　　　85 318 750
　　　　　　——乙设备　　　　　　　　　　60 225 000
　　　　　　——丙设备　　　　　　　　　　55 206 250
　　应交税费——应交增值税(进项税额)　　　　23 045 000
　　贷：银行存款　　　　　　　　　　　　　　　223 045 000

企业作为小规模纳税人，购入固定资产发生的增值税进项税额应计入固定资产成本，借记“固定资产”或“在建工程”科目，不通过“应交税费——应交增值税(进项税额)”科目核算。

【例 2-92】某公司为增值税小规模纳税人，2×20 年 6 月 14 日购入一台需要安装的设备，增值税专用发票上注明的价款为 300 000 元，增值税税额为 39 000 元，支付安装费 20 000 元，增值税税额为 1 800 元。以上款项均以银行存款支付。公司账务处理如下：

(1)购入进行安装时：

借：在建工程　　339 000

　　贷：银行存款　　339 000

(2)支付安装费时：

借：在建工程　　21 800

　　贷：银行存款　　21 800

(3)设备安装完毕交付使用时：

该设备的成本＝339 000＋21 800＝360 800(元)

借：固定资产　　360 800

　　贷：在建工程　　360 800

本例中，由于某公司为小规模纳税人，按照现行增值税制度规定，其购入固定资产发生的增值税进项税额不得从销项税额中抵扣，而应计入固定资产成本。

(二)建造固定资产

企业可根据生产经营的特殊需要利用自有的人力、物力条件自行建造，即自制或自建固定资产。自制固定资产是指企业自己制造生产经营所需的机器设备等，如自制特殊需要的车床、设备等；自建固定资产是指企业自行建造房屋、建筑物、各种设施以及进行大型机器设备安装工程等，也称为在建工程，包括固定资产新建工程、改扩建工程、大修理工程等。

企业自行建造的固定资产，应当按照建造该项资产达到预定可使用状态前所发生的必要支出，作为固定资产成本。在建工程计价中应注意以下几个问题：

①工程达到预定可使用状态前因进行试运转所发生的净支出，计入工程成本。在建工程项目在达到预定可使用状态前所取得的试运转过程中形成的、能够对外销售的产品，其发生的成本，计入在建工程成本，销售或转为库存商品时，按实际销售收入或按预计售价冲减工程成本。

②在建工程发生单项或单位工程报废或毁损，减去残料价值和过失人或保险公司赔款后的净损失，报经批准后计入继续施工的工程成本；如为非常原因造成的报废或毁损，或在建工程项目全部报废或毁损，应将其净损失直接计入当期营业外支出。

③所建造的固定资产已达到预定可使用状态，但尚未办理决算的，应自达到预定可使用状态之日起，根据工程预算、造价或工程实际成本等，按估计的价值转入固定资产，并按企业会计制度的规定，计提固定资产的折旧。待办理竣工决算手续后再作调整。

企业自行建造固定资产，应先通过“在建工程 ”科目核算，工程达到预定可使用状态时，再从“在建工程 ”科目转入“固定资产”科目。企业自行建造固定资产，主要有自营和出包两种方式，由于采用的建设方式不同，其会计处理也不同。

1. 自营工程的核算

自营工程是指企业自行组织工程物资的采购，自行组织施工人员施工的建筑工程和安装工程。购入工程物资时，按已认证的增值税专用发票上注明的价款，借记“工程物资”科目；按增值税专用发票上注明的增值税进项税额，借记“应交税费——应交增值税（进项税额）”科目，按实际支付或应付金额，贷记“银行存款”“应付账款”等科目。领用工程物资时，借记“在建工程”科目，贷记“工程物资”科目。在建工程领用本企业原材料时，借记“在建工程”科目，贷记“原材料”科目。在建工程领用本企业生产的商品时，借记“在建工程”科目，贷记“库存商品”科目。自营工程发生的其他费用（如分配工程人员薪酬等），借记“在建工程”科目，贷记“银行存款”“应付职工薪酬”等科目。自营工程达到预定可使用状态时，按其成本，借记“固定资产”科目，贷记“在建工程”科目。

企业自营工程主要通过“工程物资”“在建工程”账户核算用于在建工程的各种物资的实际成本，以及改扩建工程等转入的固定资产净值。

【例 2-93】 天胜公司为增值税一般纳税人，2×20 年 5 月 1 日，采用自营方式自行建造一生产车间，购入为工程准备的各种物资 400 000 元，增值税专用发票上注明的增值税税额为 52 000 元，全部用于工程建设。另领用企业生产用的原材料 50 000 元，应计施工人员工资 100 000 元。支付的其他费用并取得增值税专用发票，注明安装费 30 000 元，税率 9%，增值税税额 2 700 元。工程达到预定可使用状态并交付使用。公司账务处理如下：

（1）购入工程物资时：

借：工程物资——专用材料　400 000

　　应交税费——应交增值税（进项税额）　52 000

　　贷：银行存款　452 000

（2）工程领用全部工程物资：

借：在建工程——建筑工程（生产车间）　400 000

　　贷：工程物资——专用材料　400 000

（3）领用企业生产用的原材料：

借：在建工程——建筑工程（生产车间）　50 000

　　贷：原材料　50 000

（4）分配工程人员工资薪酬时：

借：在建工程——建筑工程（生产车间）　100 000

　　贷：应付职工薪酬　100 000

（5）支付工程发生的其他费用时：

借：在建工程——建筑工程（生产车间）　30 000

　　应交税费——应交增值税（进项税额）　2 800

　　贷：银行存款　32 800

（6）工程完工转入固定资产：

固定资产成本＝400 000＋50 000＋100 000＋30 000＝580 000（元）

借：固定资产　580 000

　　贷：在建工程——建筑工程（生产车间）　580 000

2. 出包工程的核算

出包工程是指企业通过招标方式将工程项目发包给建造承包商，由建造承包商组织施工的建筑工程和安装工程，其工程的具体支出在承包单位核算。在这种方式下，“在建工程”科目主要是反映企业与承包单位办理工程价款结算的情况，企业支付给建造承包商的工程价款作为工程成本，通过“在建工程”科目核算。

企业按合理估计的发包工程进度和合同规定向建造承包商结算进度款，并由对方开具增值税专用发票，按增值税专用发票上注明的价款，借记“在建工程”科目，按增值税专用发票上注明的增值税进项税额，借记“应交税费——应交增值税（进项税额）”科目，按应实际支付的金额，贷记“银行存款”科目。工程完工达到预定可使用状态时，按其成本，借记“固定资产”科目，贷记“在建工程”科目。

【例 2-94】天胜公司为增值税一般纳税人，2×20 年 6 月 1 日，将建造厂房工程出包给甲公司（为增值税一般纳税人）承建，按合理估计的发包工程进度和合同规定向甲公司结算进度款并取得甲公司开具的增值税专用发票，注明工程款 800 000 元，税率为 9%，增值税税额为 72 000 元。2×21 年 6 月 1 日，工程完工后收到甲公司结算单据和增值税专用发票，补付工程价款取得甲公司开具的增值税专用发票，注明工程价款 600 000 元，税率 9%，增值税税额为 54 000 元。工程完工并达到预定可使用状态，公司账务处理如下：

（1）按合理估计的发包工程进度和合同规定向甲公司结算进度款时：

借：在建工程——建筑工程（厂房）	800 000	
应交税费——应交增值税（进项税额）	72 000	
贷：银行存款		872 000

（2）补付工程款时：

借：在建工程——建筑工程（厂房）	600 000	
应交税费——应交增值税（进项税额）	54 000	
贷：银行存款		654 000

（3）工程完工并达到预定可使用状态时：

借：固定资产——厂房	1 400 000	
贷：在建工程——建筑工程（厂房）		1 400 000

（三）接受投资者投入固定资产

企业接受投资者投入的房屋、设备等固定资产，一方面要反映固定资产的增加；另一方面要反映投资者投资额的增加。对投资者投入的固定资产，无论新旧都应当按投资合同或协议约定的价值确定（合同协议约定价值不公允的除外）入账价值。按入账价值，借记“固定资产”科目；按投资各方确认的价值，贷记“实收资本”科目。

【例 2-95】天胜公司收到华龙公司投入的设备一台。该设备在 B 公司的账面原价为 200 000 元，已提折旧 40 000 元；某公司接受投资时，经资产评估部门评估，该设备净值为 180 000 元。双方约定以评估净值确认投资额，公司账务处理如下：

借：固定资产	180 000	
贷：实收资本		180 000

三、固定资产折旧

（一）固定资产折旧概述

固定资产能够连续在若干个生产周期内发挥作用并保持其原有的实物形态，但其价值随着固定资产的损耗逐渐地转移到产品成本中去，构成了企业的费用。这部分随着固定资产磨损而逐渐转移到成本和费用中去的价值，称为固定资产折旧。

企业应当在固定资产的使用寿命内，按照确定的方法对应计折旧额进行系统分摊。应计折旧额是指应当计提折旧的固定资产原值扣除预计净残值后的金额，已计提减值准备的固定资产，还应当扣除已计提的固定资产减值准备累计金额。企业应当根据固定资产的性质和使用情况，合理地确定固定资产使用寿命和预计净残值。固定资产使用寿命和预计净残值已经确定，不得随意变更，并选择合理的折旧方法，经股东大会、董事会、经理(厂长)会议或类似机构批准，作为计提折旧的依据。上述方法一经确定不得随意变更。

(二)影响固定资产折旧的因素

(1)固定资产原值　指固定资产的成本。

(2)预计净残值　指假定固定资产预计使用寿命已满并处于使用寿命终了时的预期状态，企业目前从该项资产处置中获得的扣除预计处置费用后的金额。企业应当根据固定资产的性质和使用情况，合理确定固定资产的使用寿命和预计净残值。固定资产的使用寿命、预计净残值一经确定，不得随意变更。

(3)固定资产减值准备　指固定资产已计提的固定资产减值准备累计金额。

(4)固定资产使用寿命　指企业使用固定资产的预计期间，或者该固定资产能生产产品或提供劳务的数量。企业确定固定资产的使用寿命，不仅要从物质上考虑它的耐用年限，还要从经济上考虑它的有效年限；不仅要考虑有形损耗因素，还要考虑无形损耗因素。《企业会计准则第 4 号——固定资产》将其细分为：企业确定固定资产使用寿命，应当考虑下列因素：①预计生产能力或实物产量；②预计有形损耗和无形损耗；③法律或者类似规定对资产使用的限制。

有形损耗，如设备使用中发生磨损、房屋建筑物受到自然侵蚀等；无形损耗，如因新技术的出现而使现有的资产技术水平相对陈旧、市场需求变化使产品过时等。

(三)固定资产计提折旧的范围

企业在用的固定资产(包括经营用固定资产、非经营用固定资产、出租固定资产等)一般均应计提折旧。具体包括：房屋和建筑物(无论是否使用)；在用的机器设备、仪器仪表、运输工具；融资租入的固定资产；经营性租出的固定资产；季节性停用和大修理停用的设备等。

1. 企业不计提固定资产折旧的情况包括以下几种：

(1)已提足折旧仍然继续使用的固定资产　所谓提足折旧，是指已经提足该项固定资产应提折旧总额。

(2)按照规定单独估价作为固定资产入账的土地　在我国，土地归国家所有，任何企业和个人只拥有土地的使用权，企业取得的土地使用权应作为“无形资产”入账。“计入固定资产的土地”是指特定情况下按国家规定允许入账的土地，这种情况目前相当少见。

2. 计提固定资产折旧时，还需注意以下几点：

(1) 按照现行会计制度规定，固定资产应当按月计提折旧，当月增加的固定资产，当月不提折旧，从下月起计提折旧；当月减少的固定资产，当月照提折旧，从下月起不提折旧。企业在计提当月折旧时，应以月初应计提折旧的固定资产原值为依据。

(2)企业建造的固定资产已达到预定可使用状态，但尚未办理竣工决算的，应当按照估计价值确定固定资产成本，并计提固定资产折旧；待办理竣工决算手续后，再按照实际成本调整原来的暂估价值，但不需要调整原已计提的折旧额。

(3)固定资产提足折旧后，不管能否继续使用，均不再计提折旧；提前报废的固定资产，也不再补提折旧。值得注意的是，折旧年度并不是指会计年度，而是指从取得固定资产的下月开始到第二年相对应的月份为止。

(4)处于更新改造过程而停止使用的固定资产，因已转入在建工程，所以不计提折旧，待更新改造项目达到预定可使用状态转为固定资产后，再按重新确定的折旧方法和该项固定资产尚可使用的年限计提折旧。

(四)固定资产计提折旧的方法

《企业会计准则第 4 号——固定资产》规定，企业应当根据与固定资产有关的经济利益的预期实现方式，合理选择固定资产折旧方法。可选用的折旧方法包括年限平均法、工作量法、双倍余额递减法和年数总和法等。固定资产的折旧方法一经确定，不得随意变更。企业固定资产应当按月计提折旧，并根据用途计入相关资产的成本或者当期损益。企业至少应当于每年年度终了，对固定资产的使用寿命、预计净残值和折旧方法进行复核。使用寿命预计数与原先估计数有差异的，应当调整固定资产使用寿命。预计净残值与原先估计数有差异的，应当调整预计净残值。与固定资产有关的经济利益预期实现方式有重大改变的，应当改变固定资产折旧方法。固定资产使用寿命、预计净残值和折旧方法的改变应当作为会计估计变更进行会计处理。

1. 年限平均法

年限平均法也叫直接法，是将固定资产的应计提折旧额均衡地分摊到固定资产预计使用寿命的一种方法。其计算公式如下：

$$年折旧率=\frac{1-预计净残值率}{预计使用年限}\times 100\%$$

年折旧额＝固定资产原价×年折旧率

月折旧率＝年折旧率÷12

月折旧额＝固定资产原价×月折旧率

【例 2-96】天胜公司有一台大型设备原值 600 000 元，预计残值率为 3%，为简化计算，假设折旧年限为 10 年。

该设备的折旧率和折旧额计算如下：

年折旧率＝(1－3%)÷10×100%＝9.7%

月折旧率＝9.7%÷12＝0.81%

月折旧额＝600 000×0.81%＝4 860(元)

在年限平均法下，每年计提的折旧额是相等的。因此，表现为固定资产的有效使用损耗相当均衡，而技术陈旧因素基本上不予考虑。典型的例子是铺筑的道路、输送管道、储存罐、栅栏等，一般的房屋也可以认为是这样的固定资产。

2. 工作量法

工作量法是按照固定资产在规定的折旧年限内可以完成工作量(如汽车的行驶里程、机器设备的工作小时等)的比例计算折旧额的一种方法。按照这种方法可以正确地为各月使用程度变化相对较大的固定资产计提折旧。其计算公式为：

$$单位工作量折旧额=\frac{固定资产原价\times(1-预计净残值率)}{预计总工作量}$$

某项固定资产月折旧额＝该项固定资产当月工作量×单位工作量折旧额

【例 2-97】天胜公司有一台设备，账面原值为 400 000 元，规定的预计净残值率为 5%，预计工作总量为 200 000 小时，该月实际完成工时 800 小时。

单位工作小时折旧额＝400 000×(1－5%)÷200 000＝1.90(元)

本月折旧额＝800×1.90＝1 520(元)

3. 双倍余额递减法

双倍余额递减法是指在不考虑固定资产残值的情况下，根据每期期初固定资产账面余额(原值减去累计折旧)和双倍的直线法折旧率计算固定资产折旧的一种方法。采用双倍余额递减法计提折旧的固定资产，一般应当在固定资产使用寿命到期前 2 年内，将固定资产账面净值扣除预计净残值后的余额平均摊销。其计算公式如下：

$$年折旧率=\frac{2}{预计使用寿命(年)}\times 100\%$$

年折旧额＝每个折旧年度年初固定资产账面净值×年折旧率

月折旧额＝年折旧额÷12

【例 2-98】天胜公司一台设备原始价值 100 000 元，预计净残值 4 000 元，预计使用寿命 5 年，按双倍余额递减法计提折旧，每年的折旧额计算如下：

年折旧率＝2÷5×100%＝40%

第 1 年应计提的折旧额＝100 000×40%＝40 000(元)

第 2 年应计提的折旧额＝(100 000－40 000)×40%＝24 000(元)

第 3 年应计提的折旧额＝(100 000－40 000－24 000)×40%＝14 400(元)

从第 4 年起改用年限平均法(直线法)计提折旧：

第 4 年、第 5 年的折旧额＝[(100 000－40 000－24 000－14 400)－4 000]÷2＝8 800(元)

计算的每年应提折旧额如表 2-7 所示。

表 2-7　固定资产折旧计算表(双倍余额递减法)　　金额单位：元

年数	折旧率	年折旧额	累计折旧	账面净值
1	40%	40 000(100 000×40%)	40 000	60 000
2	40%	24 000(60 000×40%)	64 000	36 000
3	40%	14 400(36 000×40%)	78 400	21 600
4	50%(摊销率)	8 800(21 600－4000)×50%	87 200	12 800
5	50%(摊销率)	8 800(21 600－4000)×50%	96 000	4 000

需要指出，只是在确定双倍余额递减法的折旧率时不考虑净残值，企业应计提的折旧额应是固定资产原始价值扣除其预计残值后的金额。所以，最后两年采用的应是年限平均法。

4. 年数总和法

年数总和法是将固定资产的原值减去净残值后的余额乘以一个逐年递减的分数计算每年折旧额的方法。其计算公式如下：

年折旧率＝尚可使用的年数÷预计使用年限的年数总和

月折旧率＝年折旧率÷12

年折旧额＝(固定资产原值－预计净残值)×年折旧率

月折旧额＝(固定资产原值－预计净残值)×月折旧率

按这种方法提取的折旧额在开始年度大，以后随着折旧年限增加而减少。在折旧年限相同的情况下，年数总和法比直线法的折旧速度要快。

【例 2-99】承【例 2-98】如果采用年数总和法，计算的每年应提折旧额如表 2-8 所示。

表 2-8 固定资产折旧计算表(年数总和法) 金额单位：元

年数	尚可使用年限	原值－预计净残值	折旧率	年折旧额	累计折旧	账面净值
1	5	96 000	5/15	32 000	32 000	68 000
2	4	96 000	4/15	25 600	57 600	42 400
3	3	96 000	3/15	19 200	76 800	23 200
4	2	96 000	2/15	12 800	89 600	10 400
5	1	96 000	1/15	6 400	96 000	4 000

预计使用年限的年数总和＝1＋2＋3＋4＋5＝15

第一年折旧率＝5/15

第一年折旧额＝(100000－4000)×5/15＝32 000(元)

值得注意的是：双倍余额递减法和年数总和法是常用的加速折旧法。加速折旧法在固定资产有效使用年限的前期多提折旧，后期则少提折旧，从而相对加快折旧的速度，以使固定资产成本在有效使用年限中加快得到补偿。加速折旧法的依据是效用递减，即固定资产的效用随着其使用寿命的缩短而逐渐降低。因此，当固定资产处于较新状态时，效用高，产出也高，而维修费用较低，所取得的现金流量较大；当固定资产处于较旧状态时，效用低，产出也小，而维修费用较高，所取得的现金流量较小。这样，按照配比原则的要求，折旧费用应当呈递减的趋势。加速折旧法使折旧费用呈递减的状态，则企业缴纳的所得税便呈递增的状态。与年限平均法相比，所得税的现值总和就更低，这实质上可以使企业获得一笔无息贷款。从这个意义上讲，折旧是国家的一项宏观经济政策，可用于鼓励某一行业的发展或刺激投资。

(五)固定资产折旧的账务处理

固定资产计提折旧是以月初可提取折旧的固定资产账面原价为依据的，在计算各月应提折旧时，依据上月固定资产的增减计算当月应提折旧额。计提的折旧应当计入“累计折旧”科目，并根据固定资产的用途计入相关资产成本或当期损益。

其计算公式是：

当月固定资产应计提折旧额＝上月固定资产计提的折旧额＋上月增加固定资产应计提的折旧额－上月减少固定资产应计提的折旧额

企业自行建造固定资产过程中使用的固定资产，其计提的折旧应计入在建工程成本；基本生产车间所使用的固定资产，其计提的折旧应计入制造费用；管理部门使用的固定资产，其计提的折旧应计入管理费用；销售部门使用的固定资产，其计提的折旧应计入销售费用；经营租出的固定资产，其计提的折旧应计入其他业务成本；研发部门使用的固定资产，其计提的折旧应计入研发支出。

企业计提固定资产折旧时，应借记“在建工程”“制造费用”“管理费用”“销售费用”“其他业务成本”“研发支出”等科目，贷记“累计折旧”科目。

我国会计实务中，各月固定资产折旧的计提一般是通过编制“固定资产折旧计算表”进行的。

【例 2-100】 天胜公司 2×20 年 3 月份各生产车间应分配的固定资产折旧额为，一车间 20 000 元，二车间 30 000 元，三车间 24 000 元。公司账务处理如下：

借：制造费用——一车间	20 000	
——二车间	30 000	
——三车间	24 000	
贷：累计折旧		74 000

【例 2-101】 天胜公司 2×20 年 5 月份，管理部门、销售部门应分配固定资产折旧额为：管理部门房屋建筑物计提折旧 140 800 元，运输工具计提折旧 24 000 元；销售部门房屋建筑物计提折旧 320 000 元，运输工具计提折旧 26 300 元。当月管理部门新购置设备一台，成本 540 000 元，预计使用寿命为 10 年，预计净残值 4 000 元，该公司同类设备计提折旧采用年限平均法。公司账务处理如下：

借：管理费用	164 800	
销售费用	346 300	
贷：累计折旧		511 100

需要说明的是，本例中，新购置的设备本月不计提折旧，从下月开始计提折旧。

四、固定资产发生的后续支出

固定资产的后续支出，是指固定资产在使用过程中发生的更新改造支出、修理费用等。

固定资产的更新改造、修理等后续支出，如果符合固定资产确认条件(即与该固定资产有关的经济利益很可能流入企业和该固定资产成本能够可靠计量)的，应当计入固定资产成本(资本化后续支出)，如有被替换的部分，应同时将被替换部分的账面价值从该固定资产原账面价值之中扣除；不符合固定资产确认条件的，应当在发生时计入当期损益(费用化后续支出)。

(一)固定资产发生应予资本化的后续支出的账务处理

固定资产发生应予资本化的后续支出时，应通过“在建工程”科目核算。固定资产发生应予资本化的后续支出时，企业应将该固定资产的原价、已计提的累计折旧和减值准备转销，将固定资产的账面价值转入在建工程，借记“在建工程”“累计折旧”“固定资产减值减值准备”等科目，贷记“固定资产”科目。发生应予资本化的后续支出时，借记“在建工程”科目，发生后续支出取得增值税专用发票的，按增值税专用发票上注明的增值税进项税额，借记“应交税费——应交增值税(进项税额)”科目，按实际支付的金额，贷记“银行存款”等科目，发生后续支出的固定资产达到预定可使用状态时，借记“固定资产”科目，贷记“在建工程”科目。

【例 2-102】 某航空公司为增值税一般纳税人，2×10 年 12 月份购入一架飞机总计 100 000 000 元(含发动机)，发动机当时的购价为 6 000 000 元。该航空公司未来将发动机单独作为一项固定资产进行核算。2×20 年 12 月末，某航空公司开辟新航线，航程增加。为延长飞机的空中飞行时间，公司决定更新一部性能更加先进的发动机。公司以银行存款购入新发动机一台，增值税专用发票上注明的买价 10 000 000 元，增值税税额为 1 300 000 元；另支付安装费用并取得增值税专用发票，注明安装费 120 000 元，税率 9%，增值税税额为 10 800 元。假定飞机的年折旧率为 3%，不考虑预计净残值的影响，替换下的老发动机报废且无残值收入。该航空公司账务处理如下：

(1)2×20 年 12 月末飞机的累计折旧金额＝100 000 000×3%×10＝30 000 000(元)，将固定资产转入在建工程：

借：在建工程　　70 000 000
　　累计折旧　　30 000 000
　贷：固定资产　　100 000 000

(2)购入并安装新发动机：

借：工程物资　　10 000 000
　　应交税费——应交增值税(进项税额)　　1 300 000
　贷：银行存款　　11 300 000

借：在建工程　　10 000 000
　贷：工程物资　　10 000 000

(3)支付安装费：

借：工程物资　　120 000
　　应交税费——应交增值税(进项税额)　　10 800
　贷：银行存款　　130 800

(4)2×20 年 12 月末老发动机的账面价值＝6 000 000－6 000 000×3%×10＝4 200 000(元)，终止确认老发动机的账面价值：

借：营业外支出——非流动资产处置损失　　4 200 000
　贷：在建工程　　4 200 000

(5)新发动机安装完毕投入使用：

固定资产入账价值＝70 000 000＋10 000 000＋120 000－4 200 000＝75 920 000(元)

借：固定资产　　75 920 000
　贷：在建工程　　75 920 000

(二)固定资产发生应予费用化的后续支出的账务处理

一般情况下，固定资产投入使用后，由于固定资产磨损、各组成部分耐用程度不同，可能导致固定资产的局部损坏，为了维护固定资产正常运转的使用，充分发挥其使用效能，企业将对固定资产进行必要的维护。

企业生产车间(部门)和行政管理部门的固定资产发生的费用化后续支出，比如，固定资产日常修理费用及其可抵扣的增值税进项税额，应借记"管理费用""应交税费——应交增值税(进项税额)"等科目，贷记"银行存款"等科目；企业专设销售机构的固定资产发生的费用化后续支出，比如固定资产日常修理费用及其可抵扣的增值税进项税额，应借记"销售费用""应交税费——应交增值税(进项税额)"等科目，贷记"银行存款"等科目。

【例 2-103】天胜公司为增值税一般纳税人，2×20 年 7 月 1 日，对生产车间使用的设备进行日常维修，发生修理费用并取得增值税专用发票，注明修理费用 50 000 元，税率 13%，增值税税额为 6 500 元，公司账务处理如下：

借:管理费用　　　　　　　　　　　　　　50 000
　应交税费——应交增值税(进项税额)　　　　6 500
　贷:银行存款　　　　　　　　　　　　　　　56 500

【例 2-104】天胜公司为增值税一般纳税人,2×20 年 9 月 1 日,对专设销售机构使用的设备进行日常维修,发生修理费用并取得增值税专用发票,注明修理费用 10 000 元,税率 13%,增值税税额为 1 300 元,公司账务处理如下:

借:销售费用　　　　　　　　　　　　　　10 000
　应交税费——应交增值税(进项税额)　　　　1 300
　贷:银行存款　　　　　　　　　　　　　　　11 300

五、处置固定资产

(一)固定资产处置概述

固定资产处置,即固定资产终止确认,主要是指企业因出售、报废、毁损、对外投资、捐赠、非货币性资产交换、债务重组、盘亏、无偿调出等对固定资产进行的清理工作。

企业在生产经营过程中,对那些不适用或不需用的固定资产,可以出售转让。对那些由于使用而不断磨损直至最终报废,或由于技术进步等原因发生提前报废,或由于遭受自然灾害等非常损失发生毁损的固定资产应及时进行清理。对上述事项在进行会计处理时,应当按照规定程序办理有关手续,结转固定资产的账面价值,确认和计量有关的清理收入、清理费用及残料价值等,清理完毕,结转固定资产清理损益。

(二)固定资产处置的账务处理

企业处置固定资产应通过"固定资产清理"科目核算,通常包括以下环节:

1. 固定资产转入清理

企业因出售、报废、毁损、对外投资、非货币性资产交换、债务重组等原因转出的固定资产,应按清理固定资产的账面价值,借记"固定资产清理"科目,按已提的折旧,借记"累计折旧"科目,按已计提的减值准备,借记"固定资产减值准备"科目,按固定资产账面原价,贷记"固定资产"科目。

2. 结算清理费用等

固定资产清理过程中,应支付的清理费用及可抵扣的增值税进项税额,借记"固定资产清理""应交税费——应交增值税(进项税额)"科目,贷记"银行存款"等科目。

3. 收回出售固定资产的价款、残料价值和变价收入等

企业收回出售固定资产的价款和税款,借记"银行存款"科目,按增值税专用发票上注明的价款,贷记"固定资产清理"科目,按增值税专用发票上注明的增值税销项税额,贷记"应交税费——应交增值税(销项税额)"科目。报废固定资产的残料价值和变价收入等,应冲减清理支出,按实际收到的出售价款及残料变价收入等,借记"银行存款""原材料"等科目,贷记"固定资产清理"科目。

4. 确认应收责任单位(或个人)赔偿损失

企业计算或收到的应由保险公司或过失人赔偿的报废、毁损的固定资产的损失,应冲减清理支出，借记“银行存款”或“其他应收款”科目，贷记“固定资产清理”科目。

5. 结转清理净损益的处理

固定资产清理完成后，对清理净损益，应区别不同的情况进行处理。

(1)因固定资产丧失使用功能或因自然灾害发生毁损等原因而报废清理产生的利得或损失应计入营业外收支。属于生产经营期间报废清理产生的处理净损失，借记“营业外支出——非流动资产处置损失”(正常原因)或“——非常损失”(非正常原因)科目，贷记“固定资产清理”科目；如为净收益，借记“固定资产清理”科目，贷记“营业外收入——非流动资产处置利得”科目。

(2)因出售、转让等原因产生的固定资产处置利得或损失应计入资产处置损益。确认处置净损失，借记“资产处置损益”科目，贷记“固定资产清理”科目；如为净收益，借记“固定资产清理”科目，贷记“资产处置损益”科目。

【例 2-105】天胜公司为增值税一般纳税人，2×20 年 12 月 30 日，出售一座建筑物，账面原价为 1 200 000 元，已计提折旧 600 000 元，未计提减值准备。实际出售价款 900 000 元，增值税税率为 9%，增值税税额为 72 000 元，款项已经存入银行。公司账务处理如下：

(1)出售固定资产转入清理时：

借：固定资产清理　　600 000

　　累计折旧　　600 000

　贷：固定资产　　1 200 000

(2)收到出售固定资产的价款和税款时：

借：银行存款　　981 000

　贷：固定资产清理　　900 000

　　　应交税费——应交增值税(销项税额)　　81 000

(3)结转出售固定资产实现收入时：

固定资产清理完毕，“固定资产清理”科目为贷方余额 300 000 元(900 000－600 000)，由于属于处置净收益，应结转至“资产处置损益”科目贷方，结转后“固定资产清理”科目无余额。

借：固定资产清理　　300 000

　贷：资产处置损益　　300 000

【例 2-106】天胜公司为增值税一般纳税人，现有旧厂房一幢，因使用期满经批准报废。该厂房原价 600 000 元，已提折旧 585 000 元，未计提减值准备。在清理过程中，以银行存款支付清理费用 12 000 元，取得报废残料变价收入 15 000 元，增值税税额为 1 950 元。有关收入、支出均通过银行办理结算。公司账务处理如下：

(1)报废固定资产转入固定资产清理时：

借：固定资产清理　　15 000

　　累计折旧　　585 000

　贷：固定资产　　600 000

(2)支付清理费用时：

借：固定资产清理　　12 000

　贷：银行存款　　12 000

(3)收回残料变价收入时：

借：银行存款　　　　　　　　　　　　　　16 950

　贷：固定资产清理　　　　　　　　　　　　　15 000

　　应交税费——应交增值税(销项税额)　　　　1 950

(4)结转报废固定资产清理净损益：

固定资产清理完毕，“固定资产清理”科目为借方余额 15 000 元(15 000＋12 000－12 000)。由于属于生产经营期间正常的处置净损失，应结转至“营业外支出——非流动资产处置损失”科目借方，结转后“固定资产清理”科目无余额。

借：营业外支出——非流动资产处置损失　　　15 000

　贷：固定资产清理　　　　　　　　　　　　　15 000

【例 2-107】天胜公司为增值税一般纳税人，由于地震毁损了一座仓库，该仓库原价 2 000 000 元，已计提折旧 500 000 元，未计提减值准备。其残料估计价值 100 000 元，残料已办理入库。发生清理费用并取得增值税专用发票，注明的装卸费为 50 000 元，增值税率 6%，增值税税额为 3 000 元，全部款项以银行存款支付。收到保险公司理赔款 1000 000 元存入银行。假定不考虑其他相关税费，期末结转净损益。公司账务处理如下：

(1)将毁损仓库转入清理时：

借：固定资产清理　　　　　　　　　　　1 500 000

　累计折旧　　　　　　　　　　　　　　500 000

　贷：固定资产　　　　　　　　　　　　　　2 000 000

(2)残料入库时：

借：原材料　　　　　　　　　　　　　　100 000

　贷：固定资产清理　　　　　　　　　　　　　100 000

(3)支付清理费用时：

借：固定资产清理　　　　　　　　　　　　50 000

　应交税费——应交增值税(进项税额)　　　　3 000

　贷：银行存款　　　　　　　　　　　　　　53 000

(4)确认并收到保险公司理赔款项时：

借：其他应收款——保险赔款　　　　　　1 000 000

　贷：固定资产清理　　　　　　　　　　　　1 000 000

借：银行存款　　　　　　　　　　　　　1 000 000

　贷：其他应收款——保险赔款　　　　　　　1 000 000

(5)结转毁损固定资产损失时：

固定资产清理完毕，“固定资产清理”科目为借方余额 450 000 元(1 500 000＋50 000－100 000－1 000 000)，由于属于自然灾害等非正常原因造成的清理净损失，应结转至“营业外支出——非常损失”科目借方，结转后“固定资产清理”科目无余额。

借：营业外支出——非常损失　　　　　　　450 000

贷:固定资产清理 450 000

六、固定资产清查

为保证固定资产核算的真实性,充分挖掘企业现有固定资产的潜力,企业应当对固定资产定期或者至少每年年末采用实地盘点法进行清查盘点。在清查过程中,如果发现盘盈、盘亏的固定资产,应当填制固定资产盘盈盘亏报告表。清查固定资产的损溢,应当及时查明原因,写出书面报告,并根据企业的管理权限,经股东大会或董事会,或经理(厂长)会议或类似机构批准后,在期末结账前处理完毕。

(一)盘盈的固定资产

企业在财产清查中盘盈的固定资产,根据《企业会计准则第 28 号——会计政策、会计估计变更和差错更正》的规定,应当作为重要的前期差错进行会计处理。在按管理权限报经批准处理前应先通过"以前年度损益调整"科目核算。

盘盈的固定资产,应按重置成本确定其入账价值,借记"固定资产"科目,贷记"以前年度损益调整"科目;由于以前年度损益调整而增加的所得税费用,借记"以前年度损益调整"科目,贷记"应交税费——应交所得税"科目;将以前年度损益调整科目余额转入留存收益时,借记"以前年度损益调整"科目,贷记"盈余公积""利润分配——未分配利润"科目。

【例 2-108】天胜公司 2×20 年 1 月 10 日在财产清查中发现,2×18 年 12 月购入的设备一台未入账,重置价 60 000 元。假定公司按净利润的 10%提取法定盈余公积金,不考虑相关税费及其他因素的影响。企业应根据固定资产盘亏报告表补办交接手续,设立卡片,并报有关部门审批。公司账务处理如下:

(1)盘盈固定资产时:

借:固定资产 60 000

贷:以前年度损益调整 60 000

(2)结转为留存收益时

借:以前年度损益调整 60 000

贷:盈余公积——法定盈余公积 6 000

利润分配——未分配利润 54 000

(二)盘亏的固定资产

企业在财产清查中的固定资产,按照盘亏固定资产的账面价值,借记"待处理财产损溢——待处理固定资产损溢"科目,按照已计提的累计折旧,借记"累计折旧"科目,按该项固定资产已计提的减值准备,借记"固定资产减值准备"科目,按固定资产的原价,贷记"固定资产"科目。盘亏的固定资产报经批准转销时,按照可收回的保险赔偿或过失人赔偿,借记"其他应收款"科目,按照应计入营业外支出的金额,借记"营业外支出——固定资产盘亏损失"科目,贷记"待处理财产损溢——待处理固定资产损溢"科目。

【例 2-109】天胜公司为增值税一般纳税人,2×20 年 12 月 31 日进行财产清查时,发现盘亏设备一台,其账面原价为 50 000 元,已提折旧为 15 000 元,该设备已计提的减值准备为

5 000 元。购入时增值税税额为 6 500 元。公司账务处理如下：

(1)盘亏固定资产时：

借：待处理财产损溢——待处理固定资产损溢　　30 000
　　累计折旧　　15 000
　　固定资产减值准备　　5 000
　　贷：固定资产　　50 000

(2)转出不可抵扣的进项税额时：

借：待处理财产损溢——待处理固定资产损溢　　4 550
　　贷：应交税费——应交增值税(进项税额转出)　　4 550

(3)报经批准转销时：

借：营业外支出——固定资产盘亏损失　　34 550
　　贷：待处理财产损溢——待处理固定资产损溢　　34 550

需要说明的是，根据现行增值税制度规定，购进货物及不动产发生非正常损失，其负担的进项税额不得抵扣，其中购进货物包括被确认为固定资产的货物。但是，如果盘亏的固定资产，应按其账面净值(固定资产原价－已计提折旧)乘以适用税率计算不可抵扣的进项税额。借记“待处理财产损溢——待处理固定资产损溢”科目，贷记“应交税费——应交增值税(进项税额转出)”科目。

七、固定资产减值

固定资产的初始入账价值为历史成本，由于固定资产使用年限较长，市场条件和经营环境的变化、科学技术的进步以及企业经营管理不善等因素，都可能导致固定资产创造未来经济利益的能力大大下降，即固定资产的可收回金额低于其账面价值，这种情况称之为固定资产减值。可收回金额是指资产的销售净价与预期从该资产的持续使用和使用寿命结束时的处置中形成的现金流量现值两者之中的较高者，而销售净价是指资产的销售价格减去处置资产所发生的相关税费后的余额。

为了客观、真实、准确地反映期末固定资产的实际价值，在期末必须对固定资产减值损失进行确认。固定资产在资产负债表日存在可能发生减值的迹象时，其可收回金额低于账面价值的，企业应当将固定资产的账面价值减记至可收回金额，减记的金额确认为减值损失，计入当期损益，借记“资产减值损失——固定资产减值损失”科目，同时，计提相应的资产减值准备，贷记“固定资产减值准备”科目。

需要强调的是，根据《企业会计准则第 8 号——资产减值》的规定，企业固定资产减值损失一经确定，在以后会计期间不得转回。

【例 2-110】 2×20 年 12 月 31 日，天胜公司的一台机器设备发生减值迹象，经计算该设备可收回金额合计为 400 000 元，账面价值为 500 000 元，以前年度未对该设备计提过减值准备。公司账务处理如下：

借：资产减值损失——固定资产减值损失　　100 000
　　贷：固定资产减值准备　　100 000

第六节 无形资产及长期待摊费用

一、无形资产

(一)无形资产概述

1. 无形资产的概念

无形资产是指企业拥有或者控制,为生产商品或提供劳务、出租给他人、或为管理目的而持有的、没有实物形态的可辨认的非货币性资产,包括专利权、商标权、土地使用权、著作权、经营特许权、非专利技术和商誉等。

2. 无形资产的特点

(1)不具有实物形态 无形资产是不具有实物形态的非货币性资产,不像存货、固定资产等资产,具有实物形态。

(2)具有可辨认性 满足下列条件之一的,符合无形资产定义中的可辨认性标准。

①能够从企业中分离或者划分出来,并能单独或者与相关合同、资产或负债一起,用于出售、转让、授予许可、租赁或者交换。

②源自合同性权利或其他法定权利,无论这些权利是否可以从企业或其他权利和义务中转移或分离。

商誉由于无法与企业自身分离而存在,不具有可辨认性,不在此讲述。

(3)属于非货币性的长期资产 无形资产属于非货币性的长期资产,能够在较长的时期内为企业带来经济效益。无形资产的使用年限在 1 年以上,其价值将在各个受益期间逐渐摊销。

(4)所能提供的未来经济效益的大小具有较大的不确定性 和企业拥有的有形资产不同的是,无形资产的经济价值在很大程度上受企业外部因素的影响,其预期的获利能力不能准确地加以确定。

3. 无形资产的内容

(1)专利权 专利权是指国家专利主管机关依法授予发明创造专利申请人对其发明创造在法定期限内享有的权利,包括发明专利权,实用新型专利权和外观设计专利权。企业持有该专利权可以降低成本,或者提高产品质量,或者将其转让出去能获得转让收入。

企业从外单位购入的专利权,应按实际支付的价款作为专利权的成本。企业自行开发并按法律程序申请取得的专利权,应按照《企业会计准则第 6 号——无形资产》确定的金额作为成本。

(2)商标权 商标权是指企业专门在某种指定的商品上使用特定的名称、图案、标记的权利。《中华人民共和国商标法》明确规定,经商标局核准注册的商标为注册商标,商标注册人享有商标专用权,受法律的保护。法律规定的商标权的有效期限为 10 年。

企业为宣传自创并已注册登记的商标而发生的相关费用,应在发生时直接计入当期损益。

如果企业购买他人的商标,一次性支出费用较大,可以将购入商标的价款、支付的手续费及有关费用确认为商标权的成本。

(3)土地使用权 土地使用权是指国家准许某一企业在一定的期间对国有土地享有开发、

利用、经营的权利。根据《中华人民共和国土地管理法》的规定，我国土地实行社会主义公有制，即全民所有制和劳动群众集体所有制。任何单位和个人不得侵占、买卖或以其他形式非法转让土地。土地使用权可以依法转让。企业取得土地使用权，应将取得时发生的支出资本化，作为土地使用权的成本，计入无形资产成本。

(4)著作权　著作权又称版权，指作者对其创作的文学、科学和艺术作品依法享有的某些特殊权利，包括精神权利(人身权利)和经济权利(财产权利)。前者指作品署名、发表作品、确认作者身份、保护作品的完整性、修改已经发表的作品等各项权利，包括署名权、发表权、修改权和保护作品完整权；后者指以出版、表演、广播、展览、录制唱片、摄制影片等方式使用作品以及因授权他人使用作品而获得经济利益的权利。

(5)特许权　也称为经营特许权、专营权，指企业在某一地区经营或销售某种特定商品的权利或是一家企业接受另一家企业使用其商标、商号、技术秘密等的权利。前者一般是由政府机构授权，准许企业使用或在一定地区享有经营某种业务的特权，如水、电、邮电通信等专营权、烟草专卖权等；后者指企业间依照签订的合同，有期限或无期限使用另一家企业的某些权利，如连锁店分店使用总店的名称等。

(6)非专利技术　非专利技术也叫专有技术，是指先进的、未公开的、未申请专利并且可以带来经济效益的技术及诀窍，主要内容包括：

①工业专有技术，指在生产上已经采用，仅限于少数人知道，不享有专利权或发明权的生产、装配、修理、工艺或加工方法的技术知识。

②管理专业技术，指生产组织的经营方式、管理方式、培训职工方法等保密知识。

③商业专有技术，指具有保密性质的市场情报、原材料价格情报以及用户、竞争对象的情况和有关知识。

(二)无形资产的账务处理

为了反映和监督无形资产的取得、摊销和处置等情况，企业应当设置“无形资产”“累计摊销”等科目进行核算。

“无形资产”科目核算企业持有的无形资产成本，借方登记取得无形资产的成本，贷方登记处置无形资产转出无形资产的账面余额，期末借方余额，反映企业无形资产的成本。“无形资产”科目应当按照无形资产的项目设置明细科目进行核算。

“累计摊销”科目核算企业对使用寿命有限的无形资产计提的累计摊销，该科目属于“无形资产”科目的调整科目。“累计摊销”科目贷方登记企业计提的无形资产摊销，借方登记处置无形资产转出无形资产的累计摊销，期末贷方余额，反映企业无形资产的累计摊销额。

“研发支出”科目为费用类科目，核算企业进行研究与开发无形资产过程中所发生的各项支出。借方登记实际发生的研发支出，贷方登记转为无形资产和管理费用的金额，借方余额反映企业正在进行的研究开发项目中满足资本化条件的支出，按照研发项目，分为“费用化支出”和“资本化支出”进行明细核算。

此外，企业无形资产发生减值的，还应当设置“无形资产减值准备”科目进行核算。

1. 无形资产取得的核算

企业的无形资产在取得时，应当按实际成本进行初始计量。企业取得无形资产的主要方式有外购、自行研究开发等。取得方式不同，会计处理也有所差别。

(1)外部购入的无形资产 外部购入无形资产的成本包括购买价款、相关税费以及直接归属于该项无形资产达到预定用途时所发生的其他支出。其中,相关税费不包括按照现行增值税制度规定可以从销项税额中抵扣的增值税进项税额。外购无形资产,取得增值税专用发票的,按注明的增值税进项税额,借记“应交税费——应交增值税(进项税额)”科目;取得增值税普通发票的,按照注明的价税合计金额作为无形资产的成本,其进项税额不可以抵扣。

【例 2-111】天胜公司为增值税一般纳税人,购入一项商标所有权,取得增值税专用发票上注明的价款 400 000 元,税率 6%,增值税税额 24 000 元,以银行存款支付。公司账务处理如下:

借:无形资产——商标权　　400 000
　应交税费——应交增值税(进项税额)　　24 000
　贷:银行存款　　424 000

(2)自行研究开发无形资产 企业内部研究开发项目所发生的支出应区分为研究阶段支出与开发阶段支出。

企业自行开发无形资产发生的研发支出,不满足资本化条件的,借记“研发支出——费用化支出”科目,满足资本化条件的,借记“研发支出——资本化支出”科目,贷记“原材料”“银行存款”“应付职工薪酬”“累计折旧”等科目。发生的支出,取得增值税专用发票可抵扣进项税额,借记“应交税费——应交增值税(进项税额)”科目。

研究开发项目达到预定用途形成无形资产的,应当按照“研发支出——资本化支出”科目余额,借记“无形资产”科目,贷记“研发支出——资本化支出”科目。期(月)末,应将“研发支出——费用化支出”科目归集的金额转入“管理费用”科目,借记“管理费用”科目,贷记“研发支出——费用化支出”科目。

【例 2-112】天胜公司自行研究开发某项专利技术,截至 2×19 年 12 月 31 日,发生研发支出 1 000 000 元,经过测试,该项研发活动完成了研究阶段,从 2×20 年 1 月 1 日起进入开发阶段。2×20 年 1—6 月共发生开发支出 400 000 元,符合规定的开发支出资本化条件,取得的增值税专用发票注明的增值税税额为 52 000 元。2×20 年 6 月 30 日,该项研发活动结束,形成专利技术。公司账务处理如下:

(1)2×19 年发生的研发支出:

借:研发支出——费用化支出　　1 000 000
　贷:银行存款　　1 000 000

(2)2×19 年 12 月 31 日,结转研究阶段支出:

借:管理费用　　1 000 000
　贷:研发支出——费用化支出　　1 000 000

(3)2×20 年,符合资本化条件的开发支出:

借:研发支出——资本化支出　　400 000
　应交税费——应交增值税(进项税额)　　52 000
　贷:银行存款　　452 000

(4)2×20 年 6 月 30 日,研发完成并形成无形资产:

借:无形资产——专利技术　　400 000

贷：研发支出——资本化支出　　400 000

需要说明的是，企业如果无法可靠区分研究阶段支出和开发阶段支出，应将发生的研发支出全部费用化，计入当期损益，计入“管理费用”科目借方。

2. 无形资产摊销的核算

企业取得无形资产后，应当分析判断其使用寿命。使用寿命有限的无形资产应进行摊销；使用寿命不确定的无形资产不应摊销。

使用寿命有限的无形资产，其残值通常视为零。应当在一定的年限内按月进行摊销。自可供使用(达到预定用途)当月开始进行摊销，处置当月不再摊销。即当月增加的无形资产当月开始摊销，当月减少的无形资产，当月不再摊销。无形资产的摊销方法有年限平均法(直线法)、生产总量法等。企业选择的无形资产摊销方法，应当反映与该项无形资产有关的经济利益的预期实现方式。无法可靠确定预期实现方式的，应当采用年限平均法(直线法)摊销。

无形资产摊销一般应当计入当期损益。企业管理用的无形资产，其摊销金额计入管理费用；出租的无形资产，其摊销金额计入其他业务成本；某些无形资产包含的经济利益通过所生产的产品或其他资产实现的，其摊销金额计入相关资产成本。应按计算的摊销额，借记“管理费用——无形资产摊销”“其他业务成本”等科目，贷记“无形资产”科目。企业对无形资产进行摊销时，借记“管理费用”“其他业务成本”“生产成本”“制造费用”等科目，贷记“累计摊销”科目。

【例 2-113】天胜公司购买一项专利权，成本为 600 000 元，合同规定的受益年限为 10 年，公司采用年限平均法按月进行摊销。每月摊销时，公司账务处理如下：

(1)月摊销额＝600 000÷10÷12＝5 000(元)

(2)编制会计分录：

借：管理费用　　5 000
　贷：累计摊销　　5 000

【例 2-114】承【例 2-113】若公司将专利权出租，则公司账务处理如下：

借：其他业务成本　　5 000
　贷：累计摊销　　5 000

3. 无形资产出售和报废的核算

企业出售无形资产，应当将取得的价款扣除该无形资产的账面价值以及出售相关税费后的差额作为资产处置损益进行会计处理。

企业出售无形资产，应当按照实际收到或应收的金额等，借记“银行存款”“其他应收款”等科目，按照已计提的累计摊销，贷记“累计摊销”科目，按照实际支付相关费用的可抵扣进项税额，借记“应交税费——应交增值税(进项税额)”科目，按照实际支付的相关费用，贷记“银行存款”等科目，按照开具的增值税专用发票上注明的增值税销项税额，贷记“应交税费——应交增值税(销项税额)”科目，按照其差额，贷记或借记“资产处置损益”科目，已计提减值准备的，还应同时结转减值准备，借记“无形资产减值准备”科目。

【例 2-115】天胜公司为增值税一般纳税人，将其购买的一项专利权转让给甲公司，开具增值税专用发票，注明价款 300 000 元，税率 6%，增值税税额为 18 000 元，全部款项收存银行。该专利权的成本 400 000 元，已摊销 180 000 元，未计提减值准备。公司账务处理如下：

借:银行存款 318 000
　　累计摊销 180 000
　　贷:无形资产 400 000
　　　　应交税费——应交增值税(销项税额) 18 000
　　　　资产处置损益 80 000

如果无形资产预期不能为企业带来未来经济利益,如某项无形资产已被其他新技术所替代或超过法律保护期,该资产不再符合无形资产的定义,企业应将其报废并予以转销,将其账面价值转入当期损益。

企业报废并转销无形资产时,应按已计提的累计摊销,借记"累计摊销"科目,按其账面余额,贷记"无形资产"科目,如果已计提减值准备的,还应同时结转减值准备,借记"无形资产减值准备"科目,按其差额,借记"营业外支出——处置非流动资产损失"科目。

【例 2-116】 2×20 年 6 月初,天胜公司经批准将内部研发成功的 A 非专利技术替代现有的 B 专利技术,并将其予以转销。转销时,B 专利技术的成本为 500 000 元,已累计摊销 400 000 元,未计提减值准备,该专利技术的残值为 0。假定不考虑其他相关因素,公司账务处理如下:

借:累计摊销 400 000
　　营业外支出——非流动资产处置损失 100 000
　　贷:无形资产——B 专利技术 500 000

4. 无形资产的减值核算

如果无形资产将来为企业创造的经济利益不足以补偿无形资产成本(摊余成本)则说明无形资产发生了减值,企业应对无形资产预计可收回金额进行估计,并将无形资产账面价值超过可收回金额的部分确认为减值准备。

在资产负债表日,无形资产存在可能发生减值迹象,且其可收回金额低于账面价值的,企业应将该无形资产的账面价值减记至可收回金额,减记的金额确认为减值损失,并计提相应的资产减值准备。企业按照应减记的金额,借记"资产减值损失——无形资产减值损失"科目,贷记"无形资产减值准备"科目。

需要说明的是,根据《企业会计准则第 8 号——资产减值》的规定,企业无形资产减值损失一经确定,以后会计期间不得转回。

【例 2-117】 2×20 年 12 月 31 日,天胜公司拥有某专利技术的账面价值为 600 000 元,剩余摊销年限 5 年,经减值测试,该专利技术可收回金额 520 000 元。由于该专利技术可收回金额低于其账面价值,应按其差额 80 000 元(600 000－520 000)计提减值准备。公司账务处理如下:

借:资产减值损失——无形资产减值损失 80 000
　　贷:无形资产减值准备 80 000

二、长期待摊费用

长期待摊费用是指企业已经发生但应由本期和以后各期负担的分摊期限在一年以上的各项费用,包括固定资产大修理支出、以租赁方式租入固定资产发生的改良支出及摊销期限在一年以上的其他待摊费用。

为了反映长期待摊费用的发生、摊销情况，企业应设置“长期待摊费用”科目。该科目借方登记发生的长期待摊费用，贷方登记摊销的长期待摊费用，期末借方余额，反映企业尚未摊销完毕的长期待摊费用。“长期待摊费用”科目可按待摊费用项目进行明细核算。

企业发生的长期待摊费用，借记“长期待摊费用”科目，确认当期可抵扣的增值税进项税额，借记“应交税费——应交增值税(进项税额)”科目，贷记“原材料”“银行存款”等科目。摊销长期待摊费用时，借记“管理费用”“销售费用”等科目，贷记“长期待摊费用”科目。

【例 2-118】 2×20 年 3 月 1 日，天胜公司对以租赁方式租入的办公楼进行装修，发生有关支出：领用生产用原材料 600 000 元，发生有关人员的职工薪酬 300 000 元。2×20 年 6 月 30 日，该办公楼装修完成达到预定可使用状态并交付使用，装修费用按租赁期 10 年进行摊销，假定不考虑其他因素，公司账务处理如下：

(1)装修领用材料时：

借：长期待摊费用　　600 000

　　贷：原材料　　600 000

(2)发生人员职工薪酬时：

借：长期待摊费用　　300 000

　　贷：应付职工薪酬——工资　　300 000

(3)2×20 年 7—12 月每月份摊销装修费用时：

每月摊销额＝(600 000＋300 000)÷10÷12＝7 500(元)

借：管理费用　　7 500

　　贷：长期待摊费用　　7 500

第三章　负　债

【知识目标】通过本章的学习，熟悉各相关负债项目的概念、种类及其会计核算的原理和方法。

【技能目标】在实现知识目标的基础上，掌握短期借款和带息应付票据利息的计算；应付账款入账时间和入账金额的确认条件和方法；应交税费的计算、申报和缴纳；应付职工薪酬的计算；工资汇总表的编制；其他流动负债的核算，能熟练进行相关负债各具体项目的账务处理。

【思政目标】培养学生客观公正、诚实守信、承担社会责任等积极向上的会计价值观，引导学生以积极、诚信和客观公正的职业态度对待会计工作事项；增强学生法制意识，明确虚开增值税专用发票和做假账都是违法行为，培养学生护税的爱国主义情怀。

第一节　短期借款

一、短期借款

短期借款是指企业向银行或其他金融机构等借入的、偿还期限在一年以内(含一年)的各种借款。短期借款的目的是为了满足正常生产经营所需资金或为了抵偿某项债务而借入的。债权人不仅是银行，还包括其他非银行金融机构或其他单位和个人。目前我国企业短期借款主要有流动资金借款、临时借款、结算借款和票据贴现借款等。

二、短期借款的核算

企业应当设置“短期借款”科目核算短期借款的取得、偿还等情况，该科目借方登记偿还短期借款本金金额；贷方登记取得短期借款本金的金额；期末余额在贷方，反映企业尚未偿还的短期借款。该科目可按债权人户名、借款种类和币种设置明细科目进行明细核算。

(一)借入短期借款

企业取得短期借款时，借记“银行存款”科目，贷记“短期借款”科目。

企业借入短期借款应支付的利息，属于企业的筹资费用，应当在发生时作为财务费用直接计入当期损益。在实际的会计工作中，按不同情况分别处理。

如果短期借款利息是按季、半年或到期时连同本金一起归还，且数额较大，可采用按月预提的方式进行短期借款利息的核算。在资产负债表日，企业应当按照计算确定的短期借款利息费用，借记“财务费用”科目，贷记“应付利息”科目；实际支付利息时，借记“应付利息”科目，贷记“银行存款”或“库存现金”科目。

如果短期借款利息是按月支付，或者在到期时连同本金一起归还，数额不大的可以不采用预提的方法，可以在实际支付或收到银行付息通知时，直接计入当期损益，借记“财务费用”科目，贷记“银行存款” 科目。

（二）归还短期借款

短期借款到期时，应及时归还。短期借款到期偿还本金时，企业应借记“短期借款”科目，贷记“银行存款”科目。如果在借款到期时连同本金一起归还利息的，企业应该归还的利息通过“应付利息”或“财务费用”科目核算。

【例 3-1】 2×20 年 7 月 1 日，天胜公司从市工商银行借入一笔生产经营用短期借款 500 000 元，年利率为 6%，期限为 6 个月，根据与银行签署的借款协议，利息按季支付，本金到期一次归还。公司账务处理如下：

(1)7 月 1 日取得借款存入银行：

借：银行存款	500 000	
贷：短期借款——市工商银行		500 000

(2)7 月末，计提 7 月份应付借款利息：

本月应计提的利息金额＝500 000×6%÷12＝2 500(元)

借：财务费用	2 500	
贷：应付利息		2 500

8 月末计提 8 月份利息费用的处理同 7 月份相同。

(3)9 月末，支付第三季度借款利息：

借：财务费用	2 500	
应付利息	5 000	
贷：银行存款		7 500

10、11 月末计提利息同上。

(4)12 月末到期偿还本金和利息：

借：短期借款——市工商银行	500 000	
财务费用	2 500	
应付利息	5 000	
贷：银行存款		507 500

第二节　应付及预收款项

一、应付票据

（一）应付票据的概述

应付票据是指企业购买商品、材料和接受劳务供应等而开出、承兑的商业汇票。按承兑人不同分为商业承兑汇票和银行承兑汇票。

为了反映和监督企业商业汇票开出、承兑和支付情况，应设置“应付票据”科目，该科目贷方登记开出、承兑汇票时的票面金额，借方登记到期承兑支付的票款或转出金额，期末余额在贷方，表示企业尚未到期的商业汇票的票面金额。

企业应当按收款单位设置明细账户进行明细核算。为了具体反映应付票据的种类、号数、出票日期、到期日、票面金额、合同交易号、收款人姓名或单位名称及付款日期和金额等详细资料，应设置“应付票据备查簿”登记详细情况。应付票据到期结清时，上述内容应当在备查簿内予以注销。

我国商业汇票的付款期限不超过 6 个月，电子商业汇票的付款期限延长到一年。因此，企业应将应付票据作为流动负债管理和核算。同时，由于应付票据的偿付时间较短，在会计实务中，一般均按照开出、承兑的应付票据的面值入账。

(二)应付票据的核算

企业因购买商品、材料和接受劳务供应等而开出、承兑的商业汇票，应当按其票面金额作为应付票据的入账金额，借记“库存商品”“材料采购”“在途物资”“原材料”“应付账款”“应交税费——应交增值税(进项税额)”等科目，贷记“应付票据”科目。

企业因开出银行承兑汇票而支付的手续费，应当计入当期财务费用。借记“财务费用”科目，取得增值税专用发票的，按注明的增值税进项税额，借记“应交税费——应交增值税(进项税额)”科目，按照实际支付金额，贷记“银行存款”科目。

企业开具的商业汇票到期支付票据款时，根据开户银行的付款通知，借记“应付票据”科目，贷记“银行存款”科目。

【例 3-2】天胜公司为增值税一般纳税人。2×20 年 7 月 1 日购入原材料一批，增值税专用发票上注明的价款 100 000 元，增值税税额 13 000 元，原材料已验收入库，按实际成本进行日常核算。公司开出银行承兑汇票一张，面值 113 000 元，期限为 3 个月，交纳银行承兑手续费 42.4 元，其中增值税 2.4 元。9 月 30 日，汇票到期，公司通知开户银行以银行存款支付票款。公司账务处理如下：

(1)支付承兑手续费：

借：财务费用	40	
应交税费——应交增值税(进项税额)	2.4	
贷：银行存款		42.4

(2)取得银行承兑汇票，并用于购买原材料：

借：原材料	100 000	
应交税费——应交增值税(进项税额)	13 000	
贷：应付票据——银行承兑汇票		113 000

(3)票据到期，支付票款：

借：应付票据	113 000	
贷：银行存款		113 000

(三)转销应付票据

应付商业承兑汇票，如企业无力支付票款，由于商业汇票已经失效，企业应将应付票据按账面余额转作应付账款,借记“应付票据”科目,贷记“应付账款”科目。应付银行承兑汇票到期,如企业无力支付票款,则由承兑银行代企业支付并作为付款企业的贷款处理,企业应将应付票据的账面余额转为短期借款,借记“应付票据”科目,贷记“短期借款”科目。

【例 3-3】承【例 3-2】,假设天胜公司到期无力支付银行承兑汇票票款,应根据银行转来的逾期贷款通知,公司账务处理如下:

借:应付票据　　117 000

　贷:短期借款——逾期借款　　117 000

二、应付账款

(一)应付账款概述

应付账款是指企业因购买商品、材料物资或接受劳务供应等经营活动而应支付给供应单位的账款。

1. 应付账款的入账时间

应付账款的入账依据是发票账单。从理论上说,应付账款入账时间应以所有权转换为标志,即在企业取得所购货物的所有权时确认应付账款,但在实际工作中,应区别情况处理:

(1)在货物和发票账单同时到达的情况下,应付账款一般待货物验收入库后,才按发票账单登记入账。

(2)在货物和发票账单不是同时到达的情况下,若货物先到发票账单后到,暂时不做账务处理,待收到发票账单时再入账;如果在月度终了仍未收到已入库货物的发票账单,则应在月末按暂估价入账;若发票账单先到货物后到,可依据发票账单登记应付账款,同时记录一项在途物资。

2. 应付账款的入账金额

应付账款一般按实际应付金额入账,如果购货条件包括一定的现金折扣,其入账金额从理论上可采用总价法或净价法入账。按照总价法,应付账款按发票上记载的应付金额的总值入账,如果在折扣期限内付清货款而享受现金折扣,则应作为理财收益;按照净价法,应付账款应按发票金额扣除最大折扣后的净值入账,超过折扣付款期而丧失的购货折扣,则作为理财费用。我国现行制度规定,应付账款应采用“总价法”入账。在新企业会计准则下,现金折扣按照可变对价进行处理。

(二)应付账款的核算

应付账款的核算主要通过设置“应付账款”科目进行。该科目贷方登记企业因购买材料物资、商品、接受劳务供应而产生的应付未付款项以及因无款支付到期商业承兑汇票转入的应付票据款项;借方登记支付及转销的无法支付的应付款项;期末余额一般情况下在贷方,表示尚未支付的应付账款。该账户应当按供应单位设置明细科目进行明细核算。

企业购入材料、商品或接受劳务等所产生的应付账款,应按应付金额入账。购入材料、商品等验收入库,但货款尚未支付,根据有关凭证(发票账单、随货同行发票上记载的实际价款或暂估价值),借记“材料采购”“在途物资”“原材料”“库存商品”等科目,按照可抵扣的增值税进项税额,借记“应交税费——应交增值税(进项税额)”科目,按应付款项,贷记“应付账款”科目。企业接受供应单位提供劳务而发生的应付未付款项,根据供应单位发票账单所列金额,借记“生产成本”“管理费用”等科目,按照可抵扣的增值税进项税额,借记“应交税费——应交增值税(进项税额)”科目,贷记“应付账款”科目。

企业偿还应付账款或开出商业汇票抵付应付账款时,借记“应付账款”科目,贷记“银行存款”“应付票据”等科目。

【例3-4】天胜公司为增值税一般纳税人。2×20年7月1日购入原材料一批,增值税专用发票上注明的价款200 000元,增值税税额26 000元,对方代垫运费2 000元,增值税税额180元,原材料已验收入库,按实际成本进行日常核算,款项尚未支付。7月15日,公司以银行存款支付相关款项。公司账务处理如下:

(1)7月1日确认应付账款时:

借:原材料	200 000	
应交税费——应交增值税(进项税额)	26 000	
贷:应付账款		226 000

(2)7月15日偿还应付账款时:

借:应付账款	226 000	
贷:银行存款		226 000

应付账款附有现金折扣条款的,企业应按照现金折扣前的应付账款总额入账。因在折扣期内付款而获得的现金折扣,应在偿还应付账款时冲减财务费用。

【例3-5】天胜公司为增值税一般纳税人,2×20年8月5日从C公司购入甲材料一批,取得增值税专用发票上注明价款100 000元,增值税额13 000元,付款条件为2/10,n/30(假定计算现金折扣时需要考虑增值税)。该材料已验收入库,采用总价法,材料按实际成本进行日常核算。公司账务处理如下:

(1)8月5日确认应付账款时:

借:原材料——甲材料	100 000	
应交税费——应交增值税(进项税额)	13 000	
贷:应付账款——C公司		113 000

(2)若在10天内付款,则:

借:应付账款——C公司	113 000	
贷:财务费用		2 260
银行存款		110 740

(3)若10天后付款,则:

借:应付账款——C公司	113 000	
贷:银行存款		113 000

企业外购电力、燃气等动力一般通过“应付账款”科目核算,即在每月付款时先作暂付款处理,按照增值税专用发票上注明的价款,借记“应付账款”科目,按照可抵扣增值税进项税额,借记“应交税费——应交增值税(进项税额)”科目,贷记“银行存款”等科目;月末按照外购动力的用途分配动力费时,借记“生产成本”“制造费用”“管理费用”等科目,贷记“应付账款”科目。

【例3-6】天胜公司为增值税一般纳税人,2×20年7月20日收到银行转来的电力公司供电部门开具的增值税专用发票,注明的电费为40 000元,增值税税额为5 200元,以银行存款支付。月末,该公司经计算,本月应付电费40 000元,其中生产车间电费26 400元,企业行政管理部门电费13 600元。公司账务处理如下:

(1)支付外购动力费：

借：应付账款——电力公司　　40 000

　　应交税费——应交增值税(进项税额)　　5 200

　　贷：银行存款　　45 200

(2)月末分配外购动力费：

借：制造费用　　26 400

　　管理费用　　13 600

　　贷：应付账款——电力公司　　40 000

(三)转销应付账款

应付账款一般在较短期限内支付，但有时由于债权单位撤销或其他原因而使应付账款无法清偿。企业对于确实无法支付的应付账款应予以转销，按其账面余额计入营业外收入，借记“应付账款”科目，贷记“营业外收入”科目。

【例 3-7】2×20 年 12 月 31 日，天胜公司确认一笔应付 A 公司货款 67 800 元为无法支付款项，对此予以转销。公司账务处理如下：

借：应付账款——A 公司　　67 800

　　贷：营业外收入　　67 800

三、预收账款

预收账款是企业按照合同协议规定，向购货单位预收的款项。企业为了核算预收账款的取得、偿付等情况，应设置“预收账款”科目进行核算。该科目贷方登记企业收到购货方预付的货款及补付的货款；借方登记企业发出商品或提供劳务的价税款及退付的余额；期末余额一般在贷方，表示预收货款的数额。若为借方余额，反映企业尚未转销的款项，该科目应按购货单位设置明细科目进行明细核算。

按我国现行制度规定，采用预收货款方式销售产品，应在产品发出时作为销售实现。企业预收款项时，按实际收到的全部预收款，借记“库存现金”“银行存款”科目，涉及增值税的，按照预收款计算的应交增值税，贷记“应交税费——应交增值税(销项税额)”科目，全部预收款扣除应交增值税的差额，贷记“预收账款”科目。企业分期确认有关收入的，按照实现的收入，借记“预收账款”科目，贷记“主营业务收入”“其他业务收入”科目。

企业收到客户补付款项时，借记“库存现金”“银行存款”科目，贷记“预收账款”“应交税费——应交增值税(销项税额)”科目；退回客户多预付的款项时，借记“预收账款”科目，贷记“库存现金”“银行存款”科目。涉及增值税的，还应进行相应的会计处理。

预收货款业务不多的企业，可以不单独设置“预收账款”科目，其所发生的预收货款，可通过“应收账款”科目核算。

【例 3-8】天胜公司为增值税一般纳税人，适用 13%的增值税税率，2×20 年 7 月 1 日，与客户甲公司签订经营租赁(非主营业务)两台设备合同，期限为 3 个月，设备租金(含税)共计 101 700 元。合同约定，合同签订日预付租金(含税)67 800 元，合同到期结清全部租金余款。合同签订日，公司收到租金并存入银行，开具的增值税专用发票注明租金 60 000 元，增值税 7 800 元。租赁期满日，公司收到租金余款及相应的增值税。公司账务处理如下：

(1)收到甲公司预付租金：

借：银行存款　　67 800

　贷：预收账款——甲公司　　60 000

　　应交税费——应交增值税(销项税额)　　7 800

(2)每月月末确认租金收入：

借：预收账款——甲公司　　30 000

　贷：其他业务收入　　30 000

(3)租赁期满收到租金余额及增值税：

借：银行存款　　33 900

　贷：预收账款——甲公司　　30 000

　　应交税费——应交增值税(销项税额)　　3 900

【例 3-9】 承【例 3-8】，假设天胜公司不设置“预收账款”科目，其预收的款项通过“应收账款”科目核算。公司账务处理如下：

(1)收到甲公司预付租金：

借：银行存款　　67 800

　贷：应收账款——甲公司　　60 000

　　应交税费——应交增值税(销项税额)　　7 800

(2)每月月末确认租金收入：

借：应收账款——甲公司　　30 000

　贷：其他业务收入　　30 000

(3)租赁期满收到租金余额及增值税：

借：银行存款　　33 900

　贷：应收账款——甲公司　　30 000

　　应交税费——应交增值税(销项税额)　　3 900

四、应付利息和应付股利

(一)应付利息

应付利息是指企业按照合同约定应支付的利息，包括预提短期借款利息，分期付息到期还本的长期借款、企业债券等应支付的利息。

企业应当设置“应付利息”科目核算应付利息的发生、支出情况。该科目贷方登记按照合同约定计算的应付利息，借方登记实际支付的利息，期末贷方余额反映企业应付未付的利息。本科目一般按照债权人设置明细科目进行明细核算。

按照合同约定的利率计算确定利息费用时，借记“财务费用”等科目，贷记“应付利息”科目；实际支付利息时，借记“应付利息”科目，贷记“银行存款”科目。

【例 3-10】 天胜公司借入 3 年期到期还本、每年付息的长期借款 5 000 000 元，合同约定的年利率为 6%。公司账务处理如下：

(1)每年计算确认利息费用：

企业每年应支付的利息＝5 000 000×6%＝300 000(元)

借：财务费用　　300 000

　贷：应付利息　　300 000

(2)每年实际支付利息：

借：应付利息　　300 000

　贷：银行存款　　300 000

(二)应付股利

应付股利是企业根据股东大会或类似机构审议批准的利润分配方案确定分配给投资者的现金股利或利润。

企业应设置“应付股利”科目核算企业确定或宣告发放但尚未实际支付的现金股利或利润。该科目贷方登记应支付的现金股利或利润；借方登记实际支付的现金股利或利润；期末贷方余额反映企业应付未付的现金股利或利润。本科目应按照投资者设置明细科目进行明细核算。

企业根据股东大会或类似机构审议批准的利润分配方案，确认应付给投资者的现金股利或利润时，借记“利润分配——应付现金股利或利润”科目，贷记“应付股利”科目；向投资者实际支付现金股利或利润时，借记“应付股利”科目，贷记“银行存款”科目。

【例3-11】华娱有限责任公司有A、B、C三个股东，其出资额分别占注册资本的20%、30%和50%。2×19年该公司实现净利润8 000 000元，经股东会批准，决定2×20年分配股利6 000 000元。股利已用银行存款支付。公司账务处理如下：

(1)确认应付投资者股利：

A股东应分配的股利=6 000 000×20%=1 200 000(元)

B股东应分配的股利=6 000 000×30%=1 800 000(元)

C股东应分配的股利=6 000 000×50%=3 000 000(元)

借：利润分配——应付现金股利或利润　　6 000 000

　贷：应付股利——A　　1 200 000

　　　　　　——B　　1 800 000

　　　　　　——C　　3 000 000

(2)支付投资者股利：

借：应付股利——A　　1 200 000

　　　　　——B　　1 800 000

　　　　　——C　　3 000 000

　贷：银行存款　　6 000 000

需要说明的是，企业董事会或类似机构通过的利润分配方案中拟分配的现金股利或利润，不需要进行账务处理，但应在附注中披露。企业分配的股票股利不通过“应付股利”科目核算。

五、其他应付款

其他应付款是指企业除了应付票据、应付账款、预收账款、应付职工薪酬、应交税费、应付利息、应付股利等经营活动以外的其他应付、暂收的款项，如应付经营租入固定资产和包装物的租金；职工未按期领取的工资；存入保证金等。

企业应设置“其他应付款”科目核算其他应付款的增减变动及其结存情况。该科目贷方登记发生的各种应付、暂收款项;借方登记归还或转销各种应付、暂收款项;余额一般在贷方,反映企业尚未归还或转销的各种应付、暂收款。本科目按照其他应付款的项目和对方单位(个人)设置明细科目进行明细核算。

企业发生其他各种应付、暂收款项时,借记"管理费用"等科目,贷记"其他应付款"科目;支付或退还其他各种应付、暂收款项时,借记"其他应付款"科目,贷记"银行存款"科目。

【例 3-12】天胜公司对随产品出租的包装物收取押金 5 000 元,根据有关原始凭证,公司账务处理如下:

借:银行存款　　5 000

　贷:其他应付款——存入保证金　　5 000

待以后收回包装物,退还押金时,编制相反的会计分录。

第三节　应付职工薪酬

一、职工薪酬的内容

职工薪酬是指企业为获得职工提供的服务或解除劳动关系而给予的各种形式的报酬或补偿。包括短期薪酬、离职后福利、辞退福利和其他长期职工福利。企业提供给职工配偶、子女、受赡养人、已故员工遗属及其他受益人等的福利,也属于职工薪酬。

企业职工包括三类人员:一是订立劳动合同的所有人员,含全职、兼职和临时职工;二是未订立劳动合同,但由企业正式任命的企业治理层和管理层人员,如董事会、监事会成员等;三是在企业计划和控制下,虽未与企业订立劳动合同或未由其正式任命,但向企业所提供服务与职工提供服务类似的人员,也属于职工范畴,包括通过企业与劳务中介公司签订用工合同而向企业提供服务的人员。

职工薪酬主要包括以下内容:

(一)短期薪酬

短期薪酬是指企业在职工提供相关服务的年度报告期间结束后 12 个月内需要全部予以支付的职工薪酬,因解除与职工的劳动关系给予的补偿除外。具体包括:

(1)职工工资、奖金、津贴和补贴,是指构成工资总额的计时工资、计件工资、支付给职工的超额劳动报酬和增收节支的劳动报酬、为补偿职工特殊或额外劳动消耗和其他特殊原因支付给职工的津贴,以及为保证职工工资水平不受物价影响支付给职工的物价补贴等。

(2)职工福利,指向职工提供的生活困难补助、抚恤费、职工异地安家费、丧葬费、防暑降温费等福利支出。

(3)医疗保险、工伤保险等社会保险费,是按国家规定基准和比例计算,向社会保险经办机构缴纳的医疗保险费、工伤保险费等。

(4)住房公积金,是按国家规定基准和比例计算,向住房公积金管理机构缴存的住房公积金。

(5)工会经费和职工教育经费,指为改善职工文化生活、提高文化水平和业务素质,用于开展工会活动和职工教育及职业技能培训等相关支出。

(6)短期带薪缺勤，是指职工虽然缺勤但企业仍向其支付报酬的安排，包括年休假、病假、产假、婚假、丧假、探亲假等。

(7)短期利润分享计划，是指因职工提供服务而与职工达成的基于利润或其他经营成果提供薪酬的协议。

(8)其他短期薪酬，除上述以外的其他为获得职工提供劳务而给予的短期薪酬。

(二)离职后福利

离职后福利是指企业为获得职工提供的服务而在职工退休或与企业解除劳动关系后，提供的各种形式的报酬和福利，主要指养老保险费和失业保险费，短期薪酬和辞退福利除外。

(三)辞退福利

辞退福利是指企业在职工劳动合同到期之前解除与职工的劳动关系，或者为鼓励职工自愿接受裁减而给予职工的补偿。

(四)其他长期职工福利

其他长期职工福利是指除短期薪酬、离职后福利和辞退福利以外的其他所有职工福利。其他长期职工福利包括长期带薪缺勤、其他长期服务福利、长期残疾福利、长期利润分享计划和长期奖金计划等。

二、应付职工薪酬的科目设置

企业应设置“应付职工薪酬”科目，核算应付职工薪酬的计提、结算和使用等情况。该科目贷方登记已分配计入有关成本费用项目的职工薪酬，借方登记实际发放的职工薪酬，包括扣还的款项等；期末贷方余额，反映企业应付未付的职工薪酬。

该科目应按照“工资”“职工福利”“非货币性福利”“社会保险费”“住房公积金”“工会经费”“职工教育经费”“带薪缺勤”“利润分享计划”“设定提存计划”“设定受益计划”“辞退福利”等项目设置明细账进行明细核算。

三、短期薪酬的核算

企业应当在职工为其提供服务的会计期间，将实际发生的短期薪酬确认为负债，并计入当期损益，其他会计准则要求或允许计入成本的除外。

(一)货币性职工薪酬

1. 职工工资、奖金、津贴和补贴

对于职工工资、奖金、津贴和补贴等货币性职工薪酬，企业应当在职工为其提供服务的会计期间，将实际发生的职工工资、奖金、津贴和补贴等，根据提供服务的受益对象，将确认的薪酬借记“生产成本”“制造费用”“管理费用”“销售费用”“合同履约成本”等科目，贷记“应付职工薪酬——工资”科目。

【例3-13】天胜公司2×20年8月份应付职工工资总额为836 000元，“工资费用分配汇总表”中列示的产品生产工人工资650 000元，车间管理人员工资108 000元，企业行政管理人员工资60 400元，专设销售机构人员工资17 600元。公司账务处理如下：

借:生产成本——基本生产成本　　650 000
　　制造费用　　108 000
　　管理费用　　60 400
　　销售费用　　17 600
　　贷:应付职工薪酬——工资　　836 000

实务中,企业一般在每月发放工资前,根据“工资费用分配汇总表”中“实发工资”栏的合计数,通过开户银行支付给职工或从开户银行提取现金,然后再向职工发放。按规定向职工支付工资、奖金、津贴和补贴等,借记“应付职工薪酬——工资”科目,贷记“银行存款”“库存现金”等科目;企业从应付职工薪酬中扣还的各种款项(个人所得税、代垫家属医药费等),借记“应付职工薪酬”科目,贷记“银行存款”“库存现金”“应交税费——应交个人所得税”“其他应收款”等科目。

【例 3-14】 承【例 3-13】,天胜公司根据“工资费用分配汇总表”结算本月应付职工工资总额 836 000 元,其中代垫职工家属医药费用 12 000 元,代垫职工房租 36 000 元,实发工资 788 000 元。公司账务处理如下:

(1)向银行提取现金:

借:库存现金　　788 000
　　贷:银行存款　　788 000

(2)用现金发放工资:

借:应付职工薪酬——工资　　788 000
　　贷:库存现金　　788 000

如果通过银行存款发放工资,则:

借:应付职工薪酬——工资　　788 000
　　贷:银行存款　　788 000

(3)结转代垫款项:

借:应付职工薪酬——工资　　48 000
　　贷:其他应收款——代垫医药费　　12 000
　　　　　　　　——职工房租　　36 000

2. 职工福利费

企业应当在职工福利费实际发生时,根据实际发生额按照受益对象计入相关资产成本或当期损益,借记“生产成本”“制造费用”“管理费用”“销售费用”等科目,贷记“应付职工薪酬——职工福利”科目;实际支付时,借记“应付职工薪酬——职工福利”科目,贷记“银行存款”科目。

【例 3-15】 天胜公司 2×20 年 8 月计算确定企业每期要补贴职工食堂需要承担的福利费金额为:在岗职工 300 人,其中生产车间生产人员 240 人,车间管理人员 20 人,管理部门人员 40 人。每个职工每月需补贴食堂 180 元。公司账务处理如下:

借:生产成本　　43 200
　　制造费用　　3 600
　　管理费用　　7 200
　　贷:应付职工薪酬——职工福利　　54 000

【例 3-16】承【例 3-15】，2×20 年 9 月，天胜公司支付 54 000 元补贴给食堂。公司账务处理如下：

借：应付职工薪酬——职工福利　　54 000
　贷：银行存款　　54 000

3. 按照国家规定标准计提的职工福利

(1)工会经费和职工教育经费　根据《中华人民共和国工会法》规定，企业按每月全部职工工资总额的 2%向工会拨缴经费，并在成本费用中列支，主要用于为职工服务和工会活动。

职工教育经费一般由企业按照每月工资总额的 8%计提，主要用于职工接受岗位培训、继续教育等方面的支出。

期末，企业根据规定的计提基础和比例计算确定应付工会经费、职工教育经费，借记“生产成本”“制造费用”“管理费用”“销售费用”“在建工程”“研发支出”等科目，贷记“应付职工薪酬——工会经费、职工教育经费”科目；实际上缴或发生实际开支时，借记“应付职工薪酬——工会经费、职工教育经费”科目，贷记“银行存款”科目。

【例 3-17】承【例 3-13】，天胜公司 2×20 年 8 月份，按相关规定，分别按职工工资总额的 2%和 8%计提工会经费和职工教育经费。公司账务处理如下：

应确认的应付职工薪酬＝836 000×(2%＋8%)＝83 600(元)，其中工会经费为 16 720(元)，职工教育经费为 66 880(元)。

应计入“生产成本”科目的金额＝650 000×(2%＋8%)＝65 000(元)

应计入“制造费用”科目的金额＝108 000×(2%＋8%)＝10 800(元)

应计入“管理费用”科目的金额＝60 400×(2%＋8%)＝6 040(元)

应计入“销售费用”科目的金额＝17 600×(2%＋8%)＝1 760(元)

借：生产成本——基本生产成本　　65 000
　制造费用　　10 800
　管理费用　　6 040
　销售费用　　1 760
　贷：应付职工薪酬——工会经费　　16 720
　　　——职工教育经费　　66 880

(2)社会保险费和住房公积金　社会保险费包括养老保险费、医疗保险费(生育保险并入)、失业保险费、工伤保险费。除养老保险费和失业保险费按规定确认为离职后福利外，其他的社会保险作为企业的短期薪酬。住房公积金分为职工所在单位为职工缴存和职工个人缴存两部分，但其全部属于个人所有。

期末，对于企业应缴纳的社会保险费和住房公积金，应按照国家规定的计提基础和比例，在职工提供服务期间按受益对象计入相关资产成本和当期损益，并确认应付职工薪酬金额，借记“生产成本”“制造费用”“管理费用”“销售费用”“在建工程”“研发支出”等科目，贷记“应付职工薪酬——社会保险费、住房公积金”科目；对于应由职工个人承担的社会保险费和住房公积金，由职工所在企业每月从其工资中代扣代缴，借记“应付职工薪酬——工资”科目，贷记“其他应付款——社会保险(医疗保险、工伤保险)、住房公积金”科目。

【例 3-18】承【例 3-13】天胜公司 2×20 年 8 月份，公司根据国家规定的计提标准，计算应由企业负担的社会保险费(工资总额的 12%)共计 100 320 元，住房公积金为(工资总额的

11%)91 960 元。公司账务处理如下：

应确认的应付职工薪酬＝100 320＋91 960＝192 280(元)

应计入“生产成本”科目的金额＝192 280×(650 000÷836 000)＝149 500(元)

应计入“制造费用”科目的金额＝192 280×(108 000÷836 000)＝24 840(元)

应计入“管理费用”科目的金额＝192 280×(60 400÷836 000)＝13 892(元)

应计入“销售费用”科目的金额＝192 280－149 500－24 840－13 892＝4 048(元)

借：生产成本——基本生产成本　　149 500
　　制造费用　　24 840
　　管理费用　　13 892
　　销售费用　　4 048
　　贷：应付职工薪酬——社会保险费　　100 320
　　　　　　　　　——住房公积金　　91 960

假设天胜公司从应付职工薪酬中代扣个人应缴纳的社会保险费(工资总额的 3%)25 080 元、住房公积金为 91 960 元，共计 117 040 元。公司应编制如下会计分录：

借：应付职工薪酬——工资　　117 040
　　贷：其他应付款——社会保险费　　25 080
　　　　　　　　——住房公积金　　91 960

4. 短期带薪缺勤

企业应当根据其性质及职工享有的权利，将职工带薪缺勤分为累积带薪缺勤和非累积带薪缺勤两类，分别进行会计处理。如带薪缺勤是长期的，应作为长期职工福利处理。

(1)累积带薪缺勤　是指带薪缺勤可以结转下期的带薪缺勤，本期尚未用完的带薪缺勤权利可以在未来期间使用。企业应当在职工提供了服务从而增加了其未来享有的带薪缺勤权利时，确认与累积带薪缺勤相关的职工薪酬，并以累积未行使权利而增加的预期支付金额计量。确认累积带薪缺勤时，借记“管理费用”等科目，贷记“应付职工薪酬——累积带薪缺勤”科目。

【例 3-19】 天胜公司实行累积带薪缺勤制度，公司共有 2 000 名职工，从 2×20 年 1 月 1 日起，该公司实行累积带薪缺勤制度。该制度规定，每名职工每年可享受 5 个工作日带薪年休假。未使用的年休假只能向后结转 1 个公历年度，超过 1 年未使用的权利作废，在职工离开企业时也无权获得现金支付；职工休年假时，首先使用当年可享受的权利，再从上年结转的带薪年休假中扣除。2×20 年 12 月 31 日，某公司预计 2×20 年有 1 900 名职工将享受不超过 5 天的带薪年休假，剩余 100 名职工每人将平均享受 6 天半带薪年休假，假定这 100 名职工全部为总部管理人员，该企业平均每名职工每个工作日工资为 300 元。不考虑其他相关因素，2×20 年 12 月 31 日，公司账务处理如下：

公司在 2×20 年 12 月 31 日应当预计由于职工累积未使用带薪年休假权利而导致的预期支付的金额，即相当于 150 天[100×(6.5－5)]的年休假工资金额 45 000 元(150×300)。

借：管理费用　　45 000
　　贷：应付职工薪酬——累积带薪缺勤　　45 000

(2)非累积带薪缺勤　指带薪权利不能结转下期的带薪缺勤，本期尚未用完的带薪缺勤权利将予以取消，并且职工离开企业时也无权获得现金支付。我国企业职工休婚假、产假、丧假、探亲假、病假期间的工资通常属于非累积带薪缺勤。由于职工提供服务本身不能增加其能够享受的福利金额，企业在职工未缺勤时不应当计提相关费用和负债。为此，《企业会计准则》规定，企业应当在职工实际发生缺勤的会计期间确认与非累积带薪缺勤相关的职工薪酬。

企业确认职工享有的与非累积带薪缺勤权利相关的薪酬，视同职工出勤确认的当期损益或相关资产成本。通常情况下，与非累积带薪缺勤相关的职工薪酬已经包括在企业每期向职工发放的工资等薪酬中，因此，不必额外作相应的账务处理。

（二）非货币性职工薪酬

1. 以自产产品作为福利发放给职工

企业以其生产的产品作为非货币性福利提供给职工的，应当按该产品的公允价值和相关税费计入相关资产成本或当期损益，确认应付职工薪酬，借记“生产成本”“制造费用”“管理费用”等科目，贷记“应付职工薪酬——非货币性福利”科目；同时确认主营业务收入，借记“应付职工薪酬—非货币性福利”科目，贷记“主营业务收入”科目；结转相关成本，借记“主营业务成本”科目，贷记“库存商品”科目，涉及增值税销项税的，还应进行相应的处理，借记“应付职工薪酬——非货币性福利”科目，贷记“应交税费——应交增值税（销项税额）”科目。

【例 3-20】天胜公司为增值税一般纳税人企业，公司共有职工 300 人，其中 260 人为生产工人，40 人为管理人员，2×20 年 12 月公司决定将本公司生产的 300 件产品作为春节福利发放给公司每名职工。该批产品的单件成本为 1 200 元，市场销售价格为每件 2 000 元。公司账务处理如下：

（1）确认应付职工薪酬：

应确认的应付职工薪酬＝300×2 000×（1＋13％）＝678 000（元）

应计入“生产成本”科目的金额＝260×2 000×（1＋13％）＝587 600（元）

应计入“管理费用”科目的金额＝40×2 000×（1＋13％）＝90 400（元）

借：生产成本	587 600	
管理费用	90 400	
贷：应付职工薪酬——非货币性福利		678 000

（2）确认收入并结转成本：

应确认的主营业务收入＝300×2 000＝600 000（元）

应确认的增值税销项税额＝300×2 000×13％＝78 000（元）

应结转的销售成本＝300×1 200＝360 000（元）

借：应付职工薪酬——非货币性福利	678 000	
贷：主营业务收入		600 000
应交税费——应交增值税（销项税额）		78 000
借：主营业务成本	360 000	
贷：库存商品		360 000

2. 将自有或租赁的住房等资产无偿提供给职工使用

企业将自有房屋等资产无偿提供给职工使用的，应根据受益对象，将住房每期应计提的折旧计入相关资产成本或当期损益，同时确认应付职工薪酬，借记“生产成本”“制造费用”“管理费用”等科目，贷记“应付职工薪酬——非货币性福利”科目，计提折旧时，借记“应付职工薪酬——非货币性福利”科目，贷记“累计折旧”科目。租赁住房等资产供职工无偿使用的，应根据受益对象，将每期应付租金计入相关资产成本或当期损益，并确认应付职工薪酬，借记“生产成本”“制造费用”“管理费用”等科目，贷记“应付职工薪酬——非货币性福利”科目，交纳租金时，借记“应付职工薪酬——非货币性福利”科目，贷记“银行存款”科目。难以认定受益对象的，直接计入当期损益，并确认职工薪酬。

【例 3-21】 天胜公司为总部各部门经理级别以上职工提供汽车免费使用，同时为副总裁以上高管每人租赁一套住房。部门经理以上职工 10 人，每人提供一辆桑塔纳汽车免费使用，假定每辆汽车每月计提折旧 1 000 元；副总裁以上高管 6 人，为其每人租赁一套面积 120 平方米的公寓，月租金每套 6 000 元(含税)。公司账务处理如下：

(1)确认提供汽车的非货币性福利：

提供汽车的非货币性福利金额＝10×1 000＝10 000(元)

借：管理费用	10 000	
贷：应付职工薪酬——非货币性福利		10 000
借：应付职工薪酬——非货币性福利	10 000	
贷：累计折旧		10 000

(2)确认租赁住房的非货币性福利：

租赁住房的非货币性福利金额＝6×6 000＝36 000(元)

借：管理费用	36 000	
贷：应付职工薪酬——非货币性福利		36 000

支付租金：

借：应付职工薪酬——非货币性福利	36 000	
贷：银行存款		36 000

四、设定提存计划的核算

对于设定提存计划，企业应当根据在资产负债表日为职工在会计期间提供的服务而应向单独主体缴存的提存金，确认为应付职工薪酬负债，并计入当期损益或相关资产成本，借记“生产成本”“制造费用”“管理费用”“销售费用”等科目，贷记“应付职工薪酬——设定提存计划”科目。

【例 3-22】 承【例 3-13】，天胜公司根据所在地政府规定，按照职工工资总额的 16%计提基本养老保险费，缴存当地社会保险经办机构。2×20 年 8 月份，公司缴存的基本养老保险费，应计入生产成本的金额为 104 000 元(650 000×16%)，应计入制造费用的金额为 17 280 元(108 000×16%)，应计入管理费用的金额为 9 664 元(60 400×16%)，应计入销售费用的金额为 2 816 元(17 600×16%)。公司账务处理如下：

借：生产成本——基本生产成本	104 000	
制造费用	17 280	
管理费用	9 664	
销售费用	2 816	
贷：应付职工薪酬——工资		133 760

第四节 应交税费

一、应交税费概述

应交税费是企业根据税法规定交纳的各种税费，包括增值税、消费税、企业所得税、资源税、土地增值税、城市维护建设税、房产税、城镇土地使用税、车辆购置税、印花税、契税、教育费附加等。

为了反映和监督以上各种应交税费的计算和缴纳情况，企业应设置“应交税费”科目进行总分类核算，该科目贷方登记应交纳的各种税费，借方登记实际交纳的税费；期末余额一般在贷方，反映企业尚未交纳的税费，期末余额如在借方，反映企业多交或尚未抵扣的税费。企业还应在“应交税费”科目下，按企业应交纳的各种税金项目设置明细科目进行明细核算。企业代扣代缴的个人所得税，也通过“应交税费”科目核算，但企业交纳的印花税、耕地占用税以及其他不需要预计应交数的税金，不通过本科目核算。

二、应交增值税

(一)增值税概述

1. 增值税的概念

增值税是指对在我国境内销售货物、加工修理修配劳务、服务、无形资产和不动产以及进口货物实现的增值额作为计税依据而征收的一种流转税。

2. 增值税的纳税人及其分类

增值税的纳税人，按照我国现行增值税制度规定，在我国境内销售货物、加工修理修配劳务、服务、无形资产和不动产以及进口货物的企业、单位和个人为增值税纳税人。其中，“服务”是指提供交通运输服务、建筑服务、邮政服务、电信服务、金融服务、现代服务、生活服务。

增值税的纳税人根据企业经营规模的大小及会计核算水平的健全程度，分为一般纳税人和小规模纳税人两种。凡年应税销售额超过财政部、国家税务总局规定标准的为一般纳税人；年应税销售额未超过规定标准，并且会计核算不健全，不能提供准确税务资料的为小规模纳税人。

3. 增值税的特点

增值税的特点是：实行价外计税；按增值环节计税；按增值额计税；特别重视专用发票的取得和使用。

4. 增值税的计税方法

增值税的计算分为一般计税方法和简易计税方法。通常一般纳税人采用一般计税方法，小规模纳税人采用简易计税方法。

(1)增值税的一般计税方法　一般计税方法亦称购进扣税法，是先按当期销售额和适用税率计算出销项税额，然后以该销项税额对当期购进项目支付的税款(即进项税额)进行抵扣，间接算出当期的应纳税额。当期应纳增值税额的计算公式为：

应纳增值税额＝当期销项税额－当期进项税额

其中：当期销项税额是指纳税人当期销售货物、加工修理修配劳务、服务、无形资产和不动产时按照销售额和增值税税率计算并收取的增值税税额。销售额是指向购买方收取全部价款和价外费用，但不包括收取的销项税额。销项税额计算公式为：

销项税额＝销售额×增值税税率

其中：当期进项税额是指纳税人购进货物、加工修理修配劳务、服务、无形资产和不动产，支付或者负担的增值税税额。准予从销项税额中抵扣的进项税额包括：

①从销货方取得的增值税专用发票上注明的增值税额；

②进口货物时从海关取得的进口增值税在专用缴款书上注明的增值税额；

③购进农产品，或收购废旧物资，除取得增值税专用发票或海关进口增值税专用缴款书外，按农产品收购发票或者销售发票上注明的农产品买价和9%的扣除率计算的进项税额；如用于生产销售或委托加工13%税率货物的农产品，按照农产品收购发票或者销售发票上注明的农产品买价和10%的扣除率计算的进项税额；

④从境外单位或者个人购进服务、无形资产或者不动产，从税务机关或者扣缴义务人取得的解缴税款的完税凭证上注明的增值税；

⑤一般纳税人支付的道路、桥、闸通行费，凭取得通行费发票上注明的收费金额和规定的方法计算可抵扣的增值税进项税额。

当期销项税额小于当期进项税额不足抵扣时，不足部分可以结转下期继续抵扣。

(2)增值税的简易计税方法　是按照销售额与征收率的乘积计算应纳税额，不得抵扣进项税额，计算公式为：

应纳税额＝应税销售额×征收率

5. 增值税的税率与征收率

(1)一般纳税人采用的税率分别为13%、9%、6%和0。

①销售货物、劳务、有形动产租赁服务或进口货物，税率为13%。

②销售或者进口粮食等农产品、食用植物油、食用盐、自来水、暖气、冷气、热水、煤气、石油液化气、天然气、二甲醚、沼气、居民用煤炭、图书、报纸、杂志、音像制品、电子出版物、饲料、化肥、农药、农机、农膜以及国务院及其有关部门规定的其他货物，税率为9%；提供交通运输、邮政、基础电信、建筑、不动产租赁服务，销售不动产，转让土地使用权，税率为9%。

③其他应税行为，税率为6%。

④出口货物，税率为零；但是国务院另有规定的除外。

(2)小规模纳税人一般采用简易计税方法，适用增值税征收率为3%，国家另有规定的除外。

(二)一般纳税人的账务处理

1. 增值税核算应设置的会计科目

为了核算企业应交增值税的发生、抵扣、交纳、退税及转出等情况，应在“应交税费”科目下设置“应交增值税”“未交增值税”“预交增值税”“待抵扣进项税额”“待认证进项税额”“待转销项税额”“增值税留抵税额”“简易计税”“转让金融商品应交增值税”“代扣代缴增值税”等明细科目。

(1)应交增值税　核算一般纳税人进项税额、销项税额抵减、应交税金、转出未交增值税、减免税款、出口抵减内销产品应纳税额、销项税额、出口退税、进项税额转出、转出多交增值税等情况。该明细账设置以下专栏进行核算：

①进项税额，一般纳税人购进货物、加工修理修配劳务、服务、无形资产和不动产，支付或者负担的准予从当期销项税额中抵扣的增值税税额；

②销项税额抵减，按照现行增值税制度规定因扣减销售额而减少的销项税额；

③应交税金，当月已交纳的应交增值税税额；

④转出未交增值税和转出多交增值税，月度终了转出当月应交未交或多交的增值税税额；

⑤减免税款，按现行增值税制度规定准予减免的增值税税额；

⑥出口抵减内销产品应纳税额，按规定计算的出口货物的进项税额抵减内销产品的应纳税额；

⑦销项税额，销售货物、加工修理修配劳务、服务、无形资产和不动产时按照销售额和增值税税率计算并收取的增值税税额；

⑧出口退税，出口货物、加工修理修配劳务、服务、无形资产按规定退回的增值税税额；

⑨进项税额转出，购进货物、加工修理修配劳务、服务、无形资产或不动产等发生非正常损失及其他原因而不应从销项税额中抵扣、按规定转出的进项税额。

(2)未交增值税　核算纳税人月度终了从“应交增值税”或“预交增值税”明细科目转入当月应交未交、多交或预交的增值税税额，以及当月交纳以前期间未交的增值税税额。

(3)预交增值税　核算纳税人转让不动产、提供不动产经营租赁服务、提供建筑服务、采用预收款方式销售自行开发的房地产项目等，以及其他按现行增值税制度规定应预交的增值税税额。

(4)待抵扣进项税额　核算纳税人已取得增值税扣税凭证并经税务机关认证，按照现行增值税制度规定准予以后期间从销项税额中抵扣的进项税额。

(5)待认证进项税额　核算纳税人由于未经税务机关认证而不得从当期销项税额中抵扣的进项税额。包括：已取得增值税扣税凭证、按现行增值税制度在准予从销项税额中抵扣，但尚未经税务机关认证的进项税额；已申报稽核但尚未取得稽核相符结果的海关缴款书进项税额。

(6)待转销项税额　核算纳税人销售货物、加工修理修配劳务、服务、无形资产或不动产，已确认相关收入(或利得)但尚未发生增值税纳税义务而需要在以后期间确认为销项税额的增值税税额。

(7)简易计税　核算一般纳税人采用简易计税方法发生的增值税计提、扣减、预缴、缴纳等业务。

(8)转让金融商品应交增值税　核算纳税人转让金融商品发生的增值税税额。

(9)代扣代缴增值税　核算纳税人购进在境内未设经营机构的境外单位或个人在境内的应税行为代扣代缴的增值税。

2. 取得资产、接受劳务或服务

(1)购进货物、加工修理修配劳务、服务、无形资产或不动产，按应计入相关资产或成本费用的金额，借记“材料采购”“在途物资”“原材料”“库存商品”“生产成本”“无形资产”“固定资产”“管理费用”等科目，按当月已认证的可抵扣增值税税额，借记“应交税费——应交增值税(进项税额)”科目，按当月未认证的可抵扣增值税税额，借记“应交税费——应交增值税(待认证进项税额)”科目，按实际支付或应付的金额，贷记“银行存款”“应付账款”“应付票据”等科目。购进货物等发生退回，应根据税务机关开具的红字增值税专用发票编制相反的会计分录，如原增值税专用发票未做认证，应将发票退回并作相反的会计分录。

购进农产品，除取得增值税专用发票或海关进口增值税专用缴款书外，按农产品收购发票或者销售发票上注明的农产品买价和9%的扣除率计算进项税额；如用于生产销售或委托加工13%税率货物的农产品，按照农产品收购发票或者销售发票上注明的农产品买价和10%的扣除率计算进项税额；借记“应交税费——应交增值税(进项税额)”科目，按农产品买价扣除进项税额后的差额，借记“材料采购”“在途物资”“原材料”“库存商品”等科目，按实际支付或应付的金额，贷记“银行存款”“应付账款”“应付票据”等科目。

【例3-23】天胜公司为增值税一般纳税人，适用增值税税率为13%，原材料采用实际成本核算，销售商品价格为不含增值税的公允价格。2×20年7月发生交易或事项及相关的账务处理如下：

①3日，购入材料一批，增值税专用发票上注明：价款200 000元，增值税税额26 000元。货款已付，材料尚未到达。

借：在途物资	200 000	
应交税费——应交增值税(进项税额)	26 000	
贷：银行存款		226 000

②8日，收到3日购入的原材料并验收入库。同日与运输公司结清运费，取得增值税专用发票上注明的运输费用2 000元，税率9%，增值税税额180元，以转账支票支付。

借：原材料	202 000	
应交税费——应交增值税(进项税额)	180	
贷：在途物资		200 000
银行存款		2 180

③12日，购入一台不需要安装的设备，增值税专用发票上注明的价款为50 000元，增值税税额为6 500元，款项尚未支付。

借：固定资产——设备	50 000	
应交税费——应交增值税(进项税额)	6 500	
贷：应付账款		56 500

④18日，购入农产品一批，收购发票上注明的买价100 000元，规定的扣除率为9%，农产品到达并验收入库，款项以银行存款支付。

进项税额＝100 000×9%＝9 000(元)

材料成本＝100 000－9 000＝91 000(元)

借:原材料　　91 000
　　应交税费——应交增值税(进项税额)　　9 000
　　贷:银行存款　　100 000

⑤23 日,管理部门一台设备进行维修,取得对方开具的增值税专用发票上注明的修理费用 10 000 元,增值税额 1 300 元,以银行存款支付。

借:管理费用　　10 000
　　应交税费——应交增值税(进项税额)　　1 300
　　贷:银行存款　　11 300

⑥28 日,公司购入一栋办公楼,并投入使用。取得经税务机关认证的增值税专用发票上注明的价款 2 000 000 元,税率为 9%,增值税税额为 180 000 元,款项以银行存款支付。

借:固定资产　　2 000 000
　　应交税费——应交增值税(进项税额)　　180 000
　　贷:银行存款　　2 180 000

(2)货物等已验收入库但尚未取得增值税扣税凭证,企业应在月末按货物清单或相关合同协议上的价格暂估入账,不需将增值税进项税额暂估入账。下月初,用红字冲销原暂估入账金额,待取得增值税扣税凭证并经验证后,按应计入相关资产或成本费用的金额,借记“材料采购”“在途物资”“原材料”“库存商品”“生产成本”“无形资产”“固定资产”“管理费用”等科目,按当月已认证的可抵扣增值税税额,借记“应交税费——应交增值税(进项税额)”科目,按实际支付或应付的金额,贷记“银行存款”“应付账款”“应付票据”等科目。

【例 3-24】 承【例 3-23】,2×20 年 7 月 31 日,天胜公司购进原材料一批已验收入库,但尚未收到增值税扣税凭证,款项也未支付。随货同行的材料清单列明原材料销售价格为 200 000 元。公司据此应编制如下会计分录:

借:原材料　　200 000
　　贷:应付账款——暂估应付账款　　200 000

下月初,用红字冲销:

借:原材料　　[200 000]
　　贷:应付账款——暂估应付账款　　[200 000]

2×20 年 8 月 5 日,取得增值税专用发票上注明价款 200 000 元,增值税税额为 26 000 元,款项以银行存款支付。公司的会计处理如下:

借:原材料　　200 000
　　应交税费——应交增值税(进项税额)　　26 000
　　贷:银行存款　　226 000

(3)进项税额转出　企业已单独确认进项税额的购进货物、加工修理修配劳务或者服务、无形资产或者不动产但其事后改变用途(如用于简易计税方法计税项目、免征增值税项目、非增值税应税项目等),或发生非正常损失,原已计入进项税额、待抵扣进项税额或待认证进项税额,按照现行增值税制度规定不得从销项税额中抵扣。“非正常损失”是指因管理不善造成货物被盗、丢失、霉烂变质,以及因违反法律法规造成货物或者不动产被依法没收、销毁、拆除等情形。

进项税额转出的账务处理为，借记“待处理财产损溢”“应付职工薪酬”“固定资产”“无形资产”等科目，贷记“应交税费——应交增值税（进项税额转出）”“应交税费——待抵扣进项税额”或“应交税费——待认证进项税额”科目。属于转作待处理财产损失的进项税额，应与非正常损失的购进货物、在产品或库存商品、固定资产或无形资产的成本一并处理。

【例 3-25】 承【例 3-23】，2×20 年 7 月份，某公司发生进项税额转出事项如下：

①12 日，库存材料因管理不善发生火灾损失，实际成本 30 000 元，相关增值税专用发票注明的增值税税额为 3 900 元，毁损库存材料作为待处理财产损溢处理。

借：待处理财产损溢——待处理流动资产损溢	33 900	
贷：原材料		30 000
应交税费——应交增值税（进项税额转出）		3 900

②15 日，领用一批外购原材料用于集体福利，该批原材料实际成本 50 000 元，相关增值税专用发票注明的增值税税额为 6 500 元。

借：应付职工薪酬——职工福利费	56 500	
贷：原材料		50 000
应交税费——应交增值税（进项税额转出）		6 500

需要说明的是，一般纳税人购进货物、加工修理修配劳务或者服务、无形资产或者不动产，用于简易计税方法计税项目、免征增值税项目、集体福利或个人消费等，即使取得的增值税专用发票上已注明增值税进项税额，该税额按照现行增值税制度规定也不得从销项税额中抵扣，取得增值税专用发票时，应将待认证的目前不可抵扣的增值税进项税额，借记“应交税费——待认证进项税额”科目，贷记“银行存款”“应付账款”等科目。经税务机关认定为不可抵扣增值税进项税额时，借记“应交税费——应交增值税（进项税额）”科目，贷记“应交税费——待认证进项税额”科目；同时，将增值税进项税额转出，借记相关资产或成本费用科目，贷记“应交税费——应交增值税（进项税额转出）”科目。

【例 3-26】 承【例 3-23】，2×20 年 7 月 30 日，公司外购电风扇 200 台作为福利发放给职工，取得增值税专用发票注明的价款 80 000 元，增值税税额为 10 400 元，以银行存款支付全部款项，专用发票尚未经税务机关认证。公司的账务处理如下：

①购入电风扇时：

借：库存商品——电风扇	80 000	
应交税费——待认证进项税额	10 400	
贷：银行存款		90 400

②经税务机关认证不可抵扣时：

借：应交税费——应交增值税（进项税额）	10 400	
贷：应交税费——待认证进项税额		10 400

同时，转出进项税额：

借：库存商品——电风扇	10 400	
贷：应交税费——应交增值税（进项税额转出）		10 400

③实际发放福利时：

借：应付职工薪酬——非货币性福利	90 400	
贷：库存商品——电风扇		90 400

3. 销售等业务的账务处理

(1)企业销售货物、加工修理修配劳务或者服务、无形资产或者不动产,按已收或应收的金额,借记"银行存款""应收票据""应收账款"等科目,按取得的收益金额,贷记"主营业务收入""其他业务收入""固定资产清理"等科目,按现行增值税制度规定计算的销项税额(或采用简易计税方法计算的应纳增值税),贷记"应交税费——应交增值税(销项税额)"或"应交税费——简易计税"科目。

企业发生销售退回的,应根据税务机关开具的红字增值税专用发票做相反处理。根据会计准则相关规定的收入或利得确认时点早于按现行增值税制度确认增值税纳税义务发生时点的,应将相关销项税额记入"应交税费——待转销项税额"科目,待实际发生纳税义务时再转入"应交税费——应交增值税(销项税额)"或"应交税费——简易计税"科目。按现行增值税制度确认增值税纳税义务发生时点早于根据会计准则相关规定的收入或利得确认时点的,应将应纳增值税额,借记"应收账款"科目,贷记"应交税费——应交增值税(销项税额)"或"应交税费——简易计税"科目。根据会计准则相关规定确认收入和利得时,应按扣除增值税销项税额后的金额确认收入或利得。

【例 3-27】 承【例 3-23】,2×20 年 7 月份,公司发生销售的交易或事项如下:

①14 日,销售产品一批,开具增值税专用发票上注明的价款为 4 000 000 元,增值税额为 520 000 元,提货单和发票已交给买方,款项收存银行。

借:银行存款　　　　　　　　　　　4 520 000
　　贷:主营业务收入　　　　　　　　　4 000 000
　　　　应交税费——应交增值税(销项税额)　520 000

②24 日,为外单位加工产品 900 件,每件收取加工费 100 元,已加工完成。开具增值税专用发票注明的价款 90 000 元,增值税税额为 11 700 元,款项尚未收到。

借:应收账款　　　　　　　　　　　101 700
　　贷:主营业务收入　　　　　　　　　90 000
　　　　应交税费——应交增值税(销项税额)　11 700

(2)视同销售　企业的有些交易或事项按现行增值税制度规定,应视同销售,计算应交增值税。主要包括以下情况:

①企业将自产或委托加工的货物用于集体福利或个人消费;

②企业将自产或委托加工的货物作为投资提供给其他单位或个体工商户;

③企业将自产或委托加工的货物分配给股东或投资者;

④企业将自产或委托加工的货物对外捐赠等。

企业应根据视同销售的具体内容,按照现行增值税制度规定计算的销项税额(或采用简易计税方法计算的应纳增值税税额),借记"应付职工薪酬""长期股权投资""利润分配""营业外支出"等科目,贷记"应交税费——应交增值税(销项税额)"或"应交税费——简易计税"科目。

【例 3-28】 承【例 3-23】,2×20 年 7 月份,天胜公司发生视同销售的交易或事项账务处理如下:

①6 日,公司以一批原材料对外进行长期股权投资。该批原材料实际成本 500 000 元,双方协商不含税价 700 000 元,开具的增值税专用发票上注明的增值税税额为 91 000 元。

借：长期股权投资　　791 000
　　贷：其他业务收入　　700 000
　　　　应交税费——应交增值税(销项税额)　　91 000

同时结转成本，

借：其他业务成本　　500 000
　　贷：原材料　　500 000

②20 日，以公司生产的产品对外捐赠，该产品的实际成本 300 000 元，市场不含税售价 360 000 元，开具的增值税专用发票上注明的增值税税额为 46 800 元。

借：营业外支出　　346 800
　　贷：库存商品　　300 000
　　　　应交税费——应交增值税(销项税额)　　46 800

4. 交纳增值税的账务处理

(1)企业交纳当月应交的增值税，借记"应交税费——应交增值税(应交税金)"科目，贷记"银行存款"科目。

(2)企业交纳以前期间未交的增值税，借记"应交税费——应交增值税(未交增值税)"科目，贷记"银行存款"科目。

【例 3-29】承【例 3-23】至【例 3-28】，2×20 年 7 月份，公司当月发生增值税销项税额合计为 669 500 元，增值税进项税额转出合计为 20 800 元，增值税进项税额合计为 259 380 元。

进项税额＝26 000＋180＋6 500＋9 000＋1 300＋180 000＋26 000＋10 400＝259 380(元)

销项税额＝520 000＋11 700＋91 000＋46 800＝669 500(元)

进项税额转出＝3 900＋6 500＋10 400＝20 800(元)

公司当月应交增值税＝669 500＋20 800－259 380＝430 920(元)

公司当月以银行存款实际交纳增值税税款 400 920 元，账务处理如下：

借：应交税费——应交增值税(应交税金)　　400 920
　　贷：银行存款　　400 920

5. 月末转出多交增值税和未交增值税

月度终了，企业应将当月应交未交或多交的增值税自"应交增值税"明细科目转入"未交增值税"明细科目。

(1)当月应交未交的增值税，借记"应交税费——应交增值税(转出未交增值税)"科目，贷记"应交税费——未交增值税"科目。

(2)当月多交的增值税，借记"应交税费——未交增值税"科目，贷记"应交税费——应交增值税(转出多交增值税)"科目。

【例 3-30】承【例 3-29】，2×20 年 7 月 31 日，公司将尚未交纳的增值税进行转账。账务处理如下：

借：应交税费——应交增值税(转出未交增值税)　　30 000
　　贷：应交税费——未交增值税　　30 000

8 月份，公司交纳未交的增值税 30 000 元，账务处理如下：

借：应交税费——未交增值税　　　　30 000

　　贷：银行存款　　　　30 000

需要说明的是，企业购入商品、材料等不能取得增值税专用发票的，其进项税额应计入相关资产成本，不得抵扣进项税额。借记“库存商品”“材料采购”“在途物资”“原材料”等科目，贷记“银行存款”科目。

（三）小规模纳税人的账务处理

小规模纳税人核算增值税采用简易计税方法，购进货物、应税服务或应税行为，取得增值税专用发票上注明的增值税，一律不得抵扣，直接计入相关资产或成本费用。按照不含税销售额和规定的增值税征收率计算交纳增值税，不得开具增值税专用发票。

应纳税额＝不含税销售额×征收率

其中：不含税销售额＝含税销售额÷（1＋征收率）。

小规模纳税人的账务处理只允许在“应交税费”科目下设置“应交增值税”明细科目，不需再设专栏。该科目贷方登记应交纳的增值税，借方登记已交纳的增值税；期末贷方余额反映尚未交纳的增值税，借方余额反映多交纳的增值税。

小规模纳税人购进货物、应税服务或应税行为，按照实际支付或应付的全部款项，借记“库存商品”“材料采购”“在途物资”“原材料”等科目，贷记“银行存款”“应付账款”“应付票据”等科目；销售货物、应税服务或应税行为，应按全部价款，借记“银行存款”“应收账款”等科目，按不含税销售额，贷记“主营业务收入”等科目，按应交增值税税额，贷记“应交税费——应交增值税”科目。

【例 3-31】 某企业为小规模纳税人，适用增值税征收税率为 3%，材料按实际成本核算。2×20 年 8 月发生如下交易：购入材料一批，取得增值税专用发票上注明：价款 50 000 元，增值税税额 6 500 元，材料已验收入库，开出商业承兑汇票一张；销售产品一批，开具的普通发票上注明的含税价格为 82 400 元，价款收存银行。用银行存款交纳增值税 2 400 元，企业账务处理如下：

（1）购进材料：

借：原材料　　　　56 500

　　贷：应付票据——商业承兑汇票　　　　56 500

（2）销售产品：

不含税销售额＝82 400÷（1＋3%）＝80 000（元）

应纳增值税＝80 000×3%＝2 400（元）

借：银行存款　　　　82 400

　　贷：主营业务收入　　　　80 000

　　　　应交税费——应交增值税　　　　2 400

（3）交纳增值税：

借：应交税费——应交增值税　　　　2 400

　　贷：银行存款　　　　2 400

三、应交消费税

（一）消费税概述

消费税是指对在我国境内从事生产、委托加工及进口应税消费品的单位和个人，就其应税消费品的销售额或销售数量征收的一种流转税，有从价定率、从量定额、复合计税三种征收方法。

1. 从价定率计征

计算公式为：应纳税额＝不含税销售额×适用税率

2. 从量定额计征

计算公式为：应纳税额＝应税消费品销售数量×单位应税消费品应纳税额

3. 复合计税计征

计算公式为：应纳税额＝不含税销售额×适用税率＋应税消费品销售数量×单位应税消费品应纳税额

(二)应交消费税的账务处理

企业应在“应交税费”科目下设置“应交消费税”明细科目，核算应交消费税的发生、交纳情况。该科目贷方登记应交纳的消费税，借方登记已交纳的消费税。期末贷方余额，反映尚未交纳的消费税，借方余额反映多交的消费税。

1. 销售应税消费品

企业销售应税消费品的应交消费税额，借记“税金及附加”等科目，贷记“应交税费——应交消费税”账户。退税时做相反会计分录。

【例 3-32】天胜公司为一般纳税人，本月销售其生产的应纳消费税产品的售价为 400 000 元，增值税税款 52 000 元，产品成本为 250 000 元，消费税税率为 10%。产品已经发出，价税款均已收存银行。公司账务处理如下：

(1)销售取得价税款时：

借：银行存款　　452 000

　贷：主营业务收入　　400 000

　　应交税费——应交增值税(销项税额)　　52 000

(2)计算应纳消费税：

应纳消费税税额＝400 000×10%＝40 000(元)

借：税金及附加　　40 000

　贷：应交税费——应交消费税　　40 000

(3)结转销售成本：

借：主营业务成本　　250 000

　贷：库存商品　　250 000

2. 自用应税消费品

企业以生产的应税消费品作为股权投资、用于在建工程等非生产机构时，按规定应交纳的消费税，应计入有关的成本。借记“长期股权投资”“在建工程”等科目，贷记“应交税费——应交消费税”科目。

【例 3-33】承【例 3-32】，若公司以其应纳消费税产品用于专项工程，则公司账务处理如下：

借：在建工程　　342 000

　贷：库存商品　　250 000

应交税费——应交增值税(销项税额)　　52 000

应交税费——应交消费税　　40 000

3. 委托加工应税消费品

按税法规定,企业委托加工的应税消费品,由受托方在向委托方交货时代收代缴消费税。委托加工的应税消费品,收回后直接用于销售的,应将受托方代收代缴的消费税计入委托加工消费品的成本,借记“委托加工物资”科目,贷记“银行存款”“应付账款”等科目,销售时不再交纳消费税;收回后用于连续生产应税消费品的,所纳税款按规定准予抵扣,借记“应交税费——应交消费税”科目,贷记“银行存款”“应付账款”等科目,待用委托加工的应税消费品生产出应纳消费税的产品销售时,再交纳消费税。

【例 3-34】 天胜公司委托风云公司加工一批应税消费品(非金银首饰),发出的加工材料实际成本为 500 000 元,应付加工费 40 000 元,增值税税率 13%,风云公司代收代缴消费税额 60 000 元。材料加工完毕,消费税适用税率为 10%。加工费及相关税费尚未支付,材料采用实际成本核算,公司账务处理如下:

(1)委托加工物资应纳消费税的计算:

消费税的组成计税价格=(500 000+40 000)÷(1−10%)=600 000(元)

代收代缴的消费税额=600 000×10%=60 000(元)

(2)加工收回后继续用于生产应税消费品:

借:委托加工物资　　500 000

　贷:原材料　　500 000

借:委托加工物资　　40 000

　应交税费——应交增值税(进项税额)　　5 200

　　　　——应交消费税　　60 000

　贷:应付账款　　105 200

借:原材料　　540 000

　贷:委托加工物资　　540 000

(3)加工收回后直接对外销售:

借:委托加工物资　　500 000

　贷:原材料　　500 000

借:委托加工物资　　100 000

　应交税费——应交增值税(进项税额)　　5 200

　贷:应付账款　　105 200

借:原材料　　600 000

　贷:委托加工物资　　600 000

4. 进口应税消费品

企业进口应税货物的消费税由海关代征。按照组成计税价格和规定税率计算,计入该项物资成本。借记“库存商品”“材料采购”“在途物资”“原材料”等科目,贷记“银行存款”等科目。

四、其他应交税费

其他应交税费是指除上述应交税费以外的其他各种应上交国家的税费，包括资源税、土地增值税、所得税、房产税、土地使用税、城市维护建设税、车船税、教育费附加等。企业应当在“应交税费”科目下设置相应的明细科目进行核算。

(一)资源税

资源税是国家对在我国境内开采矿产品或者生产盐的单位和个人征收的税种。

(1)对外销售应税产品应交纳的资源税应计入“税金及附加”科目，借记“税金及附加”科目，贷记“应交税费——应交资源税”科目。

(2)自产自用应税产品应纳的资源税应计入“生产成本”“制造费用”等科目，借记“生产成本”“制造费用”等科目，贷记“应交税费——应交资源税”等科目。

资源税按应税产品的课税数量和规定的单位税额计算，其计算公式为：

应纳税额＝课税数量×单位税额

【例 3-35】 某企业本期对外销售资源税应税矿产品 2 000 吨，将资产应税矿产品 1 000 吨用于产品生产，税法规定应税矿产品 5 元/吨。企业账务处理如下：

(1)对外销售：应纳资源税＝2 000×5＝10 000(元)

借：税金及附加　　10 000

　贷：应交税费——应交资源税　　10 000

(2)自产自用：应纳资源税＝1 000×5＝5 000(元)

借：生产成本　　5 000

　贷：应交税费——应交资源税　　5 000

(3)交纳资源税：

借：应交税费——应交资源税　　15 000

　贷：银行存款　　15 000

(二)土地增值税

土地增值税是指国家对转让国有土地使用权、地上建筑物及其附着物并取得收入的单位和个人征收的一种税。

土地增值税按照转让房地产所取得的增值额和规定的税率计算征收。房地产转让的增值额是转让收入减去税法规定扣除项目金额后的余额。税率采用四级超率累进税率，分别为30%、40%、50%和 60%，根据房地产核算方法不同分别情况进行会计处理。

(1)企业转让的土地使用权同地上建筑物及其附着物一并在“固定资产”科目核算的，转让时应交的土地增值税，借记“固定资产清理”科目，贷记“应交税费——应交土地增值税”科目；

(2)土地使用权在“无形资产”科目核算的，转让时应借记“银行存款”“累计摊销”“无形资产减值准备”科目，按应交的土地增值税，贷记“应交税费——应交土地增值税”科目，同时冲减土地使用权账面价值，贷记“无形资产”科目，按其差额借记或贷记“资产处置损益”科目；

(3)房地产开发企业销售房地产应交纳的土地增值税，借记“税金及附加”科目，贷记“应交税费——应交土地增值税”科目。

企业实际交纳土地增值税时，借记“应交税费——应交土地增值税”科目，贷记“银行存款”

科目。

【例 3-36】天胜公司对外转让办公楼一栋，根据税法规定计算的应交土地增值税为 50 000 元，公司账务处理如下：

①计算应交土地增值税：

借：固定资产清理　　50 000

　贷：应交税费——应交土地增值税　　50 000

②实际交纳土地增值税：

借：应交税费——应交土地增值税　　50 000

　贷：银行存款　　50 000

(三)城市维护建设税

城市维护建设税是指对从事生产经营活动的单位和个人，以其实际缴纳的增值税、消费税税额为计税依据，按照规定税率计算征收的专项用于城市维护建设的一种税。税率分别为：市区 7%，县、镇 5%，其他 1%。应纳税额的计算公式为：

应纳税额＝(实际交纳的增值税＋实际交纳的消费税)×适用税率

企业按规定计算出应交纳的城市维护建设税，借记“税金及附加”科目，贷记“应交税费——应交城市维护建设税”科目；实际交纳时，借记“应交税费——应交城市维护建设税”科目，贷记“银行存款”科目。

【例 3-37】天胜公司 2×20 年 6 月份实际交纳增值税 630 000 元，消费税 320 000 元，适用的城市维护建设税税率为 7%。公司账务处理如下：

(1)计算应交纳城市维护建设税：

应交纳城市维护建设税＝(630 000＋320 000)×7%＝66 500(元)

借：税金及附加　　66 500

　贷：应交税费——应交城市维护建设税　　66 500

(2)实际交纳时：

借：应交税费——应交城市维护建设税　　66 500

　贷：银行存款　　66 500

(四)教育费附加

教育费附加是指为加快发展地方教育事业，扩大地方教育经费资金来源而向企业征收的附加费用。教育费附加以各单位实际缴纳的增值税、消费税的税额为计税依据，按其一定比例分别与增值税、消费税同时缴纳。企业按规定计算出应交纳的教育费附加，借记“税金及附加”科目，贷记“应交税费——应交教育费附加”科目。实际交纳时，借记“应交税费——应交教育费附加”科目，贷记“银行存款”科目。

【例 3-38】天胜公司 2×20 年 6 月份实际交纳增值税 630 000 元，消费税 320 000 元，适用的教育费附加税率为 3%。公司账务处理如下：

(1)计算应交教育费附加：

应交纳教育费附加＝(630 000＋320 000)×3%＝28 500(元)

借：税金及附加　　28 500

　贷：应交税费——应交教育费附加　　28 500

(2)实际交纳时:

借:应交税费——应交教育费附加　　28 500

　贷:银行存款　　28 500

(五)房产税、城镇土地使用税和车船税

房产税是国家对在城市、县城、建制镇和工矿区征收的由产权所有人缴纳的一种税。房产税按照房产原值一次减去10%～30%后的余值计算交纳,税率为1.2%。没有原值的,由房地产所在地税务机关核定;房产出租的,以租金收入为计税依据,税率为12%。

城镇土地使用税是指国家在城市、县城、建制镇、工矿区范围内,对使用土地的单位和个人,以其实际占用的土地面积为计税依据,按照规定的税额计算征收的一种税。

车船税是指在中华人民共和国境内的车辆、船舶的所有人或者管理人按照中华人民共和国车船税法应缴纳的一种税。

企业应交的房产税、城镇土地使用税、车船税,记入"税金及附加"科目,借记"税金及附加"科目,贷记"应交税费——应交房产税、城镇土地使用税、车船税"等科目。

【例3-39】天胜公司按税法规定计算出本月应交纳房产税120 000元,车船税32 000元,城镇土地使用税60 000元。公司账务处理如下:

(1)计算应交纳上述税金:

借:税金及附加　　212 000

　贷:应交税费——应交房产税　　120 000

　　　　　　——应交车船税　　32 000

　　　　　　——应交城镇土地使用税　　60 000

(2)实际交纳时:

借:应交税费——应交房产税　　120 000

　　　　　——应交车船税　　32 000

　　　　　——应交城镇土地使用税　　60 000

　贷:银行存款　　212 000

(六)应交个人所得税

企业职工按规定应交纳的个人所得税通常由单位代扣代缴,企业按规定计算的代扣代缴的职工个人所得税,借记"应付职工薪酬"科目,贷记"应交税费——应交个人所得税"科目;企业实际交纳时,借记"应交税费——应交个人所得税"科目,贷记"银行存款"科目。

【例3-40】天胜公司结算本月应付职工工资总额为400 000元,按税法规定应代扣代缴的个人所得税共计为4 000元,实发工资396 000元。公司账务处理如下:

(1)代扣个人所得税:

借:应付职工薪酬——工资　　4 000

　贷:应交税费——应交个人所得税　　4 000

(2)实际交纳时:

借:应交税费——应交个人所得税　　4 000

　贷:银行存款　　4 000

第五节 长期借款

一、长期借款概述

长期借款是企业向银行等金融机构借入的偿还期限在一年以上的各种款项。一般用于固定资产的购建、改扩建工程、大修理工程、对外投资以及为了保持长期经营能力等方面。

企业向金融部门借入款项时，必须首先提出申请，说明借款原因、使用时间、使用计划、归还期限等，然后签订借款合同，取得银行或其他金融机构的借款。

二、长期借款的账务处理

企业应当设置“长期借款”科目核算企业长期借款的借入、应计利息和偿还本息的会计处理。该科目贷方登记借入长期借款的本金、应计利息；借方登记长期借款归还的本息；贷方余额反映尚未偿还的长期借款的本金和利息。该科目应按借款单位设置明细科目，并进行明细核算。

(一)企业借入长期借款

企业取得长期借款时，应借记“银行存款”科目，贷记“长期借款——本金”科目，如存在差额，还应借记“长期借款——利息调整”科目。

(二)长期借款利息的处理

长期借款的利息可以分期支付，也可以借款到期还本时一次支付，究竟采用哪种方法，需视贷款合同的具体规定。如果分期付息要通过“应付利息”科目核算；如果到期一次还本付息通过“长期借款——应计利息”科目核算。长期借款利息可以采取两种处理方法：一是在发生时直接确认为当期费用；二是予以资本化。在我国会计实务中，对借款费用采取了不同的处理方法：

(1)为购建固定资产而发生的专门借款费用，在固定资产达到预定可使用状态前所发生的借款费用，符合资本化条件的予以资本化，计入所建造的固定资产价值。借记“在建工程”科目，贷记“应付利息”“长期借款——应计利息”科目。

(2)为建造固定资产而发生的专门借款费用，在固定资产达到预定使用状态后所发生的，直接计入当期损益。借记“财务费用”科目，贷记“应付利息”“长期借款——应计利息”科目。

(3)属于流动负债性质的借款费用，或者虽然是非流动负债性质但不是用于购建固定资产的借款费用，直接计入当期损益，即使是需要经过相当长时间才能达到可销售状态的存货，也不将借款费用计入所制造的存货的价值内。借记“财务费用”科目，贷记“应付利息”“长期借款——应计利息”科目。

(4)在筹建期间发生的非流动负债费用(除为购建固定资产而发生的专门借款费用外)，计入长期待摊费用。借记“长期待摊费用”科目(在生产经营当月一次转入损益)，贷记“长期借款”科目。

(三)长期借款到期归还

企业归还长期借款的本金时，应按归还的金额，借记“长期借款——本金”科目，贷记“银行存款”科目，到期一次还本付息的，还应借记“长期借款——应计利息”科目，贷记“银行存款”科目。

【例 3-41】天胜公司为建造一幢厂房，2×19 年 1 月 1 日借入期限为两年的长期借款 1 000 000 元，借款年利率为 6%，每年付息一次，到期后一次还清本金，款项已存入银行。该厂房一年完工并交付使用。公司账务处理如下：

(1)2×19 年 1 月 1 日取得借款：

借：银行存款　　1 000 000

　贷：长期借款——本金　　1 000 000

(2)2×19 年末计息时：

应计利息＝1 000 000×6%＝60 000 元

借：在建工程　　60 000

　贷：应付利息　　60 000

同时支付利息时：

借：应付利息　　60 000

　贷：银行存款　　60 000

(3)2×20 年末计息并归还本金时：

借：财务费用　　60 000

　长期借款——本金　　1 000 000

　贷：银行存款　　1 060 000

第四章　所有者权益

【知识目标】通过本章的学习，明确所有者权益的概念及其构成，领会所有者权益构成部分的含义及内容，掌握实收资本(或股本)、资本公积、盈余公积和未分配利润的概念和种类。

【技能目标】在实现知识目标的基础上，熟练掌握实收资本在不同出资方式下的会计核算，资本公积按不同渠道形成时的会计核算，盈余公积提取、使用的会计核算，未分配利润形成的会计核算。

【思政目标】通过在教学中有机融入习近平新时代中国特色社会主义思想、社会主义核心价值观及职业理想与道德等相关内容，激发学生学习报国的家国情怀和使命担当，提高学生的思想政治意识。

所有者权益是指所有者在企业资产中享有的经济利益，其金额为资产减去负债后的余额。按其来源可分为所有者投入资本、其他综合收益、留存收益等，主要由实收资本(股本)、其他权益工具、资本公积、其他综合收益、留存收益构成。本章主要介绍实收资本(股本)、资本公积和留存收益的相关内容。

第一节　实收资本或股本

一、实收资本或股本概述

实收资本是指企业按照章程规定或合同、协议约定，接受投资者投入企业的资本，在股份有限公司称为股本。实收资本的结构比例或股东的股份比例，是确定所有者在企业所有者权益中份额的基础，是企业进行利润或股利分配的主要依据。

投资人或股东可以用货币资产投资，也可以用货币以外的实物资产、无形资产等可以用货币估价并可依法转让的非货币资产投资，但法律、行政法规规定的不得作为出资的财产除外。

二、实收资本或股本的账务处理

企业应设置“实收资本”科目，股份有限公司应设置“股本”科目，反映和监督企业实际收到的投资者投入资本的情况。“实收资本”科目贷方登记企业收到投资者符合注册资本的出资额；借方登记企业按照法定程序报经批准减少的注册资本；期末余额在贷方，反映企业实有的资本额。该科目应按照投资者设置明细科目进行明细核算。

(一)接受货币资产投资

1.一般企业接受货币资产投资

企业收到投资者投入的货币资产时,按实际收到的金额,借记“银行存款”等科目,按投资合同或协议约定的投资者在企业注册资本中所占份额的部分,贷记“实收资本”科目,企业实际收到的金额超过投资者在企业注册资本中所占份额的部分,贷记“资本公积——资本溢价”科目。

【例4-1】天胜公司收到A投资者投资3 000 000元,B投资者投资1 000 000元,已全部存入银行。根据银行的收款通知等凭证,公司账务处理如下:

借:银行存款	4 000 000	
贷:实收资本——A		3 000 000
——B		1 000 000

2.股份有限公司接受货币资产投资

股份有限公司为了反映和监督股份有限公司股本情况,应设置“股本”科目进行核算,该科目贷方登记已发行的股票面值;借方登记经批准核销的股票面值;期末贷方余额反映发行在外的股票面值。该科目应按股票的种类进行明细核算。

股份有限公司发行股票时,可以按面值发行股票,也可以溢价发行(我国目前不允许折价发行)。发行股票收到货币资产时,借记“银行存款”等科目,贷记“股本”科目,实际收到的金额与该股本之间的差额,贷记“资本公积——股本溢价”科目。

【例4-2】某股份有限公司发行普通股20 000 000股。每股面值1元,每股发行价格3元。假定股票发行成功,股款60 000 000元全部收到,不考虑发行过程中的税费等因素,公司账务处理如下:

股本溢价=60 000 000-20 000 000=40 000 000(元)

借:银行存款	60 000 000	
贷:股本		20 000 000
资本公积——股本溢价		40 000 000

(二)接受非货币资产投资

1.接受投入固定资产

企业接受投资者作价投入的房屋、建筑物、机器设备等固定资产,应按投资合同或协议约定的价值(不公允的除外)作为固定资产的入账价值,按其在注册资本(或股本)中所占的份额作为实收资本或股本入账,超过投资者在注册资本(或股本)中所占的份额部分,计入资本公积(资本溢价或股本溢价)。

【例4-3】天胜公司在设立时收到甲公司作为资本投入的不需安装的设备一台,合同约定设备的价值为1 000 000元,增值税进项税额130 000元(投资方提供增值税专用发票)。经约定,公司接受甲公司的投入资本1 130 000元,全部作为实收资本。公司账务处理如下:

借:固定资产	1 000 000	
应交税费——应交增值税(进项税额)	130 000	
贷:实收资本		1 130 000

2. 接受投入材料物资

企业接受投资者作价投入的材料物资，应按投资合同或协议约定的价值(不公允的除外)作为材料物资的入账价值，按其在注册资本(或股本)中所占的份额作为实收资本或股本入账，超过投资者在注册资本(或股本)中所占的份额部分，计入资本公积(资本溢价或股本溢价)。

【例4-4】 天胜公司接受乙公司投入的材料一批，投资合同约定价值为100 000元，增值税进项税额为13 000元(投资方提供增值税专用发票)。乙公司用实物资产出资与注册资本中所占份额相等。根据有关原始凭证，公司账务处理如下：

借：原材料	100 000	
应交税费——应交增值税(进项税额)	13 000	
贷：实收资本		113 000

3. 接受投入无形资产

企业收到投入的无形资产时，应按投资合同或协议约定的价值(不公允的除外)作为材料物资的入账价值，按其在注册资本(或股本)中所占的份额作为实收资本或股本入账，超过投资者在注册资本(或股本)中所占的份额部分，计入资本公积(资本溢价或股本溢价)。

【例4-5】 天胜公司收到丙公司作为投资的土地使用权一项，投资合同约定价值为200 000元，增值税进项税额为18 000元(投资方提供增值税专用发票)，丙公司用无形资产出资与注册资本中所占份额相等。根据有关的资产评估报告等凭证，公司账务处理如下：

借：无形资产——土地使用权	200 000	
应交税费——应交增值税(进项税额)	18 000	
贷：实收资本——丙公司		218 000

(三)实收资本(或股本)的增减变动

一般情况下，企业的实收资本应相对固定不变，但在某些特定情况下，实收资本也可能发生增减变化，发生变化时要向主管机关申请变更登记。如果擅自改变注册资本或抽逃资金，要受到工商行政管理部门的处罚。

1. 实收资本(或股本)的增加

(1)接受投资者追加投资　企业按规定接受投资者追加投资时，其核算方法与投资者初次投入时相同。

【例4-6】 甲、乙、丙共同投资设立了C有限责任公司，原注册资本5 000 000元，甲、乙、丙分别出资1 000 000元、1 500 000元、2 500 000元。为扩大经营规模，经批准，C有限责任公司注册资本扩大为6 000 000元，甲、乙、丙按照原出资比例分别追加200 000元、300 000元和500 000元。C有限责任公司如期收到甲、乙、丙追加的货币投资。C有限责任公司账务处理如下：

借：银行存款	1 000 000	
贷：实收资本——甲		200 000
——乙		300 000
——丙		500 000

(2)资本公积转增资本　企业用资本公积转增资本时，借记"资本公积——资本溢价(股本溢价)"科目，贷记"实收资本(或股本)"科目。

【例 4-7】 承【例 4-6】因扩大经营规模需要，经批准，C 有限责任公司按原出资比例将资本公积 1 000 000 元转增资本。C 有限责任公司账务处理如下：

借：资本公积　　1 000 000

　贷：实收资本——甲　　200 000

　　　　　　——乙　　300 000

　　　　　　——丙　　500 000

(3)盈余公积转增资本　企业用盈余公积转增资本时，借记“盈余公积”科目，贷记“实收资本(或股本)”科目。

【例 4-8】 承【例 4-6】因扩大经营规模需要，经批准，C 有限责任公司按原出资比例将盈余公积 1 000 000 元转增资本。C 有限责任公司账务处理如下：

借：盈余公积　　1 000 000

　贷：实收资本——甲　　200 000

　　　　　　——乙　　300 000

　　　　　　——丙　　500 000

2. 实收资本(或股本)的减少

企业按照法定程序报经批准减少注册资本的，按减少注册资本的金额减少实收资本。股份有限公司采用收购本公司股票的方式减资的，通过“库存股”科目核算回购股份的金额。减资时，按股票面值和注销股数计算的股票面值总额，借记“股本”科目，按注销库存股的账面余额，贷记“库存股”科目，按其差额，借记“资本公积——股本溢价”科目。股本溢价不足冲减的，应借记“盈余公积”“利润分配——未分配利润”科目。如果回购股票支付的价款低于面值总额的，借记“股本”科目，按所注销库存股的账面余额，贷记“库存股”科目，按其差额，贷记“资本公积——股本溢价”科目。

【例 4-9】 H 上市公司 2×20 年 12 月 31 日的股本为 100 000 000 元(面值为 1 元)，资本公积(股本溢价)为 30 000 000 元，盈余公积为 60 000 000 元。经股东大会批准，H 上市公司以现金回购方式回购本公司股票 30 000 000 股并注销。假定 H 上市公司按每股 2 元回购股票，不考虑其他因素，H 上市公司账务处理如下：

(1)回购本公司股票时：

库存股成本＝30 000 000×2＝60 000 000(元)

借：库存股　　60 000 000

　贷：银行存款　　60 000 000

(2)注销本公司股票时：

应冲减资本公积＝30 000 000×2－30 000 000×1＝30 000 000(元)

借：股本　　30 000 000

　　资本公积——股本溢价　　30 000 000

　贷：库存股　　60 000 000

【例 4-10】 承【例 4-9】假定 H 上市公司按每股 3 元回购股票，其他条件不变，H 上市公司账务处理如下：

(1)回购本公司股票时：

库存股成本＝30 000 000×3＝90 000 000(元)

借：库存股　　90 000 000
　贷：银行存款　　90 000 000

(2)注销本公司股票时：

应冲减资本公积＝30 000 000×3－30 000 000×1＝60 000 000(元)

由于应冲减的金额大于公司现有的资本公积，所以只能冲减资本公积 30 000 000 元，剩余的 30 000 000 元应冲减盈余公积。

借：股本　　30 000 000
　资本公积——股本溢价　　30 000 000
　盈余公积　　30 000 000
　贷：库存股　　90 000 000

【例 4-11】 承【例 4-9】假定 H 上市公司按每股 0.9 元回购股票，其他条件不变，H 上市公司账务处理如下：

(1)回购本公司股票时：

库存股成本＝30 000 000×0.9＝27 000 000(元)

借：库存股　　27 000 000
　贷：银行存款　　27 000 000

(2)注销本公司股票时：

应增加资本公积＝30 000 000×2－30 000 000×1＝30 000 000(元)

借：股本　　30 000 000
　贷：库存股　　27 000 000
　　资本公积——股本溢价　　3 000 000

第二节　资本公积

一、资本公积概述

资本公积是指企业收到投资者出资额超出其在注册资本(或股本)中所占份额的部分，以及其他资本公积等。资本公积包括资本溢价(或股本溢价)和其他资本公积等。

资本溢价(或股本溢价)的原因有投资者超额投入资本、溢价发行股票等。

其他资本公积是指除了资本溢价(或股本溢价)、净损益、其他综合收益和利润分配以外所有者权益的其他变动。

资本公积的核算包括资本溢价(或股本溢价)核算、其他资本公积核算、资本公积转增资本核算等内容。

二、资本公积的账务处理

为了反映和监督企业资本公积的增减变动情况，企业应当设置“资本公积”科目，该科目贷方登记资本公积的增加额；借方登记资本公积的减少额；期末贷方余额反映资本公积结存余额。该科目按资本公积的类别设置明细科目。

(一)资本溢价(股本溢价)

1.资本溢价

资本溢价是指投资者的实际出资额大于其在注册资本中所占份额的金额。当企业创立时,出资者认缴的出资额即为其注册资本,应全部计入"实收资本"账户,不会出现资本溢价。当企业重组并有新的投资者加入时,为了维护原投资者的利益,新投资者的出资额,并不一定能够全部作为实收资本处理。这是因为,在企业正常经营过程中投入的资金即使与企业创立时投入的资金在金额上一致,但其获利能力却是不一致的。企业创立时,要经过筹建、开辟产品市场等过程,从投入资金到取得投资回报,时间长、风险较大,资本利润率往往很低。而企业进行正常生产经营后,在一般情况下,资本利润率要高于企业初创阶段。企业经营过程中实现一部分净利润留在企业,形成留存收益,而留存收益也属于投资者权益,但未转入实收资本。因此,相同数量的投资,由于出资时间不同,其对企业的影响程度不同,由此带给投资者的权利也不同。所以,新投资者要付出大于原有投资者的出资额,才能取得相同的投资比例。投资者投入的资本中按其投资比例计算的出资额部分,应记入"实收资本"科目,大于部分应记入"资本公积"科目。

【例4-12】某企业原由甲、乙、丙三位股东各出资1 000 000元组建而成。注册资本为3 000 000元。企业经营两年后,为扩大生产经营规模,准备吸收新的投资者,使注册资本总额达到4 000 000元。丁投资者愿意出资1 500 000元而拥有该企业25%的股份。接银行的通知,收到丁投资者的投资。根据银行通知及有关原始凭证,公司账务处理如下:

借:银行存款　　1 500 000
　贷:实收资本——丁公司　　1 000 000
　　资本公积——资本溢价　　500 000

2.股本溢价

股份有限公司在发行股票筹集股本时,可以面值发行股票,也可以溢价发行股票(我国目前不准折价发行)。面值发行股票时,取得的收入全部作为股本处理;溢价发行时,取得的收入等于面值的部分计入股本,超出股票面值的溢价收入计入股本溢价。

发行股票相关的手续费、佣金等交易费用,如果是溢价发行股票的,应从溢价中抵扣,冲减资本公积(股本溢价);无溢价发行股票或溢价金额不足以抵扣的,应将不足抵扣的部分冲减盈余公积,盈余公积不足抵扣的冲减未分配利润。

【例4-13】某股份有限公司首次发行普通股10 000 000股,每股面值1元,每股发行价格5元,证券公司按发行收入的3%收取佣金从发行收入中扣除。某股份有限公司账务处理如下:

股票发行收入=10 000 000×5×(1-3%)=48 500 000(元)

应计入"资本公积"科目金额=10 000 000×5×(1-3%)-10 000 000×1=38 500 000(元)

借:银行存款　　48 500 000
　贷:股本　　10 000 000
　　资本公积——股本溢价　　38 500 000

(二)其他资本公积

其他资本公积是企业对被投资单位的长期股权投资采用权益法核算时,因被投资单位接受捐赠等原因所引起的被投资单位所有者权益变动中本企业应按持股比例分享的数额。被投资单位因接受捐赠等原因引起所有者权益增加时，企业应按持股比例计算出拥有的数额借记“长期股权投资”科目，贷记“资本公积——其他资本公积”科目。当企业处置该投资时，借记“资本公积——其他资本公积”科目，贷记“长期股权投资”科目。

【例 4-14】A 企业对 B 企业投资占 B 企业股本总额的 30%并对 B 企业有重大影响。2×20 年2 月，B 企业接受捐赠的设备一台，价值 1 000 000 元。对 B 企业因接受捐赠资产而增加的所有者权益，A 企业账务处理如下：

借：长期股权投资　　300 000

　贷：资本公积——其他资本公积　　300 000

(三)资本公积转增资本

经股东大会或类似机构决议，用资本公积转增资本时，应冲减资本公积，同时按照转增资本前的实收资本(或股本)的结构或比例，将转增的金额计入“实收资本”(或“股本”)科目下各所有者的明细分类科目。

第三节　留存收益

一、留存收益概述

留存收益是企业从历年实现的利润中提取或形成的留存于企业的一种内部积累。它是所有者权益的一个组成部分，包括盈余公积和未分配利润两部分。

盈余公积是指企业按照规定从净利润中按一定比例提取的、具有特定用途的一种内部积累资金。公司制企业的盈余公积包括法定盈余公积和任意盈余公积。法定盈余公积是按照规定的比例从净利润中提取的盈余公积。任意盈余公积是指企业按照股东大会或股东会决议提取的盈余公积。经批准可用盈余公积弥补亏损、转增资本或发放现金股利或利润等。

未分配利润是指企业实现的净利润经过弥补亏损、提取盈余公积以及向投资者分配利润后留存在企业的、历年结存的利润。相对于所有者权益的其他部分来说，企业对于未分配利润的使用权有较大的自主权。

二、留存收益的账务处理

(一)盈余公积

按照《中华人民共和国公司法》规定，公司制企业盈余公积应当按照净利润(减弥补以前年度亏损)的 10%提取。非公司制企业的提取比例可超过净利润的 10%。当法定盈余公积达到注册资本的 50%时可不再提取；任意盈余公积按公司章程或股东会决议提取。

为了反映和监督盈余公积的提取及使用情况，企业应设置“盈余公积”科目。该科目贷方登记盈余公积的提取数额，借方登记盈余公积用于补亏或转增资本的数额，期末贷方余额，反映盈余公积的结余数额。本科目按照盈余公积形成的来源设置“法定盈余公积”“任意盈余公积”两个明细科目。

1. 盈余公积的提取

(1)企业提取法定盈余公积时，借记“利润分配——提取法定盈余公积”科目，贷记“盈余公积——法定盈余公积”科目。

(2)企业提取任意盈余公积时，借记“利润分配——提取任意盈余公积”科目，贷记“盈余公积——任意盈余公积”科目。

【例 4-15】天胜公司 2×20 年实现净利润 3 000 000 元，根据《中华人民共和国公司法》的有关规定和股东会决定，法定盈余公积提取比例为 10%，任意盈余公积的提取比例为 5%，据此，该公司账务处理如下：

借：利润分配——提取法定盈余公积　　300 000
　　　　　　——提取任意盈余公积　　150 000
　贷：盈余公积——法定盈余公积　　　　300 000
　　　　　　——任意盈余公积　　　　150 000

2. 盈余公积的使用

(1)用盈余公积弥补企业亏损时，应借记“盈余公积”科目，贷记“利润分配——盈余公积补亏”科目。

【例 4-16】天胜公司以提取的法定盈余公积弥补当年的亏损 600 000 元。公司账务处理如下：

借：盈余公积——法定盈余公积　　600 000
　贷：利润分配——盈余公积补亏　　600 000

(2)用盈余公积转增企业资本时，应借记“盈余公积”科目，贷记“股本”或“实收资本”科目。

【例 4-17】某有限责任公司经股东会决议，将法定盈余公积 500 000 元用于转增股东资本，在股东中，除甲股东持股 40%外，其余乙和丙两股东各持股 30%。公司账务处理如下：

借：盈余公积——法定盈余公积　　500 000
　贷：实收资本——甲股东　　200 000
　　　　　　——乙股东　　150 000
　　　　　　——丙股东　　150 000

(3)用盈余公积发放现金股利或利润时，借记“盈余公积”科目，贷记“应付股利”科目。

【例 4-18】某股份有限公司经股东大会决议，将法定盈余公积 400 000 元用于发放现金股利，公司账务处理如下：

借：盈余公积　　400 000
　贷：应付股利　　400 000

(二)利润分配

利润分配是指企业根据国家有关规定和企业章程、投资者协议等，对企业当年可供分配的利润所进行的分配。

可供分配的利润＝当年实现的净利润(或净亏损)＋年初未分配利润(或－年初未弥补亏损)＋其他转入

利润分配的顺序：①提取法定盈余公积；②提取任意盈余公积；③向投资者分配利润。

企业应通过"利润分配"科目,核算企业利润的分配(或亏损的弥补)和历年分配或弥补后的未分配利润(或未弥补亏损)。该科目应分别设置"提取法定盈余公积""提取任意盈余公积""应付现金股利或利润""盈余公积补亏""未分配利润"等科目进行明细核算。企业未分配利润通过"利润分配——未分配利润"明细科目进行核算。企业在年度终了,结转全年实现的净利润时,借记"本年利润"科目,贷记"利润分配——未分配利润"科目;如果企业本年亏损,转出亏损时,借记"利润分配——未分配利润"科目,贷记"本年利润"科目;结清"利润分配"科目下的其他明细账户(如应付优先股股利、应付普通股股利、提取法定盈余公积、提取任意盈余公积、盈余公积补亏等)余额时,应将这些明细科目的余额全部转入"未分配利润"明细科目。结转后,"未分配利润"明细科目余额如在贷方,表示期末累计未分配利润;余额如在借方,表示期末累计未弥补的亏损。

【例4-19】 某股份有限公司年初未分配利润为0,本年实现净利润5 000 000元,提取法定盈余公积500 000元,宣告发放现金股利1 000 000元,假定不考虑其他因素,公司账务处理如下:

(1)结转实现净利润时:

借:本年利润	5 000 000	
贷:利润分配——未分配利润		5 000 000

(2)提取法定盈余公积、宣告发放现金股利时:

借:利润分配——提取法定盈余公积	500 000	
——应付现金股利或利润	1 000 000	
贷:盈余公积		500 000
应付股利		1 000 000

(3)将"利润分配"所属明细科目金额结转至"未分配利润"明细科目:

借:利润分配——未分配利润	1 500 000	
贷:利润分配——提取法定盈余公积		500 000
——应付现金股利或利润		1 000 000

结转后,"利润分配——未分配利润"科目贷方余额为3 500 000元(5 000 000－1 500 000),是该股份有限公司本年年末的累积未分配利润。

需要说明的是,如果企业当年发生亏损,则应借记"利润分配——未分配利润"科目,贷记"本年利润"科目。

第五章　收入、费用和利润

【知识目标】通过本章的学习，了解收入、费用和利润的基本概念。熟悉收入的种类；掌握收入的确认方法；费用的分类；利润总额的内容、利润分配的一般程序。

【技能目标】收入实现的账务处理；掌握生产成本、期间费用核算的账务处理及利润的形成与分配的账务处理。

【思政目标】围绕会计职业道德，“诚实守信、不做假账”，培养诚信意识，教育学生今后在职业岗位上不被金钱所诱惑；融入习近平中国特色社会主义思想、社会主义核心价值观等相关内容，进一步提升学生的思想政治意识。

第一节　收　　入

一、收入的确认和计量

收入是企业在生产经营过程中，销售商品、提供劳务及他人使用本企业资产等日常活动中所形成的经济利益的总流入，包括商品销售收入、劳务收入、投资收入、租赁收入等，但为第三方和顾客代收的款项，不属于企业收入的组成部分。

（一）收入的确认原则

企业应当在履行了合同中的履约义务，即在客户取得相关商品控制权时确认收入。取得相关商品控制权，是指客户能够主导该商品的使用并从中获得几乎全部的经济利益，也包括有能力阻止其他方主导该商品的使用并从中获得经济利益，包括以下三个要素：

(1)客户必须拥有现实权利，能主导该商品的使用并从中获得几乎全部经济利益。如只能在未来某一期间主导该商品的使用并从中获益，则表明尚未获得控制权。

(2)客户有能力主导该商品的使用，即客户在其活动中有权使用该商品或能够允许或阻止其他方使用该商品。

(3)客户能够获得商品几乎全部的经济利益。经济利益是商品潜在的现金流量，既包括现金流入的增加，也包括现金流出的减少。客户可以通过使用、消耗、出售、处置、交换、抵押或持有等多种方式直接或间接地获得商品的经济利益。

本章所称的客户是指与企业订立合同以向该企业购买其日常活动产出的商品并支付对价的一方；所称的商品包括商品和服务。不涉及对外出租资产收取的租金、进行债券投资收取的利息、进行股权投资取得的现金股利及保费收入等。

（二）收入确认的前提条件

收入的确认同其他会计要素的确认一样，必须符合确认的前提条件，即与客户之间的合同同时满足下列五项条件的，应在客户取得相关商品控制权时确认收入：

(1)合同各方已批准该合同并承诺将履行各自义务；

(2)该合同明确了合同各方与所转让商品或提供劳务(以下简称“转让商品”)相关的权利和义务；

(3)该合同有明确的与所转让商品相关的支付条款；

(4)该合同具有商业实质，即履行该合同将改变企业未来现金流量的风险、时间分布或金额；

(5)企业因向客户转让商品而有权取得的对价很可能收回。

（三）收入确认和计量的步骤

第一步，识别与客户订立的合同

合同是指双方或多方之间订立有法律约束力的权利义务的协议，是企业确认客户合同收入的前提，合同一经确定，即享有从客户取得与转移商品和服务对价的权利，同时负有向客户转移商品或服务的履约义务。

第二步，识别合同中的单项履约义务

履约义务是指合同中向客户转让可明确区分商品或服务的承诺。企业应将向客户转让可明确区分商品(或者商品的组合)的承诺以及向客户转让一系列实质相同且转让模式相同、可明确区分商品的承诺作为单项履约义务。

第三步，确定交易价格

交易价格是指企业因向客户转让商品而预期有权收取的对价金额，不包括代第三方收取的款项(增值税)以及企业预期将退还给客户的款项。对价可能是固定金额、可变金额或两者兼有。

第四步，将交易价格分摊至各单项履约义务

若合同中包含两项或多项履约义务时，需要将交易价格分摊至各单项履约义务，分摊方法是在合同开始日，按照单项履约义务所承诺商品的单独售价的相对比例，将交易价格分摊至各项履约义务。

第五步，履行各单项履约义务时确认收入

当企业将商品转移给客户，客户取得了相关商品的控制权，意味着企业履行了合同履约义务，此时，企业应确认收入。将商品控制权转移给客户，可能是在某一时段内发生，有可能在某一时点发生。应根据实际情况，首先判断是否满足在某一时段内履行的条件，如不满足，则该履约义务属于在某一时点履行的履约义务。

其中，第一步、第二步和第五步主要与收入的确认有关，第三步和第四步主要与收入的计量有关。一般而言，确认和计量任何一项合同收入应考虑全部的五个步骤。但履行某些合同义务确认收入不一定都经过五个步骤，如其企业按照第二步确定某项合同仅为单项履约义务时，可以从第三步直接进入第五步，不需要第四步(分摊交易价格)。

二、收入核算应设置的会计科目

为了核算企业与客户之间的合同产生的收入及相关的成本费用，一般需要设置“主营业务收入”“其他业务收入”“主营业务成本”“其他业务成本”“合同取得成本”“合同履约成本”“合同资产”“合同负债”等科目。

(一)“主营业务收入”科目

本科目核算企业确认的销售商品、提供服务等主营业务的收入。该科目贷方登记企业主营业务活动实现的收入,借方登记期末转入“本年利润”科目的主营业务收入,结转后无余额。该科目可按主营业务种类进行明细核算。

(二)“主营业务成本”科目

本科目核算企业确认的销售商品、提供服务等主营业务收入时应结转的成本。该科目借方登记企业应结转的主营业务成本,贷方登记期末转入“本年利润”科目的主营业务成本,结转后无余额。该科目可按主营业务种类进行明细核算。

(三)“其他业务收入”科目

本科目核算企业确认的除主营业务活动以外的其他经营活动实现的收入。包括材料的销售、出租固定资产、出租无形资产、出租包装物和商品等取得的收入。该科目贷方登记其他业务活动实现的收入,借方登记期末转入“本年利润”科目的其他业务收入,结转后无余额。该科目可按其他业务种类进行明细核算。

(四)“其他业务成本”科目

本科目核算企业确认的除主营业务活动以外的其他经营活动所形成的成本,包括销售材料成本、出租固定资产的折旧额、处置无形资产的摊销额、出租包装物的成本或摊销额等。该科目借方登记企业应结转的其他业务成本,贷方登记期末转入“本年利润”的其他业务成本,结转后无余额。该科目可按其他业务种类进行明细核算。

(五)“合同取得成本”科目

本科目核算企业取得合同发生的、预计能够收回的增量成本。该科目借方登记发生的合同取得成本,贷方登记摊销的合同取得成本,期末借方余额,反映企业尚未结转的合同取得成本。该科目可按合同进行明细核算。

(六)“合同履约成本”科目

本科目核算企业为履行当前或预期取得的合同所发生的、不属于其他企业会计准则规范范围且按照本准则应当确认为一项资产的成本。企业因履行合同而产生的毛利不在本科目核算。该科目借方登记企业发生的合同履约成本,贷方登记摊销的合同履约成本,期末借方余额,反映企业尚未结转的合同履约成本。该科目可按合同分为“服务成本”“工程施工”等进行明细核算。

(七)“合同资产”科目

本科目核算企业已向客户转让商品而有权收取对价的权利,仅取决于时间流逝因素的权利不在本科目核算。该科目借方登记因已转让商品而有权收取的对价金额,贷方登记取得无条件收款权的金额,期末余额在借方,反映企业已向客户转让商品而有权收取的对价金额。该科目按合同进行明细核算。

(八)“合同负债”科目

本科目核算企业已收或应收客户对价而应向客户转让商品的义务。该科目贷方登记企业在向客户转让商品之前，客户已经支付了合同对价或企业已经取得了无条件收取合同对价权利的金额，借方登记企业向客户转让相关商品时冲销的金额，期末贷方余额反映企业在向客户转让商品之前，已经收到的合同对价或已经取得的无条件收取合同对价权利的金额。

（九）“合同取得成本减值准备”科目

本科目核算与合同取得成本有关资产的减值准备。该科目贷方登记合同取得成本有关的资产发生减值的金额，借方登记转回已计提的资产减值准备金额，期末贷方余额反映企业已计提但尚未转销的合同取得成本减值准备。

（十）“合同履约成本减值准备”科目

本科目核算与合同履约成本有关资产的减值准备。该科目贷方登记合同履约成本有关的资产发生减值的金额，借方登记转回已计提的资产减值准备金额，期末贷方余额反映企业已计提但尚未转销的合同履约成本减值准备。

（十一）“合同资产减值准备”科目

本科目核算合同资产的减值准备。该科目贷方登记合同资产发生减值的金额，借方登记转回已计提的资产减值准备金额，期末贷方余额，反映企业已计提但尚未转销的合同资产减值准备。

三、履行履约义务确认收入的账务处理

（一）在某一时点履行履约义务确认收入

对于在某一时点履行履约义务，企业应当在客户取得相关商品控制权时点确认收入。在判断控制权是否转移时，应当综合考虑下列迹象：

（1）企业就该商品享有现时收款权利，即客户就该商品负有现时付款义务。

（2）企业已将该商品的法定所有权转移给客户，即客户已拥有该商品的法定所有权。

（3）企业已将该商品实物转移给客户，即客户已占有该商品实物。

（4）企业已将该商品所有权上的主要风险和报酬转移给客户，即客户已取得该商品所有权上的主要风险和报酬。

（5）客户已接受该商品。

（6）其他表明客户已取得商品控制权的迹象。

需要强调的是，即使是属于在某一时点履行的履约义务，也并非是按收款时间，也不是按发货时间、发票开具时间等确认收入，而是在客户取得相关商品控制权时点确认收入。应根据以上迹象判断客户实质上取得商品控制权的时点。

1. 一般销售商品业务收入的账务处理

【例 5-1】天胜公司向乙公司销售商品一批，开具增值税专用发票上注明的售价为 500 000 元，增值税税额为 65 000 元；公司收到乙公司开具的不带息银行承兑汇票一张，票面金额 565 000 元，期限为 3 个月；公司以银行存款支付代垫运费，增值税专用发票上注明运输费 3 000 元，增值税税额 270 元，所垫运费尚未收到；该批商品成本为 400 000 元，乙公司收到商品并验收入库。

由于天胜公司已收到乙公司的不带息银行承兑汇票，乙公司收到商品并验收入库，因此，

销售商品为单项履约义务且属于在某一时点履行的履约义务。公司账务处理如下：

（1）确认收入时：

借：应收票据——银行承兑汇票　　565 000

　贷：主营业务收入　　500 000

　　应交税费——应交增值税（销项税额）　　65 000

（2）代垫运费时：

借：应收账款　　3 270

　贷：银行存款　　3 270

2. 已经发出商品但不能确认收入的账务处理

企业按合同发出商品，合同约定客户只有在商品售出取得价款后才支付货款。企业向客户转让商品的对价未达到"很可能收回"收入确认条件。在发出商品时，企业不应确认收入，将发出商品的成本记入"发出商品"科目，借记"发出商品"科目，贷记"库存商品"科目。如已发出的商品被客户退回，应编制相反的会计分录。"发出商品"科目核算企业商品已发出但客户没有取得商品控制权的商品成本。当收到货款或取得收取货款权利时，确认收入，借记"银行存款""应收账款"科目，贷记"主营业务收入"科目，贷记"应交税费——应交增值税（销项税额）"科目，同时结转已销商品成本，借记"主营业务成本"科目，贷记"发出商品"科目。

【例 5-2】天胜公司与乙公司均为增值税一般纳税人，2×20 年 7 月 5 日，公司与乙公司签订委托代销合同，委托乙公司销售 H 商品 2 000 件，H 商品已经发出，每件商品成本 80 元。合同约定乙公司应按每件 120 元对外销售，公司按不含增值税的销售价格的 10% 向乙公司支付手续费。除非这些商品在乙公司存放期间内由于乙公司的责任发生毁损或丢失，否则在 H 商品对外销售之前，乙公司没有义务向天胜公司支付货款。乙公司不承担包销责任，没有售出的 H 商品须退回给天胜公司。同时，天胜公司也有权要求收回 H 商品或将其销售给其他的客户。至 2×20 年 7 月 31 日，乙公司实际对外销售 2 000 件，开出增值税专用发票上注明的销售价款 240 000 元，增值税税额为 31 200 元。

本例中，天胜公司将 H 商品运到乙公司，虽然乙公司已经承担了 H 商品的保管责任，但仅是接受的委托代销商品，并根据实际销售数量赚取一定比例的手续费。天胜公司有权要求收回 H 商品或将其销售给其他客户，乙公司并不主导这些商品的销售，这些商品对外销售与否、是否获利及获利多少不由乙公司控制，乙公司没有取得这些商品的控制权。因此，天胜公司将 H 商品发送至乙公司时，不应确认收入，而应当在乙公司将 H 商品销售给最终客户时确认收入。

（1）2×20 年 7 月 5 日，天胜公司按照合同约定发出商品时，公司账务处理如下：

借：发出商品——乙公司　　160 000

　贷：库存商品　　160 000

（2）2×20 年 7 月 31 日，收到乙公司开具的代销清单时，公司账务处理如下：

借：应收账款　　271 200

　贷：主营业务收入　　240 000

　　应交税费——应交增值税（销项税额）　　31 200

借：主营业务成本　　160 000

　贷：发出商品　　160 000

借:销售费用　　24 000
　应交税费——应交增值税(进项税额)　　1 440
　贷:应收账款　　25 440

(3)收到乙公司支付的货款时:

借:银行存款　　245 760
　贷:应收账款　　245 760

3. 商业折扣、现金折扣和销售退回的账务处理

(1)商业折扣　商业折扣(促销打折)是指企业为促进商品销售而给予的价格扣除。商业折扣在销售前即已发生,并不构成最终成交价格的一部分,企业应当按照扣除商业折扣后的金额确定商品销售价格和销售商品收入金额。商业折扣不影响销售成本,成本是固定的。

(2)现金折扣　现金折扣是指债权人为鼓励债务人在规定的期限内付款而向债务人提供的债务扣除。现金折扣一般用符号“折扣率/付款期限”表示,例如,“2/10,1/20,*N*/30”表示:销售方允许客户最长的付款期限为30天,如果客户在10天内付款,销货方可按商品售价给予客户2%的折扣;如果客户在11～20天付款,销货方可按商品售价给予客户1%的折扣;如果客户在21～30天付款,将不能享受现金折扣。

现金折扣发生在商品销售之后,是否发生以及发生多少要视客户的付款情况而定,企业在确认商品销售收入时不能确定现金折扣金额。因此,企业销售商品涉及现金折扣的,应当按照现金折扣前的金额确定销售商品收入金额。现金折扣实际上是企业为了尽快回笼资金而发生的理财费用,应当在实际发生时计入当期财务费用。

在计算现金折扣时,还应注意是按不含增值税的价款计算确定,还是按含增值税的价款计算确定,两种情况下客户享受的现金折扣金额不同。

【例5-3】天胜公司为增值税一般纳税人,2×20年8月1日,销售2 000件W商品并开具增值税专用发票,每件商品售价500元(不含增值税),W商品适用增值税税率13%;每件商品成本400元;由于成批销售,给予客户10%的商业折扣,并在销售合同中规定现金折扣条件为2/10,1/20,*N*/30;W商品于8月1日发出,客户于8月8日付款。该项销售业务属于在某一时点履行的履约义务。假定计算现金折扣不考虑增值税。公司账务处理如下:

①8月1日确认收入时:

由于涉及商业折扣和现金折扣问题,销售商品收入的金额应该是扣除商业折扣,但不扣除现金折扣的金额,现金折扣应在实际发生时计入财务费用。因此,天胜公司应确认的销售收入金额如下:

销售收入金额＝2 000×500×(1－10%)＝900 000(元)

销项税额＝900 000×13%＝117 000(元)

借:应收账款　　1 017 000
　贷:主营业务收入　　900 000
　　应交税费——应交增值税(销项税额)　　117 000

借:主营业务成本　　800 000
　贷:库存商品　　800 000

②8月8日收到货款时:

客户在10日内付款,享受的现金折扣为:900 000×2%＝18 000(元)

借:银行存款　　999 000
　　财务费用　　18 000
　　贷:应收账款　　1 017 000

若客户在8月19日付款,享受现金折扣为:900 000×1%=9 000(元)

借:银行存款　　1 008 000
　　财务费用　　9 000
　　贷:应收账款　　1 017 000

若客户在8月30日付款,则不享受现金折扣,应全额付款。

借:银行存款　　1 017 000
　　贷:应收账款　　1 017 000

(3)销售退回　销售退回是指企业售出的商品,由于质量、品种、规格不符合销售合同规定条款的要求,客户要求企业予以退货。企业销售商品发生退回,表明企业履约义务的减少和客户商品控制权及其相关经济利益的丧失。已确认销售商品收入的售出商品发生销售退回的,除属于资产负债表日后事项以外,企业收到退回的商品时,应退回货款或冲减应收账款,并冲减主营业务收入和增值税销项税额,借记"主营业务收入""应交税费——应交增值税(销项税额)"等科目,贷记"银行存款""应收票据""应收账款"等科目。收到退回商品验收入库,按照商品成本,借记"库存商品"科目,贷记"主营业务成本"科目。如果该项销售已经发生现金折扣,应同时调整相关财务费用的金额。

【例5-4】天胜公司2×20年5月18日销售B商品一批,增值税专用发票上注明价款300 000元,增值税税额39 000元,该批商品成本为200 000元。B商品5月18日发出,客户于5月29日付款。该项业务属于在某一时点履行履约义务并确认销售收入。2×20年8月25日,该商品出现严重质量问题,客户退回全部商品。天胜公司同意退货,于退货当日支付了退货款,并按规定向客户开具了红字增值税专用发票。假定不考虑其他因素,公司账务处理如下:

①2×20年5月18确认收入时:

借:应收账款　　339 000
　　贷:主营业务收入　　300 000
　　　　应交税费——应交增值税(销项税额)　　39 000

借:主营业务成本　　200 000
　　贷:库存商品　　200 000

②2×20年5月29日收到货款时:

借:银行存款　　339 000
　　贷:应收账款　　339 000

③2×20年8月25日销售退回时:

借:主营业务收入　　300 000
　　应交税费——应交增值税(销项税额)　　39 000
　　贷:银行存款　　339 000

借:库存商品　　200 000
　　贷:主营业务成本　　200 000

4. 销售材料等存货的账务处理

企业日常活动中会发生对外销售不需用的原材料、随同商品对外销售单独计价的包装物等业务。企业销售原材料、包装物等存货取得收入的确认和计量原则比照商品销售。企业销售原材料、包装物等存货确认的收入作为其他业务收入处理，结转的相关成本作为其他业务成本处理。

【例 5-5】 天胜公司向乙公司销售材料一批，开具增值税专用发票上注明的价款 50 000 元，增值税税额为 6 500 元；该批材料的成本为 30 000 元；公司收到乙公司支付的款项存入银行，乙公司收到材料并验收入库。公司账务处理如下：

(1)确认收入时：

借：银行存款　　56 500

　贷：其他业务收入　　50 000

　　应交税费——应交增值税(销项税额)　　6 500

(2)结转材料成本时：

借：其他业务成本　　30 000

　贷：原材料　　30 000

(二)在某一时段内履行履约义务确认收入

对于在某一时段内履行的履约义务，企业应当在该段时间内按照履约进度确认收入，履约进度不能合理确定的除外。满足下列条件之一的，属于在某一时段内履行履约义务；否则，属于在某一时点履行履约义务：

(1)客户在企业履约的同时即取得并消耗企业履约所带来的经济利益。

(2)客户能够控制企业履约过程中在建的商品。

(3)企业履约过程中所产出的商品具有不可替代用途，且该企业在整个合同期间内有权就累计至今已完成的履约部分收取款项。

企业应考虑商品的性质，采用实际测量的完工进度、评估已实现的结果、时间进度、已完工或交付的产品等产出指标，或采用投入的材料数量、花费的人工工时、机器工时、发生的成本和时间进度等投入指标确定恰当的履约进度，并且在确定履约进度时，应当扣除那些控制权尚未转移给客户的商品和服务。资产负债表日，企业按照合同的交易价格总额乘以履约进度扣除以前会计期间累计已确认的收入后的金额，确认当期收入。

【例 5-6】 天胜公司为增值税一般纳税人，主要从事装修服务，适用 9% 的增值税税率。2×20 年 12 月 1 日，与丙公司签订一项为期 3 个月的装修合同，约定装修价款 600 000 元，增值税税额 54 000 元，装修费用每月按完工进度支付。2×20 年 12 月 31 日，经专业测量师测量后，该项劳务的完工程度为 30%；丙公司按完工进度支付价款及相应的增值税税款。截至 2×20 年 12 月 31 日，天胜公司为完成合同累计发生劳务成本 200 000 元，其中：材料成本 120 000 元，装修人员薪酬 80 000 元，估计还将发生劳务成本 300 000 元。

由于该业务是天胜公司的主营业务，该装修服务构成单项履约义务，并属于在某一时段内履行的履约义务；按实际测量的完工进度确定履约进度。公司账务处理如下：

(1)实际发生劳务成本 200 000 元：

借:合同履约成本　　　　　　　　　　200 000
　　贷:原材料　　　　　　　　　　　　　　120 000
　　　　应付职工薪酬——工资　　　　　　　　80 000

(2)2×20 年 12 月 31 日确认劳务收入并结转劳务成本:

劳务收入=600 000×30%−0=180 000(元)

增值税销项税额=180 000×9%=16 200(元)

借:银行存款　　　　　　　　　　　　196 200
　　贷:主营业务收入　　　　　　　　　　　180 000
　　　　应交税费——应交增值税(销项税额)　　16 200

借:主营业务成本　　　　　　　　　　200 000
　　贷:合同履约成本　　　　　　　　　　　200 000

2×21 年 1 月 31 日,经专业测量师测量后,确定该项劳务的完工程度为 75%;丙公司按完工进度支付价款及相应的增值税款。2×21 年 1 月,为完成该合同发生劳务成本 220 000 元,其中:材料成本 140 000 元,装修人员薪酬 80 000 元,为完成该合同估计还将发生劳务成本 100 000 元。公司账务处理如下:

(1)实际发生劳务成本 220 000 元

借:合同履约成本　　　　　　　　　　220 000
　　贷:原材料　　　　　　　　　　　　　　140 000
　　　　应付职工薪酬——工资　　　　　　　　80 000

(2)2×20 年 12 月 31 日确认劳务收入并结转劳务成本:

劳务收入=600 000×75%−180 000=270 000(元)

增值税销项税额=270 000×9%=24 300(元)

借:银行存款　　　　　　　　　　　　294 300
　　贷:主营业务收入　　　　　　　　　　　270 000
　　　　应交税费——应交增值税(销项税额)　　24 300

借:主营业务成本　　　　　　　　　　220 000
　　贷:合同履约成本　　　　　　　　　　　220 000

2×21 年 2 月 28 日,装修完工,丙公司验收合格,按完工进度支付价款及相应的增值税款。2×21 年 2 月为完成合同发生劳务成本 100 000 元,均为装修人员薪酬。甲公司应编制如下会计分录:

(1)实际发生劳务成本 220 000 元

借:合同履约成本　　　　　　　　　　100 000
　　贷:应付职工薪酬——工资　　　　　　　100 000

(2)2×20 年 12 月 31 日确认劳务收入并结转劳务成本:

劳务收入=600 000−180 000−270 000=150 000(元)

增值税销项税额=150 000×9%=13 500(元)

借:银行存款　　　　　　　　　　　　163 500
　　贷:主营业务收入　　　　　　　　　　　150 000
　　　　应交税费——应交增值税(销项税额)　　13 500

借:主营业务成本　　100 000

　　贷:合同履约成本　　100 000

【例 5-7】甲公司经营一家健身俱乐部。2×20 年 7 月 1 日,某客户与甲公司签订合同,成为甲公司会员,并向甲公司支付会员费 4 800 元(不含税价),可在未来 12 个月内在该俱乐部健身,且没有次数限制。该业务适用增值税税率为 6%。

本例中的客户在会籍期间可随时来,没有次数限制,所以客户的已使用次数不影响其未来继续使用次数,甲公司的履约义务是承诺随时准备为客户提供服务。因此,属于在某一时段内履行的履约义务,而且该义务在会员的会籍期间内随时间流逝而被履行。甲公司按照直线法确认收入,每月的收入为 400 元(4 800÷12)。公司账务处理如下:

(1)2×20 年 7 月 1 日收到会费时:

客户签订合同时支付了合同对价,可在未来 12 个月内在该俱乐部进行健身消费,且没有次数限制。企业在向客户转让商品之前已经形成一项负债,即合同负债。

借:银行存款　　4 800

　　贷:合同负债　　4 800

(2)2×20 年 7 月 31 日确认收入,开具增值税专用发票并收到税款时:

借:合同负债　　400

　　银行存款　　24

　　贷:主营业务收入　　400

　　　　应交税费——应交增值税(销项税额)　　24

2×20 年 8 月至 2×21 年 6 月,每月确认收入同上。

当履约进度不能合理确定时,企业已经发生的成本预计能够得到补偿的,应当按照已经发生的成本金额确认收入,直到履约进度能够合理确定为止。

四、合同成本

企业在与客户之间建立合同关系过程中发生的成本主要有合同取得成本和合同履约成本。

(一)合同取得成本

企业为取得合同发生的增量成本预期能够收回的,应当作为合同取得成本确认为一项资产。增量成本,是指企业不取得合同就不会发生的成本,也就是企业发生的与合同直接相关,但又不是所签订合同的对象或内容(如建造商品或提供服务)本身所直接发生的费用。例如销售佣金,若预期可通过未来相关收入予以补偿,该销售佣金(即增量成本)应在发生时确认为一项资产,即合同取得成本。

企业取得合同发生的增量成本已确认为资产的,应当采用与该资产相关的商品收入确认相同的基础进行摊销,计入当期损益。该资产摊销期限不超过一年的,可以在发生时计入当期损益。

企业为取得合同发生的、除预期能够收回的增量成本之外的其他支出,例如,无论是否取得合同均会发生的差旅费、投标费、为准备投标资料发生的相关费用等,应当在发生时计入当期损益,除非这些支出明确由客户承担。

【例 5-8】甲公司是一家咨询公司,其通过竞标赢得一个服务期为 3 年的新客户,客户每年

年末支付含税咨询费1 272 000元。为取得和该客户的合同,甲公司发生下列支出:

(1)聘请外部律师进行尽职调查的支出为12 000元;

(2)因投标发生的差旅费为8 000元;

(3)销售人员佣金为45 000元,甲公司预期这些支出未来能够收回。此外,甲公司根据其年度销售目标、整体盈利情况及个人业绩等,向销售部门经理支付年度奖金10 000元。

本例中,对甲公司的业务分析如下:

(1)甲公司向销售人员支付的佣金属于为取得合同发生的增量成本,应当将其作为合同取得成本确认为一项资产。

(2)甲公司聘请外部律师进行尽职调查发生的支出,为投标发生的差旅费,无论是否取得合同都会发生,不属于增量成本,因此,应当于发生时直接计入当期损益。

(3)甲公司向销售部门经理支付的年度奖金也不是为取得合同发生的增量成本,这是因为该奖金发放与否以及发放金额还取决于其他因素(包括公司的盈利情况和个人业绩),其并不能直接归属于可识别的合同。

甲公司账务处理如下:

(1)支付相关费用

借:合同取得成本　　45 000

　　管理费用　　20 000

　　销售费用　　10 000

　　贷:银行存款　　75 000

(2)每月确认服务收入,摊销佣金:

每月收入=1 272 000÷(1+6%)÷12=100 000(元)

销售佣金摊销额=45 000÷3÷12=1 250(元)

借:应收账款　　106 000

　　销售费用　　1 250

　　贷:合同取得成本　　1 250

　　　　主营业务收入　　100 000

　　　　应交税费——应交增值税(销项税额)　　6 000

(二)合同履约成本

合同履约成本是企业为履行当前合同或者预期取得合同所发生的、属于《企业会计准则第14号——收入》规范范围并且按照该准则应当确认为一项资产的成本。

企业为履行合同可能发生各种成本,属于《企业会计准则第14号——收入》规范范围且同时满足下列条件的,应当作为合同履约成本确认为一项资产:

1. 该成本与一份当前或预期取得的合同直接相关

(1)与合同直接相关的成本

①直接材料,为履行合同耗用的原材料、辅助材料、构配件、零件、半成品的成本和周转材料的摊销及租赁费等;

②直接人工,支付给直接为客户提供所承诺服务人员的工资、奖金等;

③制造费用或类似费用,与组织和管理生产、施工、服务等活动发生的费用,包括人员的职工薪酬、劳动保护费、固定资产折旧费及修理费、物料消耗、取暖费、水电费、办公费、差旅费、财

产保险费、工程保修费、排污费、临时设施摊销费等。

(2)明确由客户承担的成本及仅因该合同而发生的其他成本　支付给分包商的成本、机械使用费、设计和技术援助费用、施工现场二次搬运费、生产工具和用具使用费、检验试验费、工程定位复测费、工程点交费、场地清理费等。

2.该成本增加了企业未来用于履行(包括继续履行)履约义务的资源。

3.该成本预期能够收回。

企业应当在下列支出发生时,将其计入当期损益:

(1)管理费用,除非这些费用明确有客户承担。

(2)非正常消耗的直接材料、直接人工和制造费用(或类似费用),这些支出为履行合同发生,但未反映在合同价格中。

(3)与履约义务中已履行(包括已全部履行或部分履行)部分相关的支出,即该支出与企业过去的履约活动相关。

(4)无法在尚未履行的与已履行(或已部分履行)的履约义务之间区分的相关支出。

企业发生合同履约成本时,借记"合同履约成本"科目,贷记"银行存款""原材料""应付职工薪酬"等科目;对合同履约成本进行摊销时,借记"主营业务成本""其他业务成本"等科目,贷记"合同履约成本"科目。涉及增值税的,还应进行相应处理。

【例 5-9】甲公司为增值税一般纳税人,经营一家酒店,该酒店是甲公司的自有资产。2×20 年12 月甲公司计提与酒店经营直接相关的酒店、客房以及客房内的设备家具等折旧 150 000 元,酒店土地使用权摊销费用 80 000 元。经计算,当月确认房费、餐饮费等服务含税收入 530 000 元,全部存入银行。

本例中,甲公司经营酒店主要通过提供客房服务赚取收入,而此收入依赖于酒店物业(包含土地)及家具等相关资产,这些资产折旧与摊销属于甲公司为履行与客户合同发生的履约成本。在收入确认时合同的履约成本要予以摊销,计入营业成本。公司账务处理如下:

(1)确认资产折旧费、摊销费:

借:合同履约成本	230 000	
贷:累计折旧		150 000
累计摊销		80 000

(2)确认服务收入并摊销合同履约成本:

借:银行存款	530 000	
贷:主营业务收入		500 000
应交税费——应交增值税(销项税额)		30 000
借:主营业务成本	230 000	
贷:合同履约成本		230 000

第二节　费　　用

费用是企业在日常活动中发生的会导致所有者权益减少的、与向所有者分配利润无关的经济利益的总流出,主要指企业为取得营业收入进行产品销售等营业活动所发生的营业成本、税金及附加和期间费用。企业为生产产品、提供劳务等发生的可归属于产品成本、劳务成本等的费用，应当在确认销售商品收入、提供劳务收入等时，将已销售商品、已提供劳务的成本确认为营业成本(包括主营业务成本和其他业务成本)。期间费用包括销售费用、管理费用和财务费用。

一、营业成本

(一)主营业务成本

主营业务成本是指企业销售商品、提供劳务等经营性活动所发生的成本。企业一般在确认销售商品、提供劳务等主营业务收入时，或在月末，将已销售商品、已提供服务的成本转入主营业务成本。企业应当设置“主营业务成本”科目，用于核算企业因销售商品、提供劳务或让渡资产使用权等日常活动而发生的实际成本，按主营业务的种类进行明细核算。企业结转已销售商品或提供服务成本时，借记“主营业务成本”科目，贷记“库存商品”“合同履约成本”等科目。期末，将主营业务成本的余额转入“本年利润”科目，借记“本年利润”，贷记“主营业务成本”科目，结转后，“主营业务成本”科目无余额。

【例 5-10】 天胜公司为增值税一般纳税人，2×20 年 6 月 15 日，向乙公司销售产品一批，开具增值税专用发票上注明的价款为 400 000 元，增值税税额为 52 000 元，收到货款存入银行，提货单送交乙公司；该批产品成本为 300 000 元。属于某一时点履行的履约义务，公司账务处理如下：

(1)销售实现时：

借：银行存款　　452 000
　贷：主营业务收入　　400 000
　　应交税费——应交增值税(销项税额)　　52 000

借：主营业务成本　　300 000
　贷：库存商品　　300 000

(2)期末将主营业务成本结转至本年利润时：

借：本年利润　　300 000
　贷：主营业务成本　　300 000

【例 5-11】 天胜公司为增值税一般纳税人，2×20 年 7 月 5 日销售 A 产品 200 件，单价 1 000 元，单位成本 700 元，开具增值税专用发票上注明的价款 200 000 元，增值税税额 26 000 元，货款尚未收到，属于某一时点履行的履约义务。9 月 18 日，因产品质量问题发生退货，开具增值税专用发票(红字)。不考虑其他因素，公司账务处理如下：

(1)销售产品时：

借：应收账款　　226 000
　贷：主营业务收入　　200 000
　　应交税费——应交增值税(销项税额)　　26 000

借：主营业务成本　　140 000
　贷：库存商品　　140 000

(2)销售退回时：

借：主营业务收入 200 000

应交税费——应交增值税(销项税额) 26 000

贷：应收账款 226 000

借：库存商品 140 000

贷：主营业务成本 140 000

【例5-12】2×20年8月末，天胜公司计算已销售的A、B、C三种产品的实际成本分别为20 000元、50 000元、70 000元，月末结转三种已销产品成本，应编制如下会计分录：

借：主营业务成本 140 000

贷：库存商品——A产品 20 000

——B产品 50 000

——C产品 70 000

(二)其他业务成本

其他业务成本是指企业确认的除主营业务活动以外的其他日常经营活动所发生的支出。其他业务成本包括销售材料的成本、出租固定资产的折旧额、出租无形资产的摊销额、出租包装物的成本或摊销额等。采用成本模式计量投资性房地产的，其投资性房地产计提的折旧额或摊销额，也构成其他业务成本。企业应当设置"其他业务成本"科目，核算企业确认的除主营业务活动以外的其他日常经营活动所发生的支出。企业发生的其他业务成本，借记"其他业务成本"科目，贷记"原材料""周转材料""累计折旧""累计摊销""应付职工薪酬""银行存款"等科目。"其他业务成本"科目按其他业务成本的种类进行明细核算。期末，"其他业务成本"科目余额转入"本年利润"科目，结转后，"其他业务成本"科目无余额。

【例5-13】天胜公司为增值税一般纳税人，2×20年6月10日销售一批原材料，开具增值税专用发票上注明的价款为100 000元，增值税税额为13 000元，款项已收存银行。该批原材料的实际成本为80 000元。属于某一时点履行的履约义务，公司账务处理如下：

(1)销售实现时：

借：银行存款 113 000

贷：其他业务收入 100 000

应交税费——应交增值税(销项税额) 13 000

借：其他业务成本 80 000

贷：原材料 80 000

(2)期末将其他业务成本结转至本年利润时：

借：本年利润 80 000

贷：其他业务成本 80 000

【例5-14】天胜公司为增值税一般纳税人，2×20年3月5日将一项非专利技术出租给一家公司，该非专利技术成本为480 000元，租赁期限为10年。公司每月摊销非专利技术时的账务处理如下：

每月摊销额＝480 000÷10÷12＝4 000(元)

借：其他业务成本 4 000

贷：累计摊销 4 000

【例 5-15】天胜公司为增值税一般纳税人，2×20 年 8 月 15 日销售商品领用单独计价的包装物的实际成本为 50 000 元，开具增值税专用发票上注明的价款 120 000 元，增值税税额为 15 600 元，款项已收存银行。销售商品领用单独计价包装物属于两项履约义务，且属于某一时点履行的履约义务，公司确认商品销售收入的同时账务处理如下：

(1)出售包装物时：

借：银行存款　　135 600

　贷：其他业务收入　　120 000

　　应交税费——应交增值税(销项税额)　　15 600

借：其他业务成本　　50 000

　贷：周转材料——包装物　　50 000

(2)期末将其他业务成本结转至本年利润时：

借：本年利润　　50 000

　贷：其他业务成本　　50 000

二、税金及附加

税金及附加是指企业经营活动应负担的相关税费，包括消费税、城市维护建设税、资源税、教育费附加、房产税、车船税、城镇土地使用税、印花税等。

企业应当设置“税金及附加”科目，核算企业经营活动发生的消费税、城市维护建设税、资源税、教育费附加、房产税、车船税、城镇土地使用税、印花税等相关税费。该科目借方登记按规定计算确定的与经营活动相关的消费税、城市维护建设税、资源税、教育费附加、房产税、车船税、城镇土地使用税等税费，借记“税金及附加”科目，贷记“应交税费”科目。期末应将“税金及附加”科目余额转入“本年利润”科目，结转后“税金及附加”科目无余额。印花税不会发生应付未付税款的情况，不需要预计应纳税金额。因此，不通过“应交税费”科目核算。购买印花税票时，直接借记“税金及附加”科目，贷记“银行存款”科目。

【例 5-16】天胜公司 2×20 年 9 月 1 日销售应税消费品取得收入 5 000 000 元，该应税消费品适用的消费税税率为 25%。公司账务处理如下：

(1)计算确认应交消费税税额时：

消费税税额＝5 000 000×25%＝1 250 000(元)

借：税金及附加　　1 250 000

　贷：应交税费——应交消费税　　1 250 000

(2)实际交纳消费税时：

借：应交税费——应交消费税　　1 250 000

　贷：银行存款　　1 250 000

【例 5-17】某公司 2×20 年 9 月实际缴纳的增值税 320 000 元、消费税 180 000 元，适用的城市维护建设税税率为 7%，教育费附加征收比率为 3%。公司账务处理如下：

(1)计算确认应交纳的城市维护建设税和教育费附加时：

城市维护建设税＝(320 000＋180 000)×7%＝35 000(元)

教育费附加＝(320 000＋180 000)×3%＝15 000(元)

借：税金及附加　　50 000

　　贷：应交税费——应交城市维护建设税　　35 000

　　　　　　　——应交教育费附加　　15 000

（2）实际交纳城市维护建设税等时：

借：应交税费——应交城市维护建设税　　35 000

　　　　　　——应交教育费附加　　15 000

　　贷：银行存款　　50 000

【例 5-18】2×20 年 12 月，天胜公司一栋房产的原值为 5 000 000 元，已知房产税税率为 1.2%，当地规定的房产税扣除比例为 30%。公司账务处理如下：

（1）计算应交房产税时：

应交房产税税额＝5 000 000×（1－30%）×1.2%＝42 000（元）

借：税金及附加　　42 000

　　贷：应交税费——应交房产税　　42 000

（2）实际交纳房产税时：

借：应交税费——应交房产税　　42 000

　　贷：银行存款　　42 000

【例 5-19】2×20 年 12 月，某公司按规定计算当月应交车船税 36 000 元，应交城镇土地使用税 80 000 元。公司账务处理如下：

（1）计算应交车船税、城镇土地使用税：

借：税金及附加　　116 000

　　贷：应交税费——应交车船税　　36 000

　　　　　　　——应交城镇土地使用税　　80 000

（2）实际交纳车船税、城镇土地使用税时：

借：应交税费——应交车船税　　36 000

　　——应交城镇土地使用税　　80 000

　　贷：银行存款　　116 000

三、期间费用

（一）期间费用概述

期间费用是企业当期发生的费用中的重要组成部分，是企业日常生产经营活动中发生的，不能直接或间接归入某种产品成本的，而应计入当期损益的各项费用。

期间费用是企业日常活动中所发生的经济利益的流出。之所以不计入特定的成本核算对象，主要是因为期间费用是企业为组织和管理整个经营活动所发生的费用，与可以确定特定成本核算对象的材料采购、产成品生产等没有直接关系，因而期间费用不计入有关核算对象的成本，而是直接计入当期损益。

期间费用包含以下两种情况：一是企业发生的支出不产生经济利益，或者即使产生经济利益但不符合或者不再符合资产确认条件的，应当在发生时确认为费用，计入当期损益。二是企业发生的交易或者事项导致其承担了一项负债，而又不确认为一项资产的，应当在发生时确认为费用计入当期损益。

(二)期间费用的账务处理

期间费用包括管理费用、财务费用和销售费用。

1. 销售费用

销售费用是指企业销售商品和材料、提供劳务的过程中发生的各种费用。包括企业在销售商品过程中发生的保险费、包装费、展览费和广告费、商品维修费、预计产品质量保证损失、运输费、装卸费等以及为销售本企业商品而专设的销售机构(含销售网点,售后服务网点等)的职工薪酬、业务费、折旧费等经营费用。企业发生的与专设销售机构相关的固定资产修理费用等后续支出也属于销售费用。

销售费用是与企业销售商品活动有关的费用,但不包括销售商品本身的成本和劳务成本,这两类成本属于主营业务成本。

企业应设置"销售费用"科目,核算销售费用的发生和结转情况。该科目借方登记企业所发生的各项销售费用,贷方登记期末转入"本年利润"科目的销售费用,结转后,"销售费用"科目应无余额。"销售费用"科目应按销售费用的费用项目进行明细核算。

【例 5-20】天胜公司为增值税一般纳税人,2×20 年 7 月 1 日为宣传新产品发生广告费,取得增值税专用发票上注明的价款 200 000 元,增值税税额为 12 000 元,价税款以银行存款支付。公司账务处理如下:

借:销售费用——广告费　　200 000
　　应交税费——应交增值税(进项税额)　　12 000
　　贷:银行存款　　212 000

【例 5-21】天胜公司为增值税一般纳税人,2×20 年 7 月 10 日销售产品一批,取得增值税专用发票上注明的运输费 5 000 元,增值税税额为 450 元;取得增值税普通发票上注明的装卸费价税合计 2 000 元,上述款项均以银行存款支付。公司账务处理如下:

借:销售费用——运输、装卸费　　7 000
　　应交税费——应交增值税(进项税额)　　450
　　贷:银行存款　　7 450

【例 5-22】天胜公司为增值税一般纳税人,2×20 年 7 月 18 日以银行存款支付所销产品保险费 8 480 元,取得增值税专用发票上注明的保险费 8 000 元,增值税税额为 480 元。公司账务处理如下:

借:销售费用——保险费　　8 000
　　应交税费——应交增值税(进项税额)　　480
　　贷:银行存款　　8 480

【例 5-23】某公司销售部门 2×20 年 7 月份共发生费用 250 000 元,其中:销售人员薪酬 120 000 元,销售部门办公设备和房屋计提折旧费 80 000 元,业务费 50 000 元(以银行存款支付)。公司账务处理如下:

借:销售费用　　250 000
　　贷:应付职工薪酬——工资　　120 000
　　　　累计折旧　　80 000
　　　　银行存款　　50 000

【例 5-24】承【例 5-20】至【例 5-23】某公司 2×20 年 7 月 31 日将“销售费用”科目余额结转至“本年利润”科目。公司账务处理如下：

“销售费用”科目余额＝200 000＋7 000＋8 000＋250 000＝465 000(元)

借：本年利润　　465 000

　贷：销售费用　　465 000

2. 管理费用

管理费用是指企业行政管理部门为组织和管理生产经营活动而发生的各种费用。包括企业在筹建期间发生的开办费、企业董事会和行政管理部门在企业经营管理中发生的，以及应由企业统一负担的公司经费(包括行政管理部门职工薪酬、物料消耗、低值易耗品摊销、办公费和差旅费等)、行政管理部门负担的工会经费、董事会费(包括董事会成员津贴、会议费和差旅费等)、聘请中介机构费、咨询费(含顾问费)、诉讼费、业务招待费、技术转让费、研究费、办公费、差旅费、邮电费、绿化费、管理人员工资及福利费等。

企业应设置“管理费用”科目，核算管理费用的发生和结转情况。该科目借方登记企业发生的各项管理费用，贷方登记期末转入“本年利润”科目的管理费用，结转后该科目应无余额。该科目按管理费用的费用项目进行明细核算。商品流通企业管理费用不多的，可以不设“管理费用”科目，相关核算内容可以并入“销售费用”科目核算。

【例 5-25】2×20 年 5 月 8 日，某公司拓展销售市场发生业务招待费 40 000 元，取得增值税专用发票上注明的增值税税额为 2 400 元，款项以银行存款支付。公司账务处理如下：

借：管理费用——业务招待费　　40 000

　　应交税费——应交增值税(进项税额)　　2 400

　贷：银行存款　　42 400

【例 5-26】2×20 年 5 月某公司行政部门发生费用 213 000 元，其中：行政人员薪酬 180 000 元，报销行政人员差旅费 26 000 元(报销人员均未预借差旅费)，其他办公、水电等费用 7 000 元(以银行存款支付)。公司账务处理如下：

借：管理费用　　213 000

　贷：应付职工薪酬——工资　　180 000

　　　库存现金　　26 000

　　　银行存款　　7 000

【例 5-27】2×20 年 5 月 31 日，某公司计提行政管理部门固定资产折旧 60 000 元，摊销无形资产成本 40 000 元。公司账务处理如下：

借：管理费用　　100 000

　贷：累计折旧　　60 000

　　　累计摊销　　40 000

【例 5-28】承【例 5-25】至【例 5-27】某公司 2×20 年 5 月 31 日将“管理费用”科目余额结转至“本年利润”科目，公司账务处理如下：

“管理费用”科目余额＝40 000＋213 000＋100 000＝353 000(元)

借：本年利润　　353 000

　贷：管理费用　　353 000

(三)财务费用

财务费用是指企业为筹集生产经营所需资金等而发生的费用,包括利息支出(减利息收入)、汇兑损益、相关的手续费以及企业发生的现金折扣或收到的现金折扣等。

企业应设置"财务费用"科目,核算财务费用的发生和结转情况。该科目借方登记企业发生的各项财务费用,贷方登记期末转入"本年利润"科目的财务费用,结转后该科目应无余额。该科目应按财务费用的费用项目进行明细核算。

【例5-29】天胜公司2×20年12月1日向银行取得生产经营用短期借款400 000元,期限1年,年利率6%,该借款本金到期后一次归还,利息分月预提,按季支付。公司账务处理如下:

每月末预提的借款利息=400 000×6%÷12=2 000(元)

借:财务费用——利息支出　　2 000

　　贷:应付利息　　2 000

【例5-30】天胜公司2×20年12月31日以银行存款支付本月应负担的短期借款利息15 000元,公司账务处理如下:

借:财务费用——利息支出　　15 000

　　贷:银行存款　　15 000

【例5-31】天胜公司2×20年12月31日在购买材料的业务中,获得对方给予的现金折扣3 000元(不考虑增值税)。公司账务处理如下:

借:应付账款　　3 000

　　贷:财务费用　　3 000

【例5-32】承【例5-29】至【例5-31】2×20年12月31日,天胜公司将"财务费用"科目余额转入"本年利润"科目。公司账务处理如下:

"财务费用"科目余额=2 000+15 000-3 000=14 000(元)

借:本年利润　　14 000

　　贷:财务费用　　14 000

第三节　利　润

一、利润的构成

企业进行生产经营的主要目的之一就是不断提高经营水平,增强企业的获利能力,以获得企业的利润最大化。利润是企业在一定会计期间内实现的能用货币表现的最终经营成果,包括收入减去费用后的净额、直接计入当期利润等利得和损失等。未计入利润的利得和损失扣除所得税影响后的净额计入其他综合收益项目。净利润与其他综合收益的合计金额为综合收益总额。利得是指企业由于非日常活动所形成的、会导致所有者权益增加的、与所有者投入资本无关的经济利益的流入。损失是指企业由于非日常活动所发生的、会导致所有者权益减少的、与向所有者分配利润无关的经济利益的流出。

利润计算的相关公式如下:

(一)营业利润

营业利润＝营业收入－营业成本－税金及附加－销售费用－管理费用－财务费用－研发费用＋其他收益＋投资收益(－投资损失)＋公允价值变动收益(－公允价值变动损失)－信用减值损失－资产减值损失＋资产处置收益(－资产处置损失)

其中：

营业收入是指企业经营业务所实现的收入总额,包括主营业务收入和其他业务收入。

营业成本是指企业经营业务所发生的实际成本总额,包括主营业务成本和其他业务成本。

研发费用是指企业进行研究与开发过程中发生的费用化支出,以及计入管理费用的自行开发无形资产的摊销。

其他收益是指与企业日常活动相关,除冲减相关成本费用以外的政府补助,以及其他应计入其他收益的内容。

投资收益(损失)是指企业以各种方式对外投资所取得的收益(或损失)。

公允价值变动收益(损失)是指企业交易性金融资产等公允价值变动形成的应计入当期损益的利得(或损失)。

信用减值损失是指企业计提各项金融工具信用减值所确认的信用损失。

资产减值损失是指企业计提有关资产减值准备所形成的损失。

资产处置收益(或损失)是指企业出售划分为持有待售的非流动资产或处置组时确认的处置利得或损失。

(二)利润总额

利润总额＝营业利润＋营业外收入－营业外支出

(三)净利润

净利润＝利润总额－所得税费用

二、营业外收支

(一)营业外收入

营业外收入是指企业所发生的与其日常活动无直接关系的各项利得。营业外收入并不是企业经营资金耗费所产生的,实际上是经济利益的净流入,不需要与有关费用相配比。

1. 营业外收入核算的内容

营业外收入主要包括非流动资产毁损报废收益、与企业日常活动无关的政府补助、盘盈利得、捐赠利得等。具体如下：

(1)非流动资产毁损报废收益,指因自然灾害等发生毁损、已丧失使用功能而报废的非流动资产所产生的清理收益。

(2)与企业日常活动无关的政府补助,指企业从政府无偿取得货币性资产或非货币性资产,且与企业日常活动无关的利得。

(3)盘盈利得,指企业对现金等资产清查盘点时发生盘盈,报经批准后计入营业外收入的金额。

(4)捐赠利得,指企业接受捐赠产生的利得。

2.营业外收入的账务处理

为了总括反映和监督企业营业外收入取得及结转情况，企业应设置“营业外收入”科目。该科目贷方登记企业确认的营业外收入额，借方登记期末转入“本年利润”科目的数额，经结转后该科目期末无余额。该科目可按营业外收入项目进行明细核算。

(1)企业确认非流动资产毁损报废收益时，借记“固定资产清理”“银行存款”“待处理财产损溢”等科目，贷记“营业外收入”科目。

【例5-33】天胜公司将固定资产报废清理的净收益184 500元转为营业外收入。公司账务处理如下：

借：固定资产清理　　　　184 500
　　贷：营业外收入　　　　184 500

(2)企业确认盘盈利得、捐赠利得计入营业外收入时，借记“库存现金”“待处理财产损溢”等科目，贷记“营业外收入”科目。

【例5-34】天胜公司在现金清查中盘盈300元，报经批准后转入营业外收入。公司账务处理如下：

①发现盘盈时：

借：库存现金　　　　300
　　贷：待处理财产损溢　　　　300

②批准转入营业外收入时：

借：待处理财产损溢　　　　300
　　贷：营业外收入　　　　300

(3)期末将“营业外收入”科目余额转入“本年利润”科目，借记“营业外收入”科目，贷记“本年利润”科目。结转后“营业外收入”科目无余额。

【例5-35】承【例5-33】和【例5-34】天胜公司本期营业外收入总额为184 800元，期末结转本年利润。公司账务处理如下：

借：营业外收入　　　　184 800
　　贷：本年利润　　　　184 800

(二)营业外支出

营业外支出是指企业发生的与日常活动无直接关系的各项损失。

1.营业外支出的核算内容

营业外支出包括：非流动资产毁损报废损失、捐赠支出、盘亏损失、非常损失、罚款支出等。

(1)非流动资产毁损报废损失，指因自然灾害等发生毁损、已丧失使用功能而报废的非流动资产所产生的清理损失。

(2)捐赠支出，指企业对外进行捐赠发生的支出。

(3)盘亏损失，指对财产清查盘点中盘亏的资产，查明原因并报经批准计入营业外支出的损失。

(4)非常损失，指企业对于因客观因素(如自然灾害等)造成的损失，扣除保险公司赔偿后应计入营业外支出的净损失。

(5)罚款支出等，指企业支付的行政罚款、税务罚款，以及其他违反法律、合同协议等而支付的罚款、违约金、赔偿金等支出。

2. 营业外支出的账务处理

企业应当设置“营业外支出”科目，核算营业外支出的发生及结转情况。该科目借方登记确认的营业外支出，贷方登记期末将“营业外支出”科目余额转入“本年利润”科目的营业外支出，结转后该科目无余额。该科目可按营业外支出项目进行明细核算。

(1)企业确认非流动资产毁损报废损失时，借记“营业外支出”科目，贷记“固定资产清理”“无形资产”等科目。

【例 5-36】天胜公司 2×18 年 3 月 1 日取得一项价值 500 000 元的无形资产，采用直线法摊销，摊销期限为 10 年，2×20 年 3 月 1 日，该无形资产被新技术替代，公司决定进行报废处理，报废时已摊销 100 000 元，未计提减值准备。公司账务处理如下：

借：累计摊销　　100 000
　　营业外支出　　400 000
　　贷：无形资产　　500 000

(2)确认盘亏、罚款支出计入营业外支出时，借记“营业外支出”科目，贷“待处理财产损溢”“库存现金”等科目。

【例 5-37】天胜公司发生原材料自然灾害损失 250 000 元，该批材料的进项税额为 32 500 元，经批准转为营业外支出，原材料按实际成本核算。公司账务处理如下：

①发生自然灾害损失时：

借：待处理财产损溢　　282 500
　　贷：原材料　　250 000
　　　　应交税费——应交增值税(进项税额转出)　　32 500

②批准处理时：

借：营业外支出　　282 500
　　贷：待处理财产损溢　　282 500

【例 5-38】天胜公司以银行存款支付税收滞纳金 20 000 元。公司账务处理如下：

借：营业外支出　　20 000
　　贷：银行存款　　20 000

(3)确认捐赠支出时，借记“营业外支出”科目，贷记“银行存款”“库存商品”“原材料”等科目。

【例 5-39 】天胜公司为希望工程捐款 100 000 元，公司账务处理如下：

借：营业外支出　　100 000
　　贷：银行存款　　100 000

(4)期末，将“营业外支出”科目余额转入“本年利润”科目，借记“本年利润”科目，贷记“营业外支出”科目，结转后该科目无余额。

【例 5-40】承【例 5-36】至【例 5-39 】天胜公司将本期营业外支出总额 712 500 元期末结转至本年利润。公司账务处理如下：

借：本年利润　　712 500
　　贷：营业外支出　　712 500

三、所得税费用

企业的所得税费用包括当期所得税和递延所得税两个部分，其中，当期所得税是指当期应交所得税；递延所得税包括递延所得税资产和递延所得税负债。递延所得税资产是指以未来期间很可能取得用来抵扣可抵扣暂时性差异的应纳税所得额为限确认的一项资产。递延所得税负债是指根据应纳税暂时性差异计算的未来期间应付所得税的金额。

暂时性差异是由税收法规与会计准则确认时间或计税基础不同而产生的差异。按照暂时性差异对未来期间应税金额的影响，分为应纳税暂时性差异和可抵扣暂时性差异。

应纳税暂时性差异，是指在确定未来收回资产或清偿负债期间的应纳税所得额时，将导致产生应税金额的暂时性差异。该差异在未来期间转回时，会增加转回期间的应纳税所得额，即在未来期间不考虑该事项影响的应纳税所得额的基础上，由于该暂时性差异的转回，会进一步增加转回期间的应纳税所得额和应缴所得税金额。在应纳税暂时性差异产生当期，应当确认相关的递延所得税负债。

可抵扣暂时性差异，是指在确定未来收回资产或清偿负债期间的应纳税所得额时，将导致产生可抵扣金额的暂时性差异。该差异在未来期间转回时会减少转回期间的应纳税所得额，减少未来期间的应缴所得税。在可抵扣暂时性差异产生当期，应当确认相关的递延所得税资产。

(一)应交所得税的计算

应交所得税是指企业按照企业所得税法规定计算确定的针对当期发生的交易或事项，应交纳给税务部门的所得税金额，即当期应交所得税。应纳税所得额是在企业税前会计利润(即利润总额)的基础上调整确定的，计算公式为：

应纳税所得额＝税前会计利润＋纳税调整增加额－纳税调整减少额

纳税调整增加额主要包括企业所得税法规定允许扣除项目中，企业已计入当期费用但超过税法规定扣除标准的金额(如超过企业所得税法规定标准的职工福利费、工会经费、职工教育经费、业务招待费、公益性捐赠支出、广告费和业务宣传费等)，以及企业已计入当期损失但企业所得税法规定不允许扣除项目的金额(如税收滞纳金、罚金、罚款等)。

纳税调整减少额主要包括按企业所得税法规定允许弥补的亏损和准予免税的项目，如前5年内未弥补亏损和国债利息收入等。

企业当期应交所得税的计算公式为：

应交所得税＝应纳税所得额×所得税税率

【例5-41】天胜公司2×20年度利润总额(税前会计利润)21 800 000元，所得税税率为25%。某公司全年实发工资、薪酬为3 000 000元，职工福利费450 000元，工会经费80 000元，职工教育经费250 000元；经查，某公司当年营业外支出150 000元为税收滞纳金。假定公司全年无其他纳税调整因素。

根据企业所得税法规定，企业发生的合理的工资、薪金支出准予据实扣除；企业发生的职工福利费支出，不超过工资、薪金总额14%的部分准予扣除；企业拨缴的工会经费不超过工资、薪金总额2%的部分准予扣除；除国务院财政、税务主管部门另有规定外，企业发生的职工教育经费支出，不超过工资、薪金总额8%的部分准予扣除，超过部分准予结转以后纳税年度扣除。

本例中准予扣除项目标准确定如下：

(1)工资、薪金支出3 000 000元，可以据实扣除

(2)职工福利费扣除金额＝3 000 000×14%＝420 000(元)

(3)工会经费扣除金额＝3 000 000×2%＝60 000(元)

(4)职工教育经费扣除金额＝3 000 000×8%＝240 000(元)

公司有两种纳税调整因素：

(1)已记入当期费用但超过企业所得税法规定标准的费用支出

①职工福利费超过标准扣除金额＝450 000－420 000＝30 000(元)

②工会经费超过标准扣除金额＝80 000－60 000＝20 000(元)

③职工教育经费超过标准扣除金额＝250 000－240 000＝10 000(元)

(2)已记入当期营业外支出但按企业所得税法规定不允许扣除的税收滞纳金150 000元。

以上两因素均应调整增加应纳税所得额，公司当期所得税计算如下：

应纳税所得额＝税前会计利润＋纳税调整增加额

＝21 800 000＋30 000＋20 000＋10 000＋150 000＝22 010 000(元)

当期应纳所得税＝22 010 000×25%＝5 502 500(元)

【例5-42】某公司2×20年全年利润总额(税前会计利润)为10 500 000元，其中包括本年实现的国债利息收入500 000元，所得税税率为25%。假定公司全年无其他纳税调整因素。

根据企业所得税法的规定，企业购买国债的利息收入免交所得税，在计算应纳税所得额时可以扣除。公司当期所得税的计算如下：

应纳税所得额＝税前会计利润－纳税调整减少额

＝10 500 000－500 000＝10 000 000(元)

当期应交所得税额＝10 000 000×25%＝250 000(元)

(二)所得税费用的账务处理

根据企业会计准则的规定，计算确定的当期所得税和递延所得税之和，即为应当从当期利润总额中扣除的所得税费用，即：

所得税费用＝当期所得税＋递延所得税

其中，递延所得税＝(递延所得税负债的期末余额－递延所得税负债的期初余额)－(递延所得税资产的期末余额－递延所得税资产的期初余额)

企业应设置“所得税费用”科目，核算企业所得税费用的确认及结转情况。期末，应将“所得税费用”科目的余额转入“本年利润”科目，借记“本年利润”科目，贷记“所得税费用”科目，结转后，“所得税费用”科目无余额。

【例5-43】天胜公司2×20年当年应交所得税税额为6 000 000元；递延所得税负债年初数为500 000元，年末数为600 000；递延所得税资产年初数为350 000元，年末数为300 000元。公司所得税费用计算如下：

递延所得税＝(600 000－500 000)－(300 000－350 000)＝150 000(元)

所得税费用＝6 000 000＋150 000＝6 150 000(元)

公司账务处理如下：

借：所得税费用　　6 150 000

　贷：应交税费——应交所得税　　6 000 000

　　递延所得税负债　　100 000

　　递延所得税资产　　50 000

四、本年利润

(一)结转本年利润的方法

会计期末，结转本年利润的方法有表结法和账结法两种。

1. 表结法

表结法下，各损益类科目每月月末只需结计出本月发生额和月末累计余额，不结转到“本年利润”科目，只有在年末时才将全年累计余额转入“本年利润”科目。但每月月末要将损益类科目本月发生额合计数填入利润表的本月数栏，同时将本月累计余额填入利润表的本年累计数栏，通过利润表计算反映各期的利润(或亏损)。表结法下，年中损益类科目无须结转入“本年利润”科目，从而减少了转账环节和工作量，同时并不影响利润表的编制及有关损益指标的利用。

2. 账结法

账结法下，每月月末均需编制转账凭证，将在账上结计出的各损益类科目的余额结转入“本年利润”科目。结转后“本年利润”科目的本月余额反映当月实现的利润或发生的亏损，“本年利润”科目的本年余额反映本年累计实现的利润或发生的亏损。账结法在各月均可通过“本年利润”科目提供当月及本年累计的利润(或亏损)额，但增加了转账环节和工作量。

(二)结转本年利润的账务处理

企业应设置“本年利润”科目，核算企业本年度内实现的净利润(或发生的净亏损)。会计期末，企业将“主营业务收入”“其他业务收入”“其他收益”“营业外收入”等收益类科目的余额转入“本年利润”科目的贷方；将“主营业务成本”“其他业务成本”“税金及附加”“销售费用”“管理费用”“财务费用”“信用减值损失”“资产减值损失”“营业外支出”“所得税费用”等各类成本、费用支出科目的余额转入“本年利润” 科目的借方。还应将“投资收益”“公允价值变动损益”“资产处置损益”科目的净收益转入“本年利润”科目贷方，将“投资收益”“公允价值变动损益”“资产处置损益”科目的净损失转入“本年利润”科目借方。结转后，如果“本年利润” 科目为贷方余额，反映当年实现的净利润；如果“本年利润” 科目为借方余额，反映当年发生的净亏损。年度终了，应将“本年利润” 科目的本年累计余额转入“利润分配——未分配利润”科目。如“本年利润”为贷方余额，借记“本年利润”科目，贷记“利润分配——未分配利润”科目；如为借方余额，借记“利润分配——未分配利润”科目，贷记“本年利润”科目。结转后，“本年利润”科目无余额。

【例 5-44】天胜公司 2×20 年有关损益类科目的年末余额如表 5-1 所示(该公司采用表结法年末一次结转损益类科目，所得税税率为 25％)。

表 5-1　2020 年损益类科目余额

单位:元

科目名称	结账前余额	借或贷
主营业务收入	8 000 000	贷
其他业务收入	600 000	贷
投资收益	1 200 000	贷
营业外收入	100 000	贷
主营业务成本	6 000 000	借
其他业务成本	300 000	借
税金及附加	150 000	借
销售费用	500 000	借
管理费用	700 000	借
财务费用	400 000	借
营业外支出	250 000	借

公司 2×20 年末结转本年利润,账务处理如下:

(1)将各损益类科目年末余额结转至“本年利润”科目:

①结转各项收入、利得类科目:

借:主营业务收入　　8 000 000
　其他业务收入　　600 000
　投资收益　　1 200 000
　营业外收入　　100 000
　贷:本年利润　　9 900 000

②结转各项费用、损失类科目:

借:本年利润　　8 300 000
　贷:主营业务成本　　6 000 000
　　其他业务成本　　300 000
　　税金及附加　　150 000
　　销售费用　　500 000
　　管理费用　　700 000
　　财务费用　　400 000
　　营业外支出　　250 000

(2)结转后,“本年利润”科目的贷方发生额合计 9 900 000 元,减去借方发生额合计 8 300 000 元,即为税前会计利润 1 600 000 元。

(3)假定公司 2×20 年度不存在所得税纳税调整以及递延所得税因素。

(4)当期应交所得税额=1 600 000×25%=400 000(元)

①确认所得税费用：

借：所得税费用　　　　　　　　　　400 000

　　贷：应交税费——应交所得税　　　　　400 000

②将所得税费用结转入“本年利润”科目：

借：本年利润　　　　　　　　　　　400 000

　　贷：所得税费用　　　　　　　　　　　400 000

(5)将“本年利润”科目余额转入“利润分配——未分配利润”科目：

“本年利润”科目余额＝9 900 000－8 300 000－400 000＝1 200 000(元)

借：本年利润　　　　　　　　　　　1 200 000

　　贷：利润分配——未分配利润　　　　　1 200 000

第六章　财务报表

【知识目标】通过本章的学习，明确财务报表的概念、体系和主要会计报表的结构原理和基本内容。

【技能目标】在实现知识目标的基础上熟练掌握资产负债表、利润表的基本编制方法。

【思政目标】通过在专业知识的学习中融入社会主义核心价值观、习近平中国特色社会主义思想等相关内容，将提升学生的专业素养、工匠精神、创新意识、职业操守和爱国主义精神紧密结合在一起，从而增强学生的思想政治意识。

财务报表是对企业财务状况、经营成果和现金流量的结构性表述。它是企业对外提供的反映企业在某一特定日期的财务状况和某一会计期间的经营成果、现金流量等会计信息的文件。财务报表根据日常会计核算资料，通过归集、加工、汇总而成，能够提供全面、系统、综合的会计信息。编制财务报表是会计核算工作的最后一个环节，也是会计核算工作的总结。

《企业会计准则第30号——财务报表列报》明确了财务报表的内容，财务报表至少应当包括下列组成部分：资产负债表、利润表、所有者权益（或股东权益，下同）变动表、现金流量表和附注。可见，企业的财务报表由会计报表和报表附注两部分组成。

第一节　资产负债表

一、资产负债表的内容及结构

（一）资产负债表的内容

资产负债表是反映企业在某一特定日期财务状况的报表，是企业经营活动的静态反映。它是根据“资产＝负债＋所有者权益”这一平衡公式，按照一定的分类标准和一定的次序，将某一特定日期的资产、负债、所有者权益的具体项目予以适当的排列编制而成，主要反映资产、负债和所有者权益三方面内容。通过资产负债表，可以反映企业某一特定日期所拥有或控制的经济资源、所承担的现时义务和所有者对净资产的要求权，帮助财务报表使用者全面了解企业的财务状况、分析企业的偿债能力等情况，从而为其作出经济决策提供依据。

（二）资产负债表的结构

资产负债表一般由表头、表体两部分组成。表头部分应列明报表名称、编制单位名称、资产负债表日、报表编号和计量单位;表体部分是资产负债表的主体列示,用以说明企业财务状况的各个项目。资产负债表的表体格式一般有两种:报告式资产负债表和账户式资产负债表。报告式资产负债表是上下结构,上半部分列示资产各项目,下半部分列示负债和所有者权益。账户式资产负债表是左右结构,左边列示资产各项目,反映全部资产的分布及存在状态;右边列示负债和所有者权益各个项目,反映全部负债和所有者权益的内容及构成情况。不管采取什么格式,资产各项目的合计一定等于负债和所有者权益各项目的合计。

我国企业的资产负债表采用账户式结构,分为左右两方,左方为资产项目,按资产流动性强弱排列,流动性强的资产排在前面,如"货币资金""交易性金融资产"等流动资产,流动性弱的资产排在后面,如"固定资产""无形资产"等非流动资产。右方为负债及所有者权益项目,一般按要求清偿时间的先后顺序排列,"短期借款""应付票据"等需要在一年内或长于一年的一个营业周期内偿还的流动负债排在前面,"长期借款"等在一年以上需要偿还的非流动负债排在中间,在企业清算前不需要偿还的所有者权益项目排在后面。

账户式资产负债表的资产各项目的合计等于负债和所有者权益各项目的合计,即资产负债表左方和右方平衡。通过账户式资产负债表,可以反映资产、负债、所有者权益之间的内在关系,即"资产＝负债＋所有者权益"。我国一般企业资产负债表格式如表 6-1 所示。

表 6-1 资产负债表

会企 01 表

编制单位: 年 月 日 金额单位:元

资产	期末余额	上年年末余额	负债和所有者权益(或股东权益)	期末余额	上年年末余额
流动资产:			流动负债:		
货币资金			短期借款		
交易性金融资产			交易性金融负债		
衍生金融资产			衍生金融负债		
应收票据			应付票据		
应收账款			应付账款		
应收款项融资			预收账款		
预付账款			合同负债		
其他应收款			应付职工薪酬		
存货			应交税费		
合同资产			其他应付款		
持有待售资产			持有待售负债		
一年内到期的非流动资产			一年内到期的非流动负债		
其他流动资产			其他流动负债		
流动资产合计			流动负债合计		
非流动资产:			非流动负债:		
债权投资			长期借款		

续表 6-1

资产	期末余额	上年年末余额	负债和所有者权益（或股东权益）	期末余额	上年年末余额
其他债权投资			应付债券		
长期应收款			其中:优先股		
长期股权投资			永续债		
其他权益工具投资			租赁负债		
其他非流动金融资产			长期应付款		
投资性房地产			预计负债		
固定资产			递延收益		
在建工程			递延所得税负债		
生产性生物资产			其他非流动负债		
油气资产			非流动负债合计		
使用权资产			负债合计		
无形资产			所有者权益(或股东权益)		
开发支出			实收资本(或股本)		
商誉			其他权益工具		
长期待摊费用			其中:优先股		
递延所得税资产			永续债		
其他非流动资产			资本公积		
非流动资产合计			减:库存股		
			其他综合收益		
			专项储备		
			盈余公积		
			未分配利润		
			所有者权益(或股东权益)合计		
资产总计			负债和所有者权益(或股东权益)总计		

二、资产负债表的编制

(一)资产负债表项目的填列方法

资产负债表各项目均需填列“期末余额”和“上年年末余额”两栏。

表 6-1“上年年末余额”栏内各项数字，应根据上年年末资产负债表“期末余额”栏内所列数字填列。如果上年度资产负债表规定的各个项目的名称和内容同本年度不相一致，应对上年年末资产负债表各项目的名称和数字按照本年度的规定进行调整，填入表 6-1“上年年末余

额”栏内。

表6-1“期末余额”栏主要有以下几种填列方法：

1. 根据总账科目余额填列

如“短期借款”“资本公积”科目等，根据各总账科目余额直接填列；有些项目则需根据几个总账科目的期末余额计算填列，如“货币资金”项目，需根据“库存现金”“银行存款”和“其他货币资金”三个总账科目的期末余额的合计数填列。

2. 根据明细账科目余额计算填列

如“应付账款”项目，需要根据“应付账款”和“预付账款”两个科目所属的相关明细科目的期末贷方余额计算填列；“预付账款”项目，需要根据“应付账款”和“预付账款”两个科目所属的相关明细科目的期末借方余额减去与“预付账款”有关的坏账准备贷方余额计算填列；“预收账款”项目，需要根据“应收账款”和“预收账款”两个科目所属的相关明细科目的期末贷方金额合计填列；“开发支出”项目，需要根据“研发支出”科目所属“资本化支出”明细科目期末余额计算填列；“应付职工薪酬”项目，需要根据“应付职工薪酬”科目的明细科目期末余额计算填列；“一年内到期的非流动资产”“一年内到期的非流动负债”项目，需要根据相关非流动资产和非流动负债的明细科目余额计算填列。

3. 根据总账科目和明细科目余额分析计算填列

如“长期借款”项目，需要根据“长期借款”总账科目余额扣除“长期借款”科目所属的明细科目中将在一年内到期且企业不能自主的将清偿义务展期的长期借款后的金额计算填列；“其他非流动资产”项目，应根据有关科目的期末余额减去将于一年内（含一年）收回数后的金额计算填列；“其他非流动负债”项目，应根据有关科目的期末余额减去将于一年内（含一年）到期偿还数后的金额计算填列。

4. 根据有关科目余额减去其备抵科目余额后的净额填列

如“应收账款”“应收票据”“在建工程”“长期股权投资”等项目，应当根据“应收账款”“应收票据”“在建工程”“长期股权投资”等科目的期末余额减去“坏账准备”“在建工程减值准备”“长期投资减值准备”等备抵科目余额后的净额填列。“投资性房地产”（采用成本模式计量）、“固定资产”项目，应当根据“投资性房地产”“固定资产”科目的期末余额，减去“投资性房地产累计折旧”“投资性房地产减值准备”“累计折旧”“固定资产减值准备”等备抵科目的期末余额，以及“固定资产清理”科目期末余额后的净额填列；“无形资产”项目，应当根据“无形资产”科目的期末余额，减去“累计摊销”“无形资产减值准备”等备抵科目余额后的净额填列。

5. 综合运用上述填列方法分析填列

如“存货”项目，需要根据“材料采购”“在途物资”“原材料”“库存商品”“委托加工物资”“周转材料”“发出商品”“材料成本差异”等总账科目期末余额的分析汇总数，再减去“存货跌价准备”科目余额后的净额填列。

（二）资产负债表项目的填列说明

1. 资产项目的填列说明

（1）“货币资金”项目　反映企业库存现金、银行结算户存款、外埠存款、银行汇票存款、银行本票存款、信用卡存款、信用证保证金存款等的合计数。本项目应根据“库存现金”“银行存款”“其他货币资金”科目期末余额的合计数填列。

【例 6-1】 2×20 年 12 月 31 日，天胜公司“库存现金”科目余额 0.3 万元，“银行存款”科目余额为 101.7 万元，“其他货币资金”科目余额为 98 万元，则 2×20 年 12 月 31 日，公司资产负债表中“货币资金”项目“期末余额”栏的填列金额＝0.3＋101.7＋98＝200(万元)

(2)“交易性金融资产”项目　反映资产负债表日企业分类为以公允价值计量且其变动计入当期损益的金融资产，以及企业持有的指定为以公允价值计量且其变动计入当期损益的金融资产的期末账面价值。该项目应根据“交易性金融资产”科目的相关明细科目期末余额分析填列。自资产负债表日起超过一年到期且预期持有超过一年的以公允价值计量且其变动计入当期损益的非流动金融资产的期末账面价值，在“其他非流动金融资产”项目反映。

(3)“应收票据”项目　反映资产负债表日以摊余成本计量的、企业因销售商品、提供劳务等收到的商业汇票，包括银行承兑汇票和商业承兑汇票。该项目应根据“应收票据”科目的期末余额，减去“坏账准备”科目中相关坏账准备期末余额后的金额分析填列。

【例 6-2】 2×20 年 12 月 31 日，天胜公司“应收票据”科目的余额为 1 300 万元；“坏账准备”科目中有关应收票据计提的坏账准备金额为 45 万元，则 2×20 年 12 月 31 日，某公司资产负债表中“应收票据”项目“期末余额”栏的填列金额＝1 300－45＝1 255 万元。

(4)“应收账款”项目　反映资产负债表日以摊余成本计量的，企业因销售商品、提供劳务等经营活动应收取的款项。该项目应根据“应收账款”科目的期末余额，减去“坏账准备”科目中相关坏账准备期末余额后的金额分析填列。

(5)“应收款项融资”项目　反映资产负债表日以公允价值计量且其变动计入其他综合收益的应收票据和应收账款等。

(6)“预付账款”项目　反映企业按购货合同规定预付给供货单位的款项等。本项目应根据“预付账款”和“应付账款”科目所属各明细科目的期末借方余额合计数，减去“坏账准备”科目中有关预付账款计提的坏账准备期末余额后的净额填列。如“预付账款”科目所属明细科目期末为贷方余额，应在资产负债表“应付账款”项目填列。

(7)“其他应收款”项目　反映企业除应收票据、应收账款、预付账款等经营活动以外的其他各种应收、暂付的款项。本项目应根据“应收利息”“应收股利”和“其他应收款”科目的期末余额合计数，减去“坏账准备”科目中相关坏账准备期末余额后的金额填列。其中，“应收利息”仅反映相关金融工具已到期可收取但于资产负债表日尚未收到的利息。基于实际利率法计提的金融工具的利息应包含在相应金融工具的账面余额中。

(8)“存货”项目　反映企业期末在库、在途和在加工中的各种存货的可变现净值或成本(成本与可变现净值孰低)，包括各种材料、商品、在产品、半成品、包装物、低值易耗品、发出商品等。本项目应根据“材料采购”“原材料”“库存商品”“周转材料”“委托加工物资”“发出商品”“生产成本”“受托代销商品”等科目的期末余额合计数，减去“受托代销商品款”“存货跌价准备”科目期末余额后的金额填列。材料采用计划成本核算，以及库存商品采用计划成本核算或售价核算的企业，还应按加或减材料成本差异、商品进销差价后的金额填列。

【例 6-3】 2×20 年 12 月 31 日，天胜公司有关科目余额如下：“发出商品”科目借方余额为 700 万元，“生产成本”科目借方余额为 400 万元，“原材料”科目借方余额为 200 万元，“委托加工物资”科目借方余额为 100 万元，“材料成本差异”科目贷方余额为 25 万元，“存货跌价准备”科目贷方余额为 100 万元，“受托代销商品”科目借方余额为 500 万元，“受托代销商品款”科目贷方余额为500万元，则2×20年12月31日，公司资产负债表中“存货”项目“期末余额”栏的填列金额＝700＋400＋100＋200－25－100＋500－500＝1 275(万元)。

(9)“合同资产”项目 反映企业按照《企业会计准则第14号——收入》的相关规定，根据本企业履行履约义务与客户付款之间的关系在资产负债表中列示的合同资产。该项目根据“合同资产”科目的相关明细科目期末余额分析填列，同一合同下的合同资产和合同负债应当以净额列示，其中净额为借方余额的，应当根据其流动性在“合同资产”或“其他非流动资产”项目填列，已计提减值准备的，还应以减去“合同资产减值准备”科目中相关的期末余额后的金额填列；其中净额为贷方余额的，应当根据其流动性在“合同负债”或“其他非流动负债”项目中填列。

(10)“持有待售资产”项目 反映资产负债表日划分为持有待售类别的非流动资产及划分为持有待售类别的处置组中的流动资产和非流动资产的期末账面价值。该项目应根据“持有待售资产”科目期末余额，减去“持有待售资产减值准备”科目期末余额后的金额填列。

【例6-4】天胜公司计划出售一项固定资产，该固定资产于2×20年12月31日被划分为持有待售固定资产，其账面价值为315万元，从划归为持有待售的下个月起停止计提折旧，不考虑其他因素，则2×20年12月31日，公司资产负债表中“持有待售资产”项目“期末余额”栏的填列金额为315万元。

(11)“一年内到期的非流动资产”项目 反映企业预计自资产负债表日起一年内变现的非流动资产。本项目应根据有关科目的期末余额分析填列。

(12)“债权投资”项目 反映资产负债表日企业以摊余成本计量长期债券投资的期末账面价值。该项目应根据“债权投资”科目相关明细科目期末余额，减去“债权投资减值准备”科目中相关减值准备的期末余额后的金额分析填列。自资产负债表日起一年内到期的长期债权投资的期末账面价值，在“一年内到期的非流动资产”项目反映。企业购入的以摊余成本计量的一年内到期的债权投资的期末账面价值，在“其他流动资产”项目反映。

(13)“其他债权投资”项目 反映资产负债表日企业分类为以公允价值计量且其变动计入其他综合收益的长期债权投资的期末账面价值。该项目应根据“其他债权投资”科目的相关明细科目期末余额分析填列。自资产负债表日起一年内到期的长期债权投资的期末账面价值，在“一年内到期的非流动资产”项目反映。企业购入的以公允价值计量且其变动计入其他综合收益的一年内到期的债权投资的期末账面价值，在“其他流动资产”项目反映。

(14)“长期应收款”项目 反映企业租赁产生的应收款项和采用递延方式分期收款、实质上具有融资性质的销售商品和提供劳务等经营活动产生的应收款项。本项目应根据“长期应收款”科目的期末余额，减去相应的“未实现融资收益”科目和“坏账准备”科目所属相关明细科目期末余额后的金额填列。

(15)“长期股权投资”项目 反映投资方对被投资方实施控制、重大影响的权益性投资，以及对其合营企业的权益性投资。本项目应根据“长期股权投资”科目的期末余额，减去“长期股权投资减值准备”科目的期末余额后的净额填列。

(16)“其他权益工具投资”项目 反映资产负债表日企业指定为以公允价值计量且其变动计入其他综合收益的非交易性权益工具投资的期末账面价值。该项目应根据“其他权益工具投资”科目的期末余额填列。

(17)“固定资产”项目 反映资产负债表日企业固定资产的期末账面价值和企业尚未清理

完毕的固定资产清理净损益。该项目应根据“固定资产”科目的期末余额，减去“累计折旧”和“固定资产减值准备”科目的期末余额后的金额，以及“固定资产清理”科目的期末余额填列。

【例 6-5】2×20 年 12 月 31 日，天胜公司“固定资产”科目借方余额为 5 000 万元，“累计折旧”科目贷方余额为 3 000 万元，“固定资产减值准备”科目贷方余额为 500 万元，“固定资产清理”科目借方余额为 500 万元，则 2×20 年 12 月 31 日，公司资产负债表中“固定资产”项目“期末余额”栏的填列金额＝5 000－3 000－500＋500＝2 000(万元)。

(18)“在建工程”项目　反映资产负债表日企业尚未达到预定可使用状态的在建工程的期末账面价值和企业为在建工程准备的各种物资的期末账面价值。该项目应根据“在建工程”科目的期末余额，减去“在建工程减值准备”科目的期末余额后的金额，以及“工程物资”科目的期末余额，减去“工程物资减值准备”科目期末余额后的金额填列。

(19)“使用权资产”项目　反映资产负债表日承租人企业持有的使用权资产的期末账面价值。该项目应根据“使用权资产”科目的期末余额，减去“使用权资产累计折旧”和“使用权资产减值准备”科目期末余额后的金额填列。

(20)“无形资产”项目　反映企业持有的专利权、非专利技术、商标权、著作权、土地使用权等无形资产的成本减去累计摊销和减值准备后的净值。本项目应根据“无形资产”科目的期末余额，减去“累计摊销”和“无形资产减值准备”科目期末余额后的净额填列。

【例 6-6】2×20 年 12 月 31 日，天胜公司“无形资产”科目借方余额为 1 000 万元，“累计摊销”科目贷方余额为 400 万元，“无形资产减值准备”科目贷方余额为 100 万元，则 2×20 年 12 月 31 日，公司资产负债表中“无形资产”项目“期末余额”栏的填列金额＝1 000－400－100＝500(万元)。

(21)“开发支出”项目　反映企业开发无形资产过程中能够资本化形成无形资产成本的支出部分。本项目应根据“研发支出”科目所属的“资本化支出”明细科目的期末余额填列。

(22)“长期待摊费用”项目　反映企业已经发生但应由本期和以后各期负担的分摊期限在一年以上的各项费用。本项目应根据“长期待摊费用”科目的期末余额，减去将于一年内(含一年)摊销的数额后的金额分析填列。但长期待摊费用的摊销期限只剩一年或不足一年的，或预计在一年内(含一年)进行摊销的部分，不得归类为流动资产，仍在各该非流动资产项目中填列，不转入“一年内到期的非流动资产”项目。

(23)“递延所得税资产”项目　反映企业根据所得税准则确认的可抵扣暂时性差异产生的所得税资产。本项目应根据“递延所得税资产”科目的期末余额填列。

(24)“其他非流动资产”项目　反映企业除上述非流动资产以外的其他非流动资产。本项目应根据有关科目的期末余额填列。

2. 负债项目的填列说明

(1)“短期借款”项目　反映企业向银行或其他金融机构等借入的期限在一年以下(含一年)的各种借款。本项目应根据“短期借款”科目的期末余额填列。

【例 6-7】2×20 年 12 月 31 日，天胜公司“短期借款”科目的余额如下所示：银行质押借款 20 万元，信用借款 30 万元，则 2×20 年 12 月 31 日，公司资产负债表中“短期借款”项目“期末余额”栏的填列金额＝20＋30＝50(万元)。

(2)“交易性金融负债”项目　反映企业资产负债表日承担的交易性金融负债，以及企业持有的直接指定为以公允价值计量且其变动计入当期损益的金融负债的期末账面价值。该项目应根据“交易性金融负债”科目的相关明细科目的期末贷方余额填列。

(3)“应付票据”项目　反映企业资产负债表日以摊余成本计量的、企业因购买商品、材料和接受服务等开出、承兑的商业汇票，包括银行承兑汇票和商业承兑汇票。该项目应根据“应付票据”科目的期末余额填列。

【例 6-8】2×20 年 12 月 31 日，天胜公司“应付票据”科目的余额如下所示：20 万元的银行承兑汇票，15 万元的商业承兑汇票，则 2×20 年 12 月 31 日，公司资产负债表中“应付票据”项目“期末余额”栏的填列金额＝20＋15＝35(万元)。

(4)“应付账款”项目　反映资产负债表日以摊余成本计量的、企业因购买商品、材料和接受服务等经营活动应支付的款项。该项目应根据“应付账款”和“预付账款”科目所属的相关明细科目的期末余额合计数填列。

(5)“预收账款”项目　反映企业按照合同规定预收的款项。本项目应根据“预收账款”和“应收账款”科目所属明细科目的期末贷方余额合计数填列。如果“预收账款”科目所属明细科目期末为借方余额的，应在资产负债表“应收账款”项目内填列。

(6)“合同负债”项目　反映企业按照《企业会计准则第 14 号 ——收入》的相关规定，根据本企业履行履约义务与客户付款之间的关系在资产负债表中列示的合同负债。“合同负债”项目应根据相关明细科目的期末余额分析填列。

(7)“应付职工薪酬”项目　反映企业为获得职工提供的服务或解除劳动关系而给予的各种形式的报酬或补偿。本项目应根据“应付职工薪酬”科目所属各明细科目的期末贷方余额分析填列。外商投资企业按规定从净利润中提取的职工奖励及福利基金，也在本项目列示。

【例 6-9】2×20 年 12 月 31 日，天胜公司“应付职工薪酬”科目明细项目为：工资 60 万元，社会保险费(含医疗保险、工伤保险)8.1 万元，设定提存计划(含基本养老保险费)4.5 万元，住房公积金 4 万元，工会经费 3.4 万元，则 2×20 年 12 月 31 日，公司资产负债表中“应付职工薪酬”项目“期末余额”栏的填列金额＝60＋8.1＋4.5＋4＋3.4＝80(万元)。

(8)“应交税费”项目　反映企业按照税法规定计算应交纳的各种税费，包括增值税、消费税、城市维护建设税、教育费附加、企业所得税、资源税、房产税、土地增值税、城镇土地使用税、车船税等。企业代扣代缴的个人所得税，也通过本项目列示。企业所交纳的税金不需要预计应交数的，如耕地占用税、印花税等，不在本项目列示。本项目应根据“应交税费”科目的期末贷方余额填列。需要说明的是，“应交税费”科目下的“应交增值税”“未交增值税”“待抵扣进项税额”“待认证进项税额”“增值税留抵税额”等明细科目期末借方余额应根据情况，在资产负债表中的“其他流动资产”或“其他非流动资产”项目列示；“应交税费——待转销项税额”等科目期末贷方余额应根据情况，在资产负债表中的“其他流动负债”或“其他非流动负债”项目列示；“应交税费”科目下“未交增值税”“简易计税”“转让金融商品应交增值税”“代扣代交增值税”等科目期末贷方余额应在资产负债表中“应交税费”项目列示。

(9)“其他应付款”项目　反映企业除应付账款、应付票据、预收账款、应付职工薪酬、应交税费等经营活动以外的其他各项应付、暂收款项。本项目应根据“应付利息”“应付股利”“其他应付款”科目的期末余额合计填列。其中，“应付利息”科目仅反映相关金融工具已到期应支付但于资产负债表日尚未支付的利息。基于实际利率法计提的金融工具的利息应包含在相应金融工具的账面余额中。

(10)“持有待售负债”项目　反映资产负债表日处置组中与划分为持有待售类资产相关的

负债的期末账面价值。本项目应根据“持有待售负债”科目的期末余额填列。

(11)“一年内到期的非流动负债”项目　反映企业非流动负债中将于资产负债表日后一年内到期部分的金额，如将于一年内偿还的长期借款。本项目应根据有关科目的期末余额分析填列。

(12)“长期借款”项目　反映企业向银行或其他金融机构借入的期限在一年以上(不含一年)的各项借款。本项目应根据“长期借款”科目的期末余额，扣除“长期借款”科目所属明细科目中将在资产负债表日起一年内到期且企业不能自主地将清偿义务展期的长期借款后的金额计算填列。

【例6-10】 2×20年12月31日，某公司“长期借款”科目余额为155万元，其中自乙银行借入的5万元借款将于一年内到期，某公司不具有自主展期清偿的权利，则某公司2×20年12月31日资产负债表中“长期借款”项目“期末余额”栏的填列金额=155-5=150(万元)，“一年内到期的非流动负债”项目“期末余额”栏的填列金额为5万元。

(13)“应付债券”项目　反映企业为筹集长期资金而发行的债券本金及应付的利息。本项目应根据“应付债券”科目的期末余额分析填列。对于资产负债表日企业发行的金融工具，分类为金融负债的，应在本项目填列，对于优先股和永续债还应在本项目下的“优先股”和“永续债”项目分别填列。

(14)“租赁负债”项目　反映资产负债表日承租人企业尚未支付的租赁付款额的期末账面价值。该项目应根据“租赁负债”科目的期末余额填列。自资产负债表日起一年内到期应予以清偿的租赁负债的期末账面价值，在“一年内到期的非流动负债”项目反映。

(15)“长期应付款”项目　应根据“长期应付款”科目的期末余额，减去相关的“未确认融资费用”科目期末余额后的金额，以及“专项应付款”科目的期末余额填列。

(16)“预计负债”项目　反映企业根据或有事项等相关准则确认的各项预计负债，包括对外提供担保、未决诉讼、产品质量保证、重组义务以及固定资产和矿区权益弃置义务等产生的预计负债。本项目应根据“预计负债”科目的期末余额填列。企业按照《企业会计准则第22号——金融工具确认与计量》的相关规定，对贷款承诺等项目计提的损失准备，应在本项目中填列。

(17)“递延收益”项目　反映尚待确认的收入或收益。本项目核算包括企业根据政府补助准则确认的应在以后期间计入当期损益的政府补助金额、售后租回形成融资租赁的售价与资产账面价值差额等其他递延性收入。本项目应根据“递延收益”科目期末余额填列。本项目中摊销期限只剩一年或不足一年的，或预计在一年内(含一年)进行摊销的部分，不得归类为流动负债，仍在本项目中填列，不转入“一年内到期的非流动负债”项目。

(18)“递延所得税负债”项目　反映企业根据所得税准则确认的应纳税暂时性差异产生的所得税负债。本项目应根据“递延所得税负债”科目的期末余额填列。

(19)“其他非流动负债”项目　反映企业除以上非流动负债以外的其他非流动负债。本项目应根据有关科目期末余额，减去将于一年内(含一年)到期偿还数后的余额分析填列。非流动负债各项目中将于一年内(含一年)到期的非流动负债，应在“一年内到期的非流动负债”项目反映。

3. 所有者权益项目的填列说明

(1)“实收资本(或股本)”项目，反映企业各投资者实际投入的资本(或股本)总额。本项目应根据“实收资本(或股本)”科目的期末余额填列。

【例 6-11】 天胜公司是由A公司于2×03年3月1日注册成立的有限责任公司，注册资本为人民币5 000万元，A公司以货币资金人民币5 000万元出资，占注册资本的100%，持有该公司100%的权益。上述实收资本已于2×03年3月1日经相关会计师事务所出具的验资报告验证。该资本投入自2×03年至2×20年末未发生变动，则2×20年12月31日，天胜公司资产负债表中“实收资本(或股本)”项目“期末余额”栏填列的金额为5 000万元。

(2)“其他权益工具”项目　反映资产负债表日企业发行在外的除普通股以外分类为权益工具的金融工具的期末账面价值，并下设“优先股”和“永续债”两个项目，分别反映企业发行的分类为权益工具的优先股和永续债的账面价值。

(3)“资本公积”项目　反映企业收到投资者出资超出其在注册资本或股本中所占的份额以及直接计入所有者权益的利得和损失等。本项目应根据“资本公积”科目的期末余额填列。

(4)“其他综合收益”项目　反映企业其他综合收益的期末余额。本项目应根据“其他综合收益”科目的期末余额填列。

(5)“专项储备”项目　反映高危行业企业按国家规定提取的安全生产费的期末账面价值。本项目应根据“专项储备”科目的期末余额填列。

(6)“盈余公积”项目　反映企业盈余公积的期末余额。本项目应根据“盈余公积”科目的期末余额填列。

(7)“未分配利润”项目　反映企业尚未分配的利润。本项目应根据“本年利润”科目和“利润分配”科目余额计算填列。未弥补的亏损在本项目内以“—”号填列。

【例 6-12】 承【例 6-1】至【例 6-11】某公司编制的2×20年12月31日的资产负债表如表6-2所示。

表 6-2　资产负债表　　会企01表

编制单位:天胜公司　　2×20年12月31日　　单位:元

资产	期末余额	上年年末余额	负债和所有者权益(或股东权益)	期末余额	上年年末余额
流动资产:			流动负债:		
货币资金	2 000 000		短期借款	500 000	
交易性金融资产			交易性金融负债		
衍生金融资产			衍生金融负债		
应收票据	12 550 000		应付票据	350 000	
应收账款			应付账款		
应收款项融资			预收账款		
预付账款			合同负债		
其他应收款			应付职工薪酬	800 000	
存货	12 750 000		应交税费		
合同资产			其他应付款		

续表 6-2

资产	期末余额	上年年末余额	负债和所有者权益（或股东权益）	期末余额	上年年末余额
持有待售资产	3 150 000		持有待售负债		
一年内到期的非流动资产			一年内到期的非流动负债	50 000	
其他流动资产			其他流动负债		
流动资产合计	30 450 000		流动负债合计	1 700 000	
非流动资产：			非流动负债：		
债权投资			长期借款	1 500 000	
其他债权投资			应付债券		
长期应收款			其中：优先股		
长期股权投资			永续债		
其他权益工具投资			租赁负债		
其他非流动金融资产			长期应付款		
投资性房地产			预计负债		
固定资产	20 000 000		递延收益		
在建工程			递延所得税负债		
生产性生物资产			其他非流动负债		
油气资产			非流动负债合计	1 500 000	
使用权资产			负债合计	3 200 000	
无形资产	5 000 000		所有者权益（或股东权益）		
开发支出			实收资本（或股本）	50 000 000	
商誉			其他权益工具		
长摊待摊费用			其中：优先股		
递延所得税资产			永续债		
其他非流动资产			资本公积		
非流动资产合计	25 000 000		减：库存股		
			其他综合收益		
			专项储备		
			盈余公积		
			未分配利润	2 250 000	
			所有者权益（或股东权益）合计	52 250 000	
资产总计	55 450 000		负债和所有者权益（或股东权益）总计	55 450 000	

第二节 利 润 表

利润表，又称损益表，是反映企业一定会计期间的经营成果的报表，其编制依据是“收入－费用＝利润”。通过利润表，可以反映企业在一定会计期间收入、费用、利润(或亏损)的金额和构成情况，为财务报表使用者全面了解企业的经营成果、分析企业的获利能力及盈利增长趋势、进行经济决策提供依据。

一、利润表的结构

利润表的结构有单步式和多步式两种。单步式利润表是将当期所有的收入列在一起，所有的费用列在一起，然后将两者相减得出当期净损益。我国企业的利润表采用多步式格式，即通过对当期的收入、费用、支出项目按性质加以归类，按利润形成的主要环节列示一些中间性利润指标，分步计算当期净损益，以便财务报表使用者理解企业经营成果的不同来源。

利润表一般由表头、表体两部分组成。表头部分应列明报表名称、编制单位名称、编制日期、报表编号和计量单位。表体部分为利润表的主体，列示了形成经营成果的各个项目和计算过程。

为了使财务报表使用者通过比较不同期间利润的实现情况，判断企业经营成果的未来发展趋势，企业需要提供比较利润表。因此，利润表金额栏分为“本期金额”和“上期金额”两栏分别填列。我国一般企业利润表的格式如表 6-3 所示。

表 6-3 利 润 表

会企 02 表

编制单位：　　　　____年____月　　　　单位：元

项　　目	本期金额	上期金额
一、营业收入		
减：营业成本		
税金及附加		
销售费用		
管理费用		
研发费用		
财务费用		
其中：利息费用		
利息收入		
加：其他收益		
投资收益(损失以“－”号填列)		
其中：对联营企业和合营企业的投资收益		
以摊余成本计量的金融资产终止确认收益(损失以“－”号填列)		
净敞口套期收益(损失以“－”号填列)		

续表 6-3

项　　目	本期金额	上期金额
公允价值变动收益(损失以“－”号填列)		
信用减值损失(损失以“－”号填列)		
资产减值损失(损失以“－”号填列)		
资产处置收益(损失以“－”号填列)		
二、营业利润(亏损以“－”号填列)		
加:营业外收入		
减:营业外支出		
三、利润总额(亏损以“－”号填列)		
减:所得税费用		
四、净利润(净亏损以“－”号填列)		
(一)持续经营净利润(净亏损以“－”号填列)		
(二)终止经营净利润(净亏损以“－”号填列)		
五、其他综合收益的税后净额		
(一)不能重分类进损益的其他综合收益		
1.重新计量设定受益计划变动额		
2.权益法下不能转损益的其他综合收益		
3.其他权益工具投资公允价值变动		
4.企业自身信用风险公允价值变动		
……		
(二)将重分类进损益的其他综合收益		
1.权益法下可转损益的其他综合收益		
2.其他债权投资公允价值变动		
3.金融资产重分类计入其他综合收益的金额		
4.其他债权投资信用减值准备		
5.现金流量套期		
6.外币财务报表折算差额		
……		
六、综合收益总额		
七、每股收益		
(一)基本每股收益		
(二)稀释每股收益		

二、利润表的编制

利润表编制的原理是“收入－费用＝利润”的会计平衡公式和收入与费用的配比原则。企业在生产经营中不断地取得各项收入，同时发生各种费用，收入减去费用剩余部分为企业的盈利。如果企业经营不善，发生的生产经营费用超过取得的收入，超过部分为企业的亏损。将取得的收入和发生的相关费用进行对比，对比结果表现为企业的经营成果。企业将经营成果的核算过程和结果编成报表，即利润表。

(一)利润表项目的填列方法

我国一般企业利润表的主要编制步骤和内容如下：

第一步，以营业收入为基础，减去营业成本、税金及附加、销售费用、管理费用、研发费用、财务费用，加上其他收益、投资收益(或减去投资损失)、净敞口套期收益(或减去净敞口套期损失)、公允价值变动收益(或减去公允价值变动损失)、资产减值损失、信用减值损失、资产处置收益(或减去资产处置损失)，计算出营业利润。

第二步，以营业利润为基础，加上营业外收入，减去营业外支出，计算出利润总额。

第三步，以利润总额为基础，减去所得税费用，计算出净利润(或净亏损)。

第四步，以净利润(或净亏损)为基础，计算出每股收益。

第五步，以净利润(或净亏损)和其他综合收益为基础，计算出综合收益总额。

利润表各项目均需填列“本期金额”和“上期金额”两栏。其中，“上期金额”栏内各项数字，应根据上年该期利润表的“本期金额”栏内所列数字填列。“本期金额”栏内各期数字，除“基本每股收益”和“稀释每股收益”项目外，应当按照相关科目的发生额分析填列。如“营业收入”项目，根据“主营业务收入”“其他业务收入”科目的发生额分析计算填列；“营业成本”项目，根据“主营业务成本”“其他业务成本”科目的发生额分析计算填列。

(二)利润表主要项目的填列说明

(1)“营业收入”项目　反映企业经营主要业务和其他业务所确认的收入总额。本项目应根据“主营业务收入”和“其他业务收入”科目的发生额分析填列。

【例 6-13】某公司为热电企业，其经营范围包括电、热的生产和销售；发电、输变电工程的技术咨询；电力设备及相关产品的采购、开发、生产和销售等。该公司 2×20 年度“主营业务收入”科目发生额明细如下所示：电力销售收入合计 9 000 万元，热力销售收入合计 1 600 万元；“其他业务收入”科目发生额合计 800 万元。则某公司 2×20 年度利润表中“营业收入”项目“本期金额”栏的填列金额＝9 000＋1 600＋800＝11 400(万元)。

(2)“营业成本”项目　反映企业经营主要业务和其他业务所发生的成本总额。本项目应根据“主营业务成本”和“其他业务成本”科目的发生额分析填列。

【例 6-14】某公司 2×20 年度“主营业务成本”科目发生额合计 8 500 万元，“其他业务成本”科目发生额合计 600 万元，则某公司 2×20 年度利润表中“营业成本”项目“本期金额”栏的填列金额＝8 500＋600＝9 100(万元)。

(3)“税金及附加”项目　反映企业经营业务应负担的消费税、城市维护建设税、教育费附加、土地增值税、资源税、车船税、房产税、城镇土地使用税、印花税等相关税费。本项目应根据“税金及附加”科目的发生额分析填列。

【例 6-15】某公司 2×20 年度“税金及附加”科目发生额如下：城市维护建设税合计 60 万元，教育费附加合计 40 万元，城镇土地使用税合计 30 万元，房产税合计 500 万元，则某公司 2×20 年度利润表中“税金及附加”项目“本期金额”栏的填列金额＝60＋40＋30＋500＝630(万元)。

(4)“销售费用”项目　反映企业在销售商品过程中发生的包装费、广告费等费用和为销售本企业商品而专设的销售机构的职工薪酬、业务费等经营费用。本项目应根据“销售费用”科目的发生额分析填列。

(5)“管理费用”项目　反映企业为组织和管理生产经营发生的管理费用。本项目应根据“管理费用”科目的发生额分析填列。

【例 6-16】某公司 2×20 年度“管理费用”科目发生额合计数为 500 万元。则某公司 2×20 年度利润表中“管理费用”项目“本期金额”栏的填列金额为 500 万元。

(6)“研发费用”项目　反映企业进行研究与开发过程中发生的费用化支出以及计入管理费用的自行开发无形资产的摊销。本项目应根据“管理费用”科目下的“研发费用”明细科目的发生额以及“管理费用”科目下“无形资产摊销”明细科目的发生额分析填列。

(7)“财务费用”项目　反映企业为筹集生产经营所需资金等而发生的应予费用化的利息支出。本项目应根据“财务费用”科目的相关明细科目发生额分析填列。其中:“利息费用”项目,反映企业为筹集生产经营所需资金等而发生的应予费用化的利息支出,本项目应根据“财务费用”科目的相关明细科目的发生额分析填列。“利息收入”项目,反映企业应冲减财务费用的利息收入,本项目应根据“财务费用”科目的相关明细科目的发生额分析填列。

【例 6-17】某公司 2×20 年度“财务费用”科目发生额如下所示:银行长期借款利息费用合计 500 万元,银行短期借款利息费用 100 万元,银行存款利息收入合计 10 万元,银行手续费支出合计 20 万元,则某公司 2×20 年度利润表中“财务费用”项目“本期金额”栏的填列金额=500+100−10+20=610(万元)。

(8)“其他收益”项目　反映计入其他收益的政府补助,以及其他与日常活动相关且计入其他收益的项目。本项目应根据“其他收益”科目的发生额分析填列。企业作为个人所得税的扣缴义务人,根据《中华人民共和国个人所得税法》收到的扣缴税款手续费,应作为其他与日常活动相关的收益在本项目中填列。

(9)“投资收益”项目　反映企业以各种方式对外投资所取得的收益。本项目应根据“投资收益”科目的发生额分析填列。如为投资损失,本项目以“−”号填列。

【例 6-18】某公司 2×20 年度“投资收益”科目发生额如下所示:按权益法核算的长期股权投资收益合计 390 万元,按成本法核算的长期股权投资收益合计 300 万元,处置长期股权投资发生的投资损失合计 700 万元,则某公司 2×20 年度利润表中“投资收益”项目“本期金额”栏的填列金额=390+300−700=−10(万元)。

(10)“净敞口套期收益”项目　反映净敞口套期下被套期项目累计公允价值变动转入当期损益的金额或现金流量套期储备转入当期损益的金额。本项目应根据“净敞口套期收益”科目的发生额分析填列;如为套期损失,本项目以“−”号填列。

(11)“公允价值变动收益”项目　反映企业应当计入当期损益的资产或负债公允价值变动收益。本项目应根据“公允价值变动损益”科目的发生额分析填列,如为净损失,本项目以“−”号填列。

(12)“信用减值损失”项目　反映企业按照《企业会计准则第 22 号——金融工具确认和计量》的要求计提的各项金融工具信用减值准备所确认的信用损失。本项目应根据“信用减值损失”科目的发生额分析填列。

(13)“资产减值损失”项目　反映企业有关资产发生的减值损失。本项目应根据“资产减值损失”科目的发生额分析填列。

【例6-19】 某公司2×20年度“资产减值损失”科目发生额如下所示：存货减值损失合计100万元，固定资产减值损失合计200万元，无形资产减值损失合计30万元，则某公司2×20年度利润表中“资产减值损失”项目“本期金额”栏的填列金额＝100＋200＋30＝330(万元)。

(14)“资产处置收益”项目　反映企业出售划分为持有待售的非流动资产(金融工具、长期股权投资和投资性房地产除外)或处置组(子公司和业务除外)时确认的处置利得或损失，以及处置未划分为持有待售的固定资产、在建工程、生产性生物资产及无形资产而产生的处置利得或损失。债务重组中因处置非流动资产(金融工具、长期股权投资和投资性房地产除外)产生的利得或损失和非货币性资产交换中换出非流动资产(金融工具、长期股权投资和投资性房地产除外)产生的利得或损失也包括在本项目内。本项目应根据“资产处置收益”科目的发生额分析填列；如为处置损失，本项目以“－”号填列。

(15)“营业利润”项目　反映企业实现的营业利润。如为亏损，本项目以“－”号填列。

(16)“营业外收入”项目　反映企业发生的除营业利润以外的收益，主要包括与企业日常活动无关的政府补助、盘盈利得、捐赠利得(企业接受股东或股东的子公司直接或间接的捐赠，经济实质属于股东对企业的资本性投入的除外)等。本项目应根据“营业外收入”科目的发生额分析填列。

【例6-20】 某公司2×20年度“营业外收入”科目发生额如下所示：接受无偿捐赠利得66万元，现金盘盈利得合计4万元，则某公司2×20年度利润表中“营业外收入”项目“本期金额”栏的填列金额＝66＋4＝70(万元)。

(17)“营业外支出”项目　反映企业发生的除营业利润以外的支出，主要包括公益性捐赠支出、非常损失、盘亏损失、非流动资产毁损报废损失等。本项目应根据“营业外支出”科目的发生额分析填列。

【例6-21】 某公司2×20年度“营业外支出”科目发生额如下所示：固定资产盘亏损失24万元，罚没支出合计10万元，捐赠支出合计14万元，其他支出2万元，则某公司2×20年度利润表中“营业外支出”项目“本期金额”栏的填列金额＝24＋10＋14＋2＝50(万元)。

(18)“利润总额”项目　反映企业实现的利润。如为亏损，本项目以“－”号填列。

(19)“所得税费用”项目　反映企业应从当期利润总额中扣除的所得税费用。本项目应根据“所得税费用”科目的发生额分析填列。

【例6-22】 某公司2×20年度“所得税费用”科目发生额合计60万元，则某公司2×20年度利润表中“所得税费用”项目“本期金额”栏的填列金额为60万元。

(20)“净利润”项目　反映企业实现的净利润。如为亏损，本项目以“－”号填列。

(21)“其他综合收益的税后净额”项目　反映企业根据企业会计准则规定未在损益中确认的各项利得和损失扣除所得税影响后的净额。

(22)“综合收益总额”项目　反映企业净利润与其他综合收益(税后净额)的合计金额。

(23)“每股收益”项目　包括基本每股收益和稀释每股收益两项指标，反映普通股或潜在普通股已公开交易的企业，以及正处在公开发行普通股或潜在普通股过程中企业的每股收益信息。

【例6-23】 承【例6-13】至【例6-22】某公司编制的2×20年度利润表如表6-4所示。

表 6-4 利 润 表

会企 02 表

编制单位:某公司　　2×20 年 12 月　　单位:元

项　　目	本期金额	上期金额
一、营业收入	114 000 000	
减:营业成本	91 000 000	
税金及附加	6 300 000	
销售费用		
管理费用	5 000 000	
研发费用		
财务费用	6 100 000	
其中:利息费用	6 000 000	
利息收入	100 000	
加:其他收益		
投资收益(损失以"－"号填列)	－100 000	
其中:对联营企业和合营企业的投资收益	3 900 000	
以摊余成本计量的金融资产终止确认收益(损失以"－"号填列)		
净敞口套期收益(损失以"－"号填列)		
公允价值变动收益(损失以"－"号填列)		
信用减值损失(损失以"－"号填列)		
资产减值损失(损失以"－"号填列)	－3 300 000	
资产处置收益(损失以"－"号填列)		
二、营业利润(亏损以"－"号填列)	2 200 000	
加:营业外收入	700 000	
减:营业外支出	500 000	
三、利润总额(亏损以"－"号填列)	2 400 000	
减:所得税费用	600 000	
四、净利润(净亏损以"－"号填列)	1 800 000	
(一)持续经营净利润(净亏损以"－"号填列)	1 800 000	
(二)终止经营净利润(净亏损以"－"号填列)		
五、其他综合收益的税后净额		
(一)不能重分类进损益的其他综合收益		
1.重新计量设定受益计划变动额		
2.权益法下不能转损益的其他综合收益		
3.其他权益工具投资公允价值变动		
4.企业自身信用风险公允价值变动		
……		

续表 6-4

项　目	本期金额	上期金额
(二)将重分类进损益的其他综合收益		
1.权益法下可转损益的其他综合收益		
2.其他债权投资公允价值变动		
3.金融资产重分类计入其他综合收益的金额		
4.其他债权投资信用减值准备		
5.现金流量套期		
6.外币财务报表折算差额		
……		
六、综合收益总额	1 800 000	
七、每股收益		
(一)基本每股收益		
(二)稀释每股收益		

第三节　所有者权益变动表

一、所有者权益变动表概述

所有者权益变动表是反映构成所有者权益各组成部分当期增减变动情况的报表。通过所有者权益变动表,既可以为财务报表使用者提供所有者权益总量增减变动的信息,也能为其提供所有者权益增减变动的结构性信息,特别是能够让财务报表所有者理解所有者权益增减变动的根源。

二、所有者权益变动表的结构

在所有者权益变动表上,企业至少应当单独列示下列项目:

(1)综合收益总额;

(2)会计政策变更和差错更正的累积影响数;

(3)所有者投入资本和向所有者分配利润等;

(4)提取的盈余公积;

(5)实收资本、其他权益工具、资本公积、其他综合收益、专项储备、盈余公积未分配利润的期初和期末余额及其调节情况。

三、所有者权益变动表的编制

(一)所有者权益变动表的填列方法

所有者权益变动表各项目均需填列"本年金额"和"上年金额"两栏。

所有者权益变动表"上年金额"栏内各项数字,应根据上年所有者权益变动表"本年金额"栏内所列数字填列。上年度所有者权益变动表规定的各个项目的名称和内容同本年度不一致的,应对上年度所有者权益变动表各项目的名称和数字按照本年度规定进行调整,填入所有者权益变动表的"上年金额"栏内。

所有者权益变动表"本年金额"栏内各项数字一般应根据"实收资本(或股本)""其他权益工具""资本公积""库存股""其他综合收益""专项储备""盈余公积""未分配利润""以前年度损益调整"科目的发生额分析填列。

企业的净利润及其分配情况作为所有者权益变动表的组成部分,不需要单独编制利润分配表列示。

(二)所有者权益变动表的主要项目说明

1."上年年末余额"项目,反映企业上年资产负债表中实收资本(或股本)、其他权益工具、资本公积、库存股、其他综合收益、专项储备、盈余公积、未分配利润的年末余额。

2."会计政策变更""前期差错更正"项目,分别反映企业采用追溯调整法处理的会计政策变更的累积影响金额和采用追溯调整法处理的会计差错更正的累积影响金额。

3."本年增减变动金额"项目:

(1)"综合收益总额"项目 反映净利润和其他综合收益扣除所得税影响后的净额相加后的合计金额。

(2)"所有者投入和减少资本"项目 反映企业当年所有者投入的资本和减少的资本。

①"所有者投入的普通股"项目,反映企业接受投资者投入形成的实收资本(或股本)和资本溢价或股本溢价。

②"其他权益工具持有者投入资本"项目,反映企业发行的除普通股以外分类为权益工具的金融工具的持有者投入资本的金额。

③"股份支付计入所有者权益的金额"项目,反映企业处于等待期中的权益结算的股份支付当年计入资本公积的金额。

(3)"利润分配"项目 反映企业当年的利润分配金额。

(4)"所有者权益内部结转"项目 反映企业构成所有者权益的组成部分之间当年的增减变动情况。

①"资本公积转增资本(或股本)"项目,反映企业当年以资本公积转增资本或股本的金额。

②"盈余公积转增资本(或股本)"项目,反映企业当年以盈余公积转增资本或股本的金额。

③"盈余公积弥补亏损"项目,反映企业当年以盈余公积弥补亏损的金额。

④"设定受益计划变动额结转留存收益"项目,反映企业因重新计量设定受益计划净负债或净资产所产生的变动计入其他综合收益,结转至留存收益的金额。

⑤"其他综合收益结转留存收益"项目,主要反映:第一,企业指定为以公允价值计量且其变动计入其他综合收益的非交易性权益工具投资终止确认时,之前计入其他综合收益的累计利得或损失从其他综合收益中转入留存收益的金额;第二,企业指定为以公允价值计量且其变动计入当期损益的金融负债终止确认时,之前由企业自身信用风险变动引起而计入其他综合收益的累计利得或损失从其他综合收益中转入留存收益的金额等。

第四节 附　注

一、附注概述

附注就是对会计报表中列示项目的文字描述或明细资料，以及对未能在会计报表中列示项目的说明等。附注主要起到以下两方面的作用：

(1)附注的披露，可以帮助财务报表使用者更准确地把握其含义。

(2)附注提供了会计报表中未列示项目的详细或明细说明。

通过附注与会计报表列示项目的相互参照关系，以及对未能在财务报表中列示项目的说明，可以使财务报表使用者全面了解企业的财务状况、经营成果和现金流量以及所有者权益的情况。

二、附注的内容

附注是财务报表不可或缺的组成部分，报表使用者了解企业的财务状况、经营成果和现金流量，应当全面阅读附注，附注相对于报表而言，同样具有重要性。根据本准则规定，附注应当按照一定的结构进行系统合理的排列和分类，有顺序地披露信息。

企业应当按照会计准则要求在附注中至少披露下列内容，但是，非重要项目除外。

(一)企业的基本情况

(1)企业注册地、组织形式和总部地址；

(2)企业的业务性质和主要经营活动；

(3)母公司以及集团最终母公司的名称；

(4)财务报告的批准报出者和财务报告批准报出日；

(5)营业期限有限的企业，还应当披露有关营业期限的信息。

(二)财务报告的编制基础

财务报表的编制基础是指财务报表是在持续经营基础上还是非持续经营基础上编制的。企业一般是在持续经营基础上编制财务报表，清算、破产属于非持续经营基础。

(三)遵循企业会计准则的声明

企业应当声明编制的财务报表符合企业会计准则的要求，真实、完整地反映了企业的财务状况、经营成果和现金流量等有关信息，以此明确企业编制财务报表所依据的制度基础。

(四)重要会计政策和会计估计

企业应当披露采用的重要会计政策和会计估计，不重要的会计政策和会计估计可以不披露。

1.重要会计政策的说明

财务报表项目的计量基础是指企业计量该项目采用的是历史成本、重置成本、可变现净值、现值还是公允价值，这直接影响财务报表使用者对财务报表的理解分析。

会计政策的确定依据主要是指企业在运用会计政策过程中所做的对报表中确认的项目金

额最具影响的判断，有助于财务报表使用者理解企业选择和运用会计政策的背景，增加财务报表的可理解性。

2. 重要会计估计的说明

在确定财务报表中确认的资产和负债的账面价值过程中，企业需要对不确定的未来事项在资产负债表日对这些资产和负债的影响加以估计，如企业预计固定资产未来现金流量采用的折现率和假设。这类假设的变动对这些资产和负债项目金额的确定影响很大，有可能会在下一个会计年度内进行重大调整。因此，强调这一披露要求，有助于提高财务报表的可理解性。

(五)会计政策和会计估计变更以及差错更正的说明

企业应当按照会计有关政策、会计估计变更和差错更正会计准则的规定，披露会计政策和会计估计变更及差错更正的有关情况。

(六)重要报表项目的说明

企业对报表重要项目的说明，应当按照资产负债表、利润表、现金流量表、所有者权益变动表及其项目列示的顺序，采用文字和数字描述相结合的方式进行披露。报表重要项目的明细金额合计应当与报表项目金额相衔接，主要包括以下重要项目：存货、应收账款、长期股权投资、投资性房地产、固定资产、无形资产、职工薪酬、应交税费、短期借款和长期借款、应付债券、长期应付款、营业收入、公允价值变动收益、投资收益、资产减值损失、营业外收入、营业外支出、所得税费用、其他综合收益、政府补助、借款费用。

(七)其他需要说明的重要事项

主要包括或有和承诺事项、资产负债表日后非调整事项、关联方关系及其交易等需要说明的事项。

(八)有助于财务报表使用者评价企业管理资本的目标、政策及程序的信息。